Rudolf Horn (Text)
Ingrid und Dieter Schubert (Illustrationen)

Theophil Tschilp und das Geheimnis der Staublinge

Tiere erzählen die biblische Geschichte

R. BROCKHAUS VERLAG WUPPERTAL

VERLAG KATHOLISCHES BIBELWERK STUTTGART

Rudolf Horn ist Verlagsbuchhändler und Werbegrafiker und seit vielen Jahren in der kirchlichen Jugendarbeit tätig. Er lebt mit seiner Frau und seinen beiden Kindern in Linden bei Gießen.

Ingrid und **Dieter Schubert** texten und illustrieren seit mehr als zwanzig Jahren Bilderbücher. Sie leben mit ihren beiden Kindern in Amsterdam.

© 1999 R. Brockhaus Verlag Wuppertal
Umschlag- und Textillustrationen: D. und I. Schubert, Amsterdam
Satz und Gestaltung: Dietmar Reichert, Dormagen
Druck: EGEDSA, Spanien

ISBN 3-417-24687-3 (R. Brockhaus Verlag)

ISBN 3-460-30491-X (Verlag Katholisches Bibelwerk)

Die Steppe und der geheimnisvolle Staubling

Am frühen Morgen, wenn die Luft noch nicht vor Hitze flimmert, sitze ich gern auf meinem Lieblingsast und blicke über die Steppe. Lange kann ich zuschauen, wie der Wind im Steppengras wühlt und unser Hochland in ein wogendes, unendliches Meer verwandelt.

Außer uns Spatzen sind noch viele andere Tiere in der Steppe zu Hause. Drüben bei den Akazienbäumen nascht gerade eine vornehme Giraffe frische Blätter von den stachligen Ästen. Dem grobschlächtigen Nashornbullen gehst du besser aus dem Wege. Er ist kurzsichtig und jähzornig und hat fast nie Lust zu einer Unterhaltung. Nur die Madenhackervögel duldet er in seiner Nähe. Manchmal zieht auch eine Elefantenherde zum Fluss, schön hintereinander, die Elefantenkinder dicht bei ihren Müttern.

Das wogende Gräsermeer wird von einzelnen Buschgruppen überragt. Wenn die Luft sehr klar ist, erkenne ich in der Ferne sogar die hohen Berge. Drüben, noch hinter den Termitenhügeln, rauscht der Fluss. Dort beginnt der Galeriewald mit seinen Blüten, Vögeln,

Schmetterlingen und Insekten. Am Fluss wohnen die Nilpferde und Krokodile und andere gefährliche Tiere.

Das Rauschen des großen Wassers kann ich von meinem Lieblingsast aus nicht hören. Aber wenn ich will, bin ich im Nu dort. Ich kann nämlich schon sehr gut fliegen, auch wenn meine Mama sagt, ich sei und bliebe ihr kleines Spatzenbaby. So klein, wie sie tut, bin ich schon lange nicht mehr. Sie sagt es auch nur, weil sie mich lieb hat und gern mit mir kuschelt. – Übrigens heiße ich Tschilp. Mein ganzer Name ist eigentlich Theophil Tschilp, aber meine Freunde nennen mich nur Tschilp. Das ist praktischer.

Abends, wenn die Sonne untergeht und die Dunkelheit über das Hochland heranschleicht, halten wir Spatzen gern ein Dämmerstündchen in unserem gemütlichen Spatzennest. Draußen erwachen dann die unheimlichen Geräusche der Nacht: Das Kichern der Hyänen und das dumpfe Brüllen von Simba, dem Löwen. Meine Mama sagt, er fängt in den Abendstunden andere Tiere und frisst sie auf. Richtig glauben kann ich das aber nicht. Denn am Tag ist Simba meistens friedlich und träge. Vielleicht will Mama mir nur Angst machen, damit ich im Nest bleibe, wenn es dunkel wird. Aber abends fliege ich sowieso nicht mehr weg. Bei uns drinnen ist es dann nämlich richtig gemütlich. Mein Papa erzählt die alten Geschichten unseres Volkes vom Vater im Himmel, der ganz besonders die Spatzen liebt. Meine Mama nickt dazu und stopft mir manchmal einen saftigen Gute-Nacht-Wurm in den Schnabel. „Dein Name ‚Theophil' bedeutet ‚Freund Gottes'", erklärt sie mir dann mehr als einmal geheimnisvoll. – Trotzdem ist Theophil ein komischer Name, und ich möchte wissen, wer auf die Idee kam, mich so zu nennen.

Wir Sperlinge haben es von allen Tieren am besten. „Keiner von uns fällt zu Boden, ohne dass der Vater im Himmel es weiß." So sagt mein Papa oft, bevor wir schlafen gehen.

Wir Sperlinge sind auch die klügsten und bedeutendsten Geschöpfe der ganzen Welt. Das sieht man schon daran, dass wir nicht auf vier Beinen herumlaufen müssen wie die meisten anderen Tiere der Steppe. Wenn zum Beispiel eine Gnuherde vorübergaloppiert – meine Güte, gibt das jedes Mal ein Gepolter! Und wie viel Staub sie aufwirbeln!

Jedes Jahr, wenn das Gras im Sommer braun und dürr wird, müssen die Grasfresser nämlich weiterziehen, um Futter zu suchen. Wir Sperlinge aber sind Zweibeiner. Wir können fliegen und hüpfen und finden immer etwas zu fressen, ob das Gras nun saftig grün ist oder staubig dürr.

Ich glaube, es gibt nicht ein einziges Land auf der ganzen Erde, das wir nicht erobert haben. Ja, wir Sperlinge sind dem Vater im Himmel besonders gut gelungen. Und wie geschickt wir sind! Unsere Sippe hier im Hochland hat zum Beispiel ihr riesiges Nest selbst gebaut. Aus trockenem Gras richtig zusammengewebt! Wie ein riesiger Klumpen hängt es an einem mächtigen Ast hoch über dem Boden. Kein wildes Tier kann es erreichen. Eine ganze Stadt ist es, mit hunderten von Wohnungen. Und wenn eine dieser ekligen dünnen Baumschlangen bei uns Eier stehlen will, verirrt sie sich hoffnungslos.

Mein Papa und meine Geschwister, meine Tanten, Onkeln, Nichten …, unsere ganze große Spatzensippe, sie alle machen sich an jedem Tag wenigstens für ein paar Minuten am Nest zu schaffen. Sie bessern es aus oder vergrößern es. Manchmal gibt es dabei auch Streit. Aber Streit ist bei uns Spatzen nichts Schlimmes. Manchmal fangen wir an zu streiten, weil es uns zu ruhig ist. Wir haben gern Leben in der Bude. Mein Papa kommt oft nach Hause und schimpft, die anderen würden das Nest viel zu schwer machen und eines Tages würde es noch mitsamt dem Ast, an dem es hängt, hinabstürzen. Trotzdem baut er am nächsten Tag weiter. Und die anderen machen es genauso.

Die Geschichte, die ich erzählen will, beginnt damit, dass ich eines Nachmittags, als ich wieder einmal auf meinem Lieblingsast saß, in der Ferne ein merkwürdiges Tier entdeckte, wie ich es noch nie zuvor gesehen hatte. Es hatte zwei Beine wie wir höher entwickelten Geschöpfe, aber es schien verletzt zu sein.

Ich landete auf einem Gesträuch in seiner Nähe. Das Tier war ziemlich groß und sehr hässlich.

„He, wie heißt du? Was ist los mit dir?", fragte ich zuerst in der gehobenen Vogelsprache und dann in der allgemeinen Tiersprache. Es verstand mich nicht. Bestimmt war es krank.

Das Geschöpf sah Furcht erregend aus und zugleich jämmerlich. Es war tatsächlich ein Zweibeiner, wie ich vermutet hatte. Aber seine Beine waren nicht schlank wie bei uns Sperlingen, sondern unförmig und missgestaltet. Die Krallen an den Füßen waren zu jämmerlichen Stummeln verkümmert. Das Geschöpf hatte auch keine Federn und nicht einmal ein richtiges Fell. Nur auf dem Kopf und um den Bauch trug es irgendwelche zerzausten Fellreste.

Das Tier rannte, kam aber trotzdem nur sehr langsam vorwärts. Viel langsamer jedenfalls als ein Vogel Strauß, der es ja merkwürdigerweise vorzieht, sich auf dem Boden fortzubewegen statt zu fliegen. Mein Papa sagt, es sei eine Schande, dass er überhaupt Vogel heißt. Schweiß lief dem fremden Tier über Gesicht und Rücken. Es keuchte vor Anstrengung. Wahrscheinlich wollte es fliegen, denn mit den Flügeln schlug es verzweifelt hin und her. Es tat mir Leid.

„Du musst dich besser abstoßen!", rief ich und zeigte ihm, wie es geht. Aber das Geschöpf verstand mich auch jetzt nicht und schien mich nicht einmal zu bemerken. Vielleicht war es taub und blind. Mit solchen Flügeln war es aber auch ganz unmöglich zu fliegen. Sie waren federlos. Verkrüppelt und dürr hingen sie kraftlos an den Schultern. Schrecklich sah das aus!

Ich flog rasch nach Hause, um Hilfe zu holen. Aber meine Mama war nicht da, sondern zum Fluss hinübergeflogen. Erst am Abend konnte ich ihr erzählen, was ich gesehen hatte.

Sie nahm mich unter ihre Flügel. „Ach, du Dummerchen!", sagte sie. „Das war gar kein Tier. Das war ein Staubling. Sie selbst nennen sich Menschen. Wahrscheinlich war es einer dieser Boten, die Nachrichten von einem Ort zum andern bringen. Sie kommen manchmal hier vorbei. Wenn sie nicht stehen bleiben, sind sie ungefährlich. – Staublinge können nicht fliegen und auch nicht besonders gut laufen, selbst wenn sie ganz gesund sind."

Ich musste weinen, so Leid tat mir dieses arme Geschöpf. Nicht einmal ein Tier war es, und fliegen konnte es auch nicht! Wie traurig war ein solches Dasein!

Am Abend, nachdem mein Papa die alten Geschichten vom Vater im Himmel erzählt hatte, hielt ich es nicht länger aus. „Du, Papa", sagte

ich. „Der Vater im Himmel kümmert sich um alle Tiere und vor allem um uns Sperlinge, hast du gesagt. Aber was ist mit den Staublingen? Wozu gibt es solche armen Geschöpfe?"

„Tschilp hat einen Menschen gesehen, als ich fort war!", erklärte Mama.

Papa runzelte die Stirn und sah Mama vorwurfsvoll an. „Man sollte Kindern einen solchen Anblick ersparen! Sie erfahren früh genug, dass es nicht nur Schönes im Leben gibt."

Mama versuchte mich zu beruhigen. „Ach, Tschilp, stell doch nicht solche Fragen!", sagte sie. „Du weißt doch, dass wir Tiere nur unsere eigene Geschichte kennen. Und mehr brauchen wir auch nicht zu wissen. Der Vater im Himmel kümmert sich ganz gewiss auch um die Staublinge. Für irgendetwas werden auch diese armen Geschöpfe gut sein. Und nun schlaf schön, mein Schatz."

Ich steckte gehorsam meinen Kopf unter die Flügel und schloss die Augen. Aber es dauerte lange, bis ich einschlief, und zufrieden mit dieser Antwort war ich auch nicht.

Ich musste unbedingt herausfinden, was für Geschöpfe das waren, diese Staublinge oder Menschen, wie sie sich nannten. Und wozu gab es sie überhaupt?

Der Löwe Simba erzählt vom Paradies

Wenn am frühen Morgen der Feuerball der Sonne am Horizont emporsteigt, ist es noch kalt in der Steppe. Wir Spatzen sind trotzdem Frühaufsteher. Schon beim ersten Licht der Sonne sind wir auf den Flügeln. Wir schwirren wegen der Kälte meistens erst ein wenig hin und her, suchen etwas zu fressen, streiten ein wenig miteinander, erzählen uns, was wir in der Nacht geträumt haben, suchen ein paar Halme für den Nestbau und machen uns auch sonst irgendwie zu schaffen. Eigentlich warten wir aber alle sehnsüchtig darauf, dass die Sonne ganz hervorkommt und es warm wird. Erst dann sind wir richtig munter.

An diesem Tag schien es besonders lange zu dauern, bis es Mittag wurde und die Sonne heiß auf die Steppe herabbrannte. Ich wollte nämlich Simba besuchen, den Löwen. Die heißen Stunden des Tages verbringt er mit seiner Familie meistens im Schatten einiger großer Bäume. Das wusste ich.

Ich hatte Glück. Als ich bei den Bäumen ankam, lag die ganze Löwenfamilie träge im Schatten, döste mit geschlossenen Augen,

wälzte sich nur ab und zu von einer Seite auf die andere, brummte, schüttelte gelegentlich mit den mächtigen Köpfen oder zuckte mit den runden Ohren, um die Fliegen zu verjagen. Nur die Löwenbabys wuselten ruhelos herum. Wie allen Tierkindern ist ihnen der Mittagsschlaf verhasst.

Von Mama habe ich gelernt, dass Löwen für uns Spatzen nicht besonders gefährlich sind. Nur auf ihre Rücken soll ich mich nicht setzen und einen kleinen Sicherheitsabstand einhalten.

Ich landete also sehr geschickt auf einem herabhängenden Ast in der Nähe und versuchte, mich bei Simba bemerkbar zu machen. Er ist das Familienoberhaupt. Als ich ihn so daliegen sah mit seinen mächtigen Tatzen und den gewaltigen Zähnen im halb geöffneten Maul, kam mir wieder Mamas Bemerkung in den Sinn, Löwen würden andere Tiere auffressen. Simba kommt in der Steppe viel herum, das war für mich im Moment am wichtigsten. Ob er schon einmal einen Menschen gesehen hatte und etwas über die Staublinge wusste?

Es war nicht leicht, Simba wach zu bekommen. Ich versuchte es mit einem lauten und lustigen Spatzenlied. Simba zuckte mit den Ohren. Ich sang kräftiger. Simba brummte und zog die Stirne kraus.

„He, Simba!", rief ich, so laut ich konnte. „Schläfst du?"

Simba öffnete ein Auge. „Du bist es, Tschilp!", murrte er schläfrig. „Gib Ruhe!" Er schloss das Auge wieder und wälzte sich auf die andere Seite.

„He, Simba!", rief ich rasch. „Hast du den Staubling auch gesehen?"

Wie ein Blitz war Simba auf den Beinen. Erschrocken flog ich ein paar Äste höher. Simbas Augen glühten plötzlich wie Feuer. Sein Schweif peitschte hin und her, und auch die anderen Löwen waren bei meinen Worten erschrocken aufgefahren.

„Welchen Staubling?!", brüllte Simba dröhnend. „Einer oder mehrere?" Er sah mich drohend an. Obwohl ich hoch genug im Baum saß, machte ich mich so klein wie möglich. (Bestimmt hatte Mama Recht, Simba *war* gefährlich!)

„Na, den einen, gestern …", piepste ich erschrocken.

Simba schien sich ein wenig zu beruhigen. Er legte sich wieder nieder und ich flatterte einen Ast tiefer. „Den einen gestern", knurrte der Löwe immer noch etwas böse. „Den einen habe ich auch gesehen."

Damit wollte er wieder die Augen schließen und weiterschlafen. Mir musste unbedingt etwas einfallen, um ihn zum Reden zu bringen.

„Und?", sagte ich aufs Geratewohl. „Du könntest ihn doch … fangen. Er kann nicht schnell laufen, meine ich."

Simba öffnete wieder die Augen, blieb aber liegen. „Tschilp", sagte er seufzend, „du bist so geschwätzig, wie es dein Großvater war." Er lachte ein leises, dröhnendes Lachen. „Aber noch lange nicht so klug wie er. – Ich gebe dir einen guten Rat: Gehe den Menschen aus dem Weg! Sie sehen erbärmlich und schwach aus. Und sie sind es auch in gewisser Weise. Aber sie sind zugleich gefährlich."

Simba zog die Nase kraus, als habe er einen unangenehmen Geruch wahrgenommen. „Staublinge", fügte er geheimnisvoll hinzu, „sind merkwürdige Wesen. Manche von ihnen sind friedlich und gutmeinend, andere jedoch – vielleicht die meisten – sind verschlagen und noch gefährlicher als ein wilder Büffel. Es sind mächtige Zauberer, und du weißt nie, auf wessen Seite sie stehen. Es kann sein, dass sie dich schützen; es kann sein, dass sie dich töten. Auch wir Löwen sind ihnen nicht gewachsen. Hüte dich vor ihnen, Tschilp!"

Simba schüttelte den Kopf. „Ihn fangen!", murmelte er. „Welch eine Spatzentorheit!"

Was Simba sagte, klang zwar beunruhigend, machte mich aber noch neugieriger. „Aber wozu sind die Staublinge gut?", fragte ich. „Warum hat Gott solche Geschöpfe erschaffen?"

Simba sah mich mit seinen großen gelben Augen eine Weile nachdenklich an. „Das ist eine schwere Frage, kleiner Tschilp", sagte er dann. „Du weißt, dass wir Tiere nur unsere eigene Geschichte kennen. Wer weise ist, dem genügt das … Es gibt bei den Löwen die alte Geschichte von dem wunderbaren Land, in dem wir Löwen einst lebten und nach dem wir uns noch immer sehnen.

Nachdem Gott die ganze Welt erschaffen hatte, alle Pflanzen und Tiere bis hin zu den vollkommensten aller Geschöpfe, den Löwen, gab er ihnen ein wunderbares Land, in dem sie leben konnten. Man nennt es das Paradies. Es war ein weites Land mit herrlichen Schattenbäumen zum Ruhen in der Mittagshitze. Die Grenzen des Landes bildeten zwei mächtige Flüsse, die auch im Sommer nie austrockneten. Nichts Böses durfte in dieses Land kommen.

Damit alle seine Tiere gut versorgt wurden, erschuf Gott ganz zum Schluss auch die Menschen. Er nannte sie Staublinge, weil er sie aus dem Staub der Erde gemacht hatte. Die Staublinge sollten für die Tiere und Pflanzen sorgen. Dazu gab Gott ihnen große Geschicklichkeit. Es kommt zum Beispiel vor, dass ein Löwe in einen Dorn tritt, den er mit den Zähnen nicht herausziehen kann. Das ist sehr schmerzhaft und schlimm. Damals konnten die Löwen zu den Menschen gehen, die mit ihren geschickten Händen diesen Dorn entfernten und wunderbare Salbe auf die Wunde strichen, sodass sie schnell heilte. Die Staublinge waren damals sehr nützlich für alle Tiere."

„War dieses Land noch schöner als unsere Steppe?", fragte ich ungläubig.

„Ja", sagte Simba. „Noch schöner, unvergleichlich schöner. Es gab da nämlich noch etwas …"

Simba schwieg eine Weile nachdenklich. „Ich glaube, die Aufgabe der Staublinge war es auch, dafür zu sorgen, dass alle Geschöpfe friedlich zusammenlebten und kein Tier Jagd auf ein anderes machte. Die Menschen sind sehr mächtige Zauberer. Sie haben sogar die Macht, Frieden zu stiften zwischen den Tieren."

In meinem Kopf wirbelte es wild herum. Es stimmte also doch: Simba fraß andere Tiere! Aber weshalb tat er es, wenn er sich Frieden unter den Tieren wünschte?

„Weshalb macht ihr Raubtiere Jagd auf andere Tiere", fragte ich ratlos, „wenn ihr es gar nicht wollt?"

„Du bist sehr kühn, kleiner Tschilp!", erhob Simba seine Stimme mit leisem Grollen. „Aber du bist noch jung. Deshalb will ich deine vorlauten Worte entschuldigen. Doch sieh dir meine große Familie an", fuhr Simba nicht ohne Stolz fort. „Jetzt geht es uns gut. Aber viele von uns Löwen sterben, bevor sie alt geworden sind, viele meiner Kinder. Sie verhungern, wenn ich nicht Fleisch für sie herbeischaffen kann. Wir jagen nicht zum Spaß. Die Jagd ist anstrengend und gefährlich, auch für uns Löwen. Manche verletzen sich dabei und kommen um. Und wenn ich einmal alt bin, wird ein jüngerer, stärkerer Löwe mich vertreiben, so wie ich mir vor Jahren selbst dieses Revier erobert habe.

Ich weiß nicht, wie es damals war im Paradies. Vielleicht gab es dort Bäume mit so wunderbaren Früchten, dass auch wir Löwen davon fressen konnten. Und was deine Bemerkung über Raubtiere betrifft: Habt ihr Spatzen nicht eine besondere Vorliebe für Würmer und harte Käfer, an denen wir Löwen uns nie vergreifen würden?"

Ich war ratlos und verwirrt. Was Simba sagte, stimmte. Gleichzeitig erinnerte ich mich auch wieder daran, wie vor einigen Wochen einer aus unserer Sippe aus dem Nest gefallen und von einer Schlange gefressen worden war. Meine Mama hatte mir schnell die Augen zugehalten. Aber ich hatte es doch gesehen.

Eine große Sehnsucht erfasste mich. „Dieses Land", sagte ich, „dieses Paradies, von dem du erzählt hast – warum fliegen wir nicht einfach dorthin? Wir brauchen doch nur dem Staubling zu folgen, den wir gesehen haben."

Simba hatte bei dem Wort „fliegen" leise gelacht. Doch jetzt antwortete er ernst: „Dieses Land habe ich lange Zeit gesucht. Ich habe in meinen jüngeren Jahren die Steppe nach allen Seiten durchstreift bis hin zu den fernen Bergen am Horizont. Doch dieses Land habe ich nicht gefunden. Es besteht nicht mehr. Es ist untergegangen. Und vergiss nie: Die Menschen sind nicht mehr wie einst die Hüter des Paradieses. Es sind noch immer mächtige, große Zauberer. Aber sie sind selten deine Freunde. Doch ohne sie, ohne die Staublinge, kann es keinen Frieden geben – auch nicht unter den Tieren."

„Aber warum sind die Staublinge so geworden, so böse?", fragte ich verzweifelt.

„Du weißt, wir Tiere kennen nur unsere eigene Geschichte", wiederholte Simba. „Du müsstest die Schlangen fragen", fuhr er dann nachdenklich fort. „Ich glaube, die Schlangen haben etwas damit zu tun. – Aber jetzt gib endlich Ruhe, ich muss noch ein wenig schlafen."

Simba schloss die Augen, und ich flog davon. Was ich gehört hatte, war verwirrend und traurig. Ich landete auf meinem Lieblingsast und dachte nach. In der Ferne hörte ich spät am Abend Simba brüllen, und zum ersten Mal meinte ich, so etwas wie Traurigkeit in seiner gewaltigen Stimme zu vernehmen. „Ich muss die Schlangen fragen", dachte ich. „Gleich morgen!" Dabei sträubten sich meine Federn. Schlangen sind mir nämlich unheimlich.

Xenies, die Schlange

Als ich am nächsten Morgen aufwachte und an das Gespräch mit Simba zurückdachte, war mir gar nicht wohl in den Federn. Meine Mama wäre bestimmt erschrocken, wenn ich sie nach einer Schlange gefragt hätte, mit der ich mich unterhalten kann. Aber ich brannte vor Neugierde: Ich musste unbedingt wissen, weshalb es das schöne Paradies nicht mehr gab und was die Schlangen damit zu tun hatten.

Schlangen sind gefährlich, das lernen bei uns schon die kleinsten Spatzenkinder. Besonders gefährlich sind die dünnen und flinken Schlangen. Manche von ihnen sind ausgesprochene Räuber, die am liebsten Vogeleier stehlen oder noch Schlimmeres im Schilde führen. Ich darf gar nicht daran denken!

Fliegen können Schlangen glücklicherweise nicht. Aber sie kennen einige üble Tricks, um ehrliche Tiere hereinzulegen. Die Baumschlangen zum Beispiel verstellen sich. Sie sehen dann aus wie kahle Äste. Wenn sie so auf Beute lauern, bewegen sie sich leicht hin und her – genau wie ein Zweig im Wind, stundenlang. Wehe, du kommst ihnen aber zu nahe!

Dass Schlangen jenes schöne Paradies zerstört hatten, konnte ich mir gut vorstellen. Es sind unheimliche Geschöpfe, Einzelgänger, mit denen kaum ein Tier zu tun haben will. Zwar beherrschen sie die allgemeine Tiersprache, aber wenn sie überhaupt sprechen, dann sehr undeutlich. Das hängt damit zusammen, dass sie ständig mit ihrer Zunge herumspielen. Ihre Augen schließen sie nie. Unheimlich dieser starre Blick und die hervorzuckende gespaltene Zunge!

Schlangen können nicht besonders gut sehen, zum Glück nicht! Stattdessen züngeln sie eben. Irgendwie finden sie sich auf diese Weise zurecht. Sie lispeln und zischen stark beim Sprechen. Man versteht nur schwer, was sie sagen. Wenn du dich mit einer Schlange unterhalten willst, muss du also ziemlich dicht an sie heranhüpfen. Und davor hat mich meine Mama von klein auf gewarnt: Halte die Augen offen und komme nie einer Schlange zu nahe!

Was die Sache noch mehr erschwerte: Schlangen sind sehr scheu. Sie machen keinen Lärm und sind Einzelgänger. Wenn sie satt sind, liegen sie oft wochenlang auf ein und demselben Platz und rühren sich nicht vom Fleck. Ich würde sterben vor Langeweile! Solange es am Morgen noch kalt ist, sind Schlangen steif und träge. Dann sind sie zwar ziemlich ungefährlich, aber sie wollen erst recht ihre Ruhe, kriechen am liebsten in die Sonne und lassen sich aufwärmen.

Es wunderte mich also nicht, dass ich den ganzen Tag über nicht eine einzige Schlange entdeckte, obwohl ich eifrig hin und her flog und dabei das hohe, wogende Gras genau beobachtete. Auch auf graslosen Flächen und auf den Felsen sah ich nicht eine einzige. Nur ein paar Eidechsen.

Ich mischte mich also gegen Mittag unter die Madenhackervögel bei den großen Gnuherden und fragte dort ein bisschen herum. Madenhacker sind kräftige Vögel mit spitzen Schnäbeln, raue Burschen, die keine Gefahr kennen. Sie klettern selbst den Krokodilen ins offene Maul, um dort nach Futter zu suchen. Und die Krokodile lassen sich das gefallen und klappen ihr Maul nicht zu. Nein, das wäre nichts für mich!

Bei den Gnus setzen sie sich ohne zu zögern auch dem stärksten Bullen direkt auf den Kopf und picken dort Ungeziefer und Zecken ab. Das ist nicht ganz so gefährlich, und ich mischte mich unter sie.

Es fiel mir aber jedesmal schwer, das Gleichgewicht zu behalten, wenn das Gnu plötzlich den Kopf hob, um nach Feinden Ausschau zu halten.

„Schlangen?", fragte einer der Madenhacker zurück in seiner typisch breiten Aussprache. Er turnte dabei geschickt am Hals eines Gnubullen. „Was find'st du an denen gut? Langweilig! Kein Fell, nicht eine Laus im Pelz und das Maul immer zu!"

„Ich muss was von ihnen wissen", sagte ich ausweichend.

„Probier's mal im Galeriewald!", warf der Madenhacker lässig hin und schwirrte davon, um den Rücken eines der staksigen Gnukinder nach Flöhen abzusuchen.

Der Tipp war gut, das wusste ich sofort. Meine Mama hatte mir mehr als einmal eingeschärft: „Ordentliche Spatzen fliegen nur zum Fluss, um zu trinken. Treib dich in der Gegend nicht herum. Das ist zu gefährlich. Dort gibt es Schlangen." Erst jetzt fiel mir dieser Nachsatz wieder ein. Er machte mir ein wenig Angst. Aber ich nahm all meinen Mut zusammen und flog los.

Der Galeriewald ist eine Welt für sich. Es ist so, als wenn du aus einem netten kleinen Dorf in die laute Stadt kommst. Im Wald, der den Fluss wie ein Band, eine breite Galerie auf beiden Seiten umgibt, ist alles anders als in der freien Steppe. Selbst der Geruch ist ein anderer. Es duftet hier nicht nach Gras und Sonne. Stattdessen liegt ein schwerer, feuchter Geruch in der Luft. Die Blätter von Bäumen und Büschen, besonders von solchen, die direkt am Wasser wachsen, sind so grün, dass es fast in den Augen wehtut. Je nach Jahreszeit sind die Büsche übersät von einem Meer aus Blüten. Tausende von Insekten schwirren durch die Luft. Und es gibt sogar Schmetterlinge in den buntesten Farben. Das Vogelgezwitscher am frühen Morgen und gegen Abend ist manchmal so kräftig, dass es selbst mir zu laut wird. Und wir Spatzen haben es gern laut!

Am schönsten ist es, wenn ich auf einem Ast direkt über dem glitzernden Wasser sitzen und hinabblicken kann. Wenn das Wasser klar ist, sieht man hier unzählige kleine Fische herumflitzen, manche durchsichtig wie Glas, andere mit bunten Flossenspitzen.

Im tieferen Wasser sind die Nilpferde und Krokodile zu Hause. Die Nilpferde mag ich lieber, besonders die jungen. Sie spielen fast den ganzen Tag im Wasser. Manchmal schlagen sie richtige Purzelbäume darin. Ich glaube, Schwimmen ist fast so wie Fliegen.

Aber diese wunderbare Welt des Galeriewaldes hat auch etwas Bedrohliches an sich. Ich fühle mich jedes Mal ziemlich unsicher, wenn ich hier herumstreife. Es gibt dort nämlich auch gefährliche Tiere. Der Falke treibt sich gern hier herum und manchen Tieren, eidechsenartigen Geschöpfen zum Beispiel, die auf Bäumen herumkriechen oder bewegungslos irgendwo hocken, traue ich nicht. Ich weiß nie, wo Gefahren lauern und wohin ich mich ohne Gefahr setzen kann. Das macht mich ganz nervös.

Ich blieb also nirgendwo lange hocken, sondern flog herum und hielt so gut ich konnte die Augen offen. Einmal entdeckte ich eine dünne, grün schimmernde Schlange, die sich um einen Ast geringelt hatte und lauerte. Nein, die war an einem ehrlichen Gespräch bestimmt nicht interessiert. Ich machte mich davon und hockte mich auf einen dicken Stamm im Gebüsch, um nachzudenken.

Doch kaum war ich gelandet, bewegte sich der Stamm und eine zischende Stimme schnauzte mich an: „Verschwinde mit deinen Kratzzehen oder du kannst was erleben!"

Ich witschte sofort ein paar Meter weiter und blickte erschrocken zurück. Der braune Stamm zitterte noch immer und bewegte sich jetzt gleitend. Es war eine Schlange, eine sehr große!

Ich nahm all meinen Mut zusammen. „Entschuldigen Sie", sagte ich. „Ich habe Sie überhaupt nicht gesehen. Habe ich Ihnen wehgetan mit meinen scharfen Krallen?"

Von drüben kam ein heiseres Lachen. Jetzt sah ich auch den flachen Kopf der Schlange mit großen, starren Augen und einem riesigen Maul. Die Zunge züngelte zwischen zwei Zähnen hervor, die nicht viel kleiner waren als die eines Löwen. „Du bist ein Spatz, wenn ich richtig sehe", sagte die Schlange, noch immer mit einem merkwürdigen zischenden Kichern. „Wenig dran, aber zumindest höflich. Wie heißt du?"

„Ich bin Tschilp", sagte ich und blieb in Fluchtbereitschaft. Das mit dem „wenig dran" hatte mich misstrauisch gemacht. „Ich suche eine kluge Schlange, weil ich nämlich etwas nicht weiß."

Die Schlange hörte für einen Moment auf zu züngeln. „Wenn du einen Rat brauchst, dann bist du bei mir immer richtig, Tschilp", zischte sie dann. „Wir Schlangen sind klug. Jedes gebildete Geschöpf weiß das ... Übrigens, ich heiße Xenies."

Mein Herz klopfte aufgeregt. Ich hatte großes Glück, das war klar. Xenies war eine große Schlange, also nicht gefährlicher als ein Löwe. Außerdem war Xenies in jenem Zustand, der ein Gespräch möglich machte: weder zu satt – dann dösen Schlangen nur und reden nicht –, noch zu hungrig – dann sind sie auf Beute aus und reden schon gar nicht.

Doch dieser Zustand konnte sich bald ändern. Ich steuerte also direkt auf mein Ziel zu:

„Der Löwe Simba hat mir vom Paradies erzählt und von den Menschen, den Staublingen", sagte ich und wiederholte in kurzen Worten, was ich erfahren hatte. „Er hat auch gesagt, dass ihr Schlangen daran Schuld seid, dass es das schöne Paradies nicht mehr gibt", fügte ich ziemlich dreist hinzu, um keine Zeit zu verlieren.

Die Reaktion auf diese letzten Worte war erschreckend. Xenies richtete sich hoch auf, fuhr auf mich los (ich war natürlich auf der Hut und flog ein paar Äste weiter) und zischte mit vor Erregung und Zorn zitternder Stimme: „Simba! Der mit seinem Spatzenhirn! Was weiß denn schon ein Löwe!!"

Natürlich hatte Xenies nicht „Spatzenhirn" sondern „Katzenhirn" sagen wollen. Die lispelnde Aussprache der Schlangen machte sich an dieser Stelle besonders unangenehm bemerkbar.

Xenies versuchte ihre Selbstbeherrschung wieder zu finden und sank schließlich in sich zusammen. Doch ihre Zunge züngelte noch immer wild vor Erregung. „Wir Schlangen haben damit nichts zu tun, absolut nichts!", fauchte Xenies. „Das ist ein altes Vorurteil von ungebildeten und primitiven Geschöpfen."

Ich hüpfte wieder ein bisschen näher. „Ja, das denke ich auch", versuchte ich die Schlange zu beschwichtigen. „Deshalb bin ich ja zu dir gekommen, um die Wahrheit zu erfahren."

Xenies sah mich von der Seite missbilligend an und schwieg. Ich glaube, sie hatte bemerkt, dass ich ihr zu schmeicheln versuchte.

Nein, dumm war Xenies bestimmt nicht. Doch was sollte ich tun? Wie konnte ich Xenies zum Reden bringen?

Nach einer langen Pause begann Xenies dann von selbst:

„Wir Schlangen erinnern uns gut an das Paradies", erzählte sie. „Und wir hoffen, dass es einmal wiederkehrt. Auch wenn das ganz unmöglich erscheint nach allem, was wir wissen. Was Simba sonst erzählt hat, stimmt mehr oder weniger. Nur dass natürlich nicht die Löwen die Könige der Tiere sind, sondern wir Schlangen. Wir Schlangen sind nämlich die klügsten aller Tiere. ,Klug wie eine Schlange', soll damals der Vater im Himmel bei unsrer Erschaffung gesagt haben. Ja, wir Schlangen wissen mehr als andere Tiere; mehr über das Geheimnis vor der Erschaffung der Welt und mehr über den dunklen Herrscher, das schwarze Licht. Das hängt damit zusammen, dass wir nicht unaufhörlich herumflattern oder -kriechen wie gewöhnliche Tiere, sondern lange schweigen und viel denken. – Das kannst du dir merken!"

Diese Wendung des Gesprächs behagte mir nicht. „Bitte erzähle mir, wie es wirklich war", piepste ich bettelnd. (Bei meiner Mama hilft das immer.) „Und wer ist der dunkle Herrscher oder das schwarze Licht, von dem du gesprochen hast?"

„Es ist nicht klug, mehr wissen zu wollen, als einem zusteht", sagte Xenies. „Und auch wir Schlangen wissen nicht alles über diese Dinge, wenn auch vielleicht ein wenig mehr als andere.

Wir vermuten, dass es den dunklen Herrscher schon vor Erschaffung des Paradieses gab. Aus irgendeinem uns verborgenen Grund hatte er eine Macht, wie wir sie im Paradies sonst nicht kannten: Man nennt sie das Böse oder den Tod. Ja, er selbst ist das Böse", flüsterte Xenies, und ich bemerkte, wie meine Federn sich vor Furcht sträubten.

„Doch wo es nichts Böses gibt", fuhr Xenies mit festerer Stimme fort, „hat der dunkle Herrscher keine Macht. Das Paradies war deshalb seiner Herrschaft entzogen. An den Flüssen, die das Paradies umgaben, endete seine Macht – oder dort begann sie, ganz wie du willst.

Wir Schlangen vermuten, dass es die Absicht des Vaters im Himmel war, dass sich das Paradies ausdehnen sollte – immer weiter, über die Flüsse hinaus. Bis ans Ende der Erde sollte schließlich Friede sein.

Wir Schlangen wussten wahrscheinlich mehr von diesen Dingen als die Staublinge, die der Vater im Himmel ganz zuletzt erschuf und als Wächter über das Paradies einsetzte. Wir beschlossen also, auf der Hut zu sein, in der Nähe der Menschen zu bleiben und sie, wenn nötig, zu warnen."

Xenies erzählte langsam und umständlich, mit vielen Pausen. Manches war mir rätselhaft „Habt ihr nicht richtig aufgepasst?", wollte ich wissen.

„Da gab es noch etwas", begann Xenies wieder, ohne auf meine Frage einzugehen: „Den ‚Baum der Erkenntnis'. Er stand mitten im Paradies. Wir haben ihn oft untersucht damals. Es war nichts Besonderes an ihm, ein Baum wie jeder andere in diesem gesegneten Land. Doch der Vater im Himmel sagte zu den Staublingen: ‚Ihr dürft von allen Früchten und Pflanzen in diesem Paradiesgarten essen, und ihr könnt auch sonst alles tun, was ihr für richtig haltet. Nur eins dürft ihr nicht: Ihr dürft niemals von den Früchten des Baums der Erkenntnis essen. Wenn ihr es dennoch tut, müsst ihr sterben.'"

„Aber das ist doch nichts Besonderes?", fiel ich Xenies ungeduldig ins Wort. „Meine Mutter hat mir auch genau erklärt, was ich picken kann und was nicht, weil es giftig ist. Das ist doch selbstverständlich. Warum erzählst du so nebensächliche Sachen?" Ich hatte versehentlich richtig „du" gesagt. Aber die Schlange achtete nicht darauf.

„Du vergisst, Tschilp, dass die Staublinge vorzeiten nicht wussten – und wir Tiere im Paradies wussten es damals auch nicht –, was das ist: sterben. Erst später lernten wir, uns davor zu fürchten. Und die Früchte des Baumes waren auch nicht giftig, wie es heute gewisse Pflanzen und Früchte sind. Das Ganze war für die Staublinge mehr – eine Probe. Sie sollten lernen, dem Vater im Himmel zu vertrauen."

„Ist das so, als wenn Spatzenkinder das Fliegen lernen müssen, bevor wir uns hinauswagen können in die Steppe?", fragte ich ziemlich verwirrt.

Xenies stutzte. „Einen solchen Vergleich habe ich noch nie gehört", lachte sie, „und ich weiß auch nicht, wozu um alles in der Welt man fliegen lernen muss, wo das Fortkommen auf dem Boden doch viel bequemer und sicherer ist. Aber vielleicht hast du Recht. Jedenfalls war die Probe einfach und wir Schlangen waren sehr beruhigt. Eine so einfache Übung mussten selbst die Staublinge mit ihrem geringen Wissen meistern. Zumal es im Paradies zahllose Früchte und Bäume gab. Doch wir hatten die List des Feindes unterschätzt."

„Ist er mit Gewalt in den Garten eingedrungen?", fragte ich atemlos. „Hat er es gemacht wie die Nashörner? Wenn die wütend sind, rennen sie alles über den Haufen."

„Ja", sagte Xenies und schüttelte missbilligend den Kopf. „Die Nashörner sind wirklich ungebildete Krawallmacher. Aber der böse Herrscher konnte nicht mit Gewalt das Paradies erobern. Doch er ist listig. Er verstellt sich und tut so, als sei er dein Freund. Aber er ist nicht dein Freund, er ist ein Lügner.

Jedenfalls war dies einer seiner übelsten Tricks: Er nahm die edle Gestalt einer Schlange an, des Ratgebers der Menschen, und schlich sich an die Staublinge heran.

,Gott hat euch wohl verboten, von den Früchten der Bäume zu essen', begann er."

„Aber das stimmte doch gar nicht!", rief ich empört.

„Natürlich stimmte es nicht", sagte Xenies. „Es war eine List, um mit den Menschen ins Gespräch zu kommen. – So wie du vorhin mit deinen Schmeicheleien." Xenies schmunzelte, als ich mich bei diesen Worten beschämt sehr klein machte.

„,Nein, das stimmt nicht', sagte der Staubling ganz richtig – es war die Frau, mit der der dunkle Herrscher sprach. ,Wir dürfen von allen Früchten im Garten essen. Nur von diesem einen Baum sollen wir nicht essen, weil wir sonst sterben.'

,Sterben?', fragte der Böse und tat überrascht. ,Nein, es ist anders: Wenn ihr von diesen Früchten esst, werdet ihr ganz und gar nicht sterben, sondern ihr werdet davon klug – so klug wie Gott – und das tiefe Geheimnis von Gut und Böse kennen. Gott will natürlich nicht, dass ihr so klug seid wie er selbst, und deshalb hat er euch verboten, von den Früchten dieses Baumes zu essen.'"

„Gemeine Lüge!" Ich musste meinem Herzen einfach Luft machen. „Und – haben die Menschen diesen Lügner aus dem Paradies gejagt?", rief ich empört.

Xenies ließ traurig den Kopf sinken. „Sie haben ihm geglaubt! – Oh, diese Staublinge!", stöhnte die große Schlange. „Sie haben von der Frucht des Baumes gegessen, alle beide, die Frau und der Mann." Xenies schwieg.

„Was geschah dann?", fragte ich entsetzt. „Was wurde mit den Tieren und dem Paradies und den Staublingen …?"

Xenies wirkte müde. „Das Böse war in das Paradies eingedrungen, und im selben Moment fiel das Paradies unter die Macht des Bösen. Es beherrscht nun die ganze Welt mit Tod und Verderben. Und die Staublinge …?" Xenies lachte bitter auf. „Sie geben uns die Schuld an alledem, uns, den Schlangen! Sie verfolgen uns, wo sie nur können, diese Narren, statt ihre eigene Schuld zu erkennen!"

Voller Angst fragte ich: „Aber den Vater im Himmel, der für alle Spatzen sorgt, den gibt es doch noch. Und wir Tiere können doch nichts dafür. Warum verjagt Gott nicht das Böse? Ist er dazu nicht stark genug?"

Xenies richtete sich auf und zischte empört: „Nicht stark genug?!! Noch der kleinste Sonnenstrahl ist tausendmal stärker als die finsterste Nacht. Der Vater im Himmel braucht nur zu hauchen, und der dunkle Herrscher ist nicht mehr. Nicht stark genug? Unsinn! Doch du wirst vom Vater im Himmel wohl nicht erwarten, dass er sich durchsetzt, nur weil er stärker ist als der Feind. Ein Friede, der mit Gewalt errichtet wird, kann auch nur mit Gewalt bestehen. Der Vater im Himmel tut so etwas nicht. Nicht einmal der dunkle Herrscher soll sagen können, dass ihm Unrecht geschehen ist und er sich nicht dem Recht, sondern der Gewalt beugen musste. – Ja, wir Tiere sind ohne unser Zutun unter die Herrschaft des Todes geraten. Es ist die Schuld der Staublinge. Aber ohne die Staublinge wird das Paradies nicht wiederkehren und auch nicht der Friede unter den Tieren."

Wir schwiegen beide. Die Geschichte, die Xenies mir erzählt hatte, war zu traurig. Das Paradies war vergangen. Ohne die Staublinge kam es nicht wieder und die Staublinge selbst waren unter die Macht des

Bösen geraten. Am liebsten hätte ich meinen Kopf unter den Flügel gesteckt und geheult.

„Gibt es denn überhaupt keine Möglichkeit …?", fragte ich leise.

„Nein, keine Möglichkeit", sagte Xenies streng. „Aber eine Hoffnung – eine winzige Hoffnung. Ich denke oft darüber nach."

„Was ist es? Bitte sage es mir, und wenn die Hoffnung noch so winzig ist!", bettelte ich.

Xenies wiegte ihren Oberkörper. „Es gibt da einen alten Spruch, in dem vielleicht Hoffnung liegen könnte. Ich denke oft darüber nach, ohne ihn je ganz ergründen zu können.

Nachdem die Staublinge sich mit dem dunklen Herrscher verbündet hatten, vertrieb Gott sie aus seiner Nähe und legte ihnen Last und Mühsal des Lebens auf: ‚Im Schweiße eures Angesichts sollt ihr von nun an den Acker bestellen, die Geburt eurer Kinder wird euch Schmerzen bereiten und euer Leben wird ein Ende haben: Ihr werdet sterben und wieder zu dem Staub werden, aus dem ich euch gemacht habe.‘

Zuvor aber hat er noch etwas anderes gesagt. Dass der Mensch und der dunkle Herrscher auf ewig Feinde sein werden. Unwissende Staublinge meinen damit immer noch die Feindschaft zwischen ihnen und uns Schlangen, als hätten wir – wie alle Tiere – nicht schon genug gelitten unter der Torheit der Menschen! Doch Gott hat den dunklen Herrscher gemeint. Der Staubling und er sind also Feinde, keine Verbündeten. Darin liegt eine gewisse Hoffnung. Und dann sagte Gott, dass ein Nachkomme der Staublinge den dunklen Herrscher besiegen wird, auch wenn er selbst dabei sein Leben lässt."

„Hatten die ersten Staublinge denn Kinder?", wollte ich wissen. Daran hatte ich gar nicht gedacht. „Und konnte einer von ihnen das Böse besiegen?"

Xenies schien meine Frage nicht gehört zu haben. „Der Spruch ist schwerer zu deuten, als er klingt. Wir Schlangen hofften zunächst, einem der ersten Kinder der Staublinge könnte diese tapfere Tat gelingen. Aber sie ist schwer zu vollbringen, wenn sie nicht ganz und gar unmöglich ist."

„Bekamen sie denn keine Kinder?", wiederholte ich meine Frage.

„Doch, das schon", murmelte Xenies. „Aber es stellte sich heraus, dass es für sie noch viel schwerer ist, den dunklen Herrscher zu besiegen, als wir angenommen hatten. Die Staublinge sind nämlich seit jenen Tagen krank, von Geburt an krank. Man könnte sagen, sie sind von einer der Unsrigen gebissen worden, und das Gift tragen sie in ihrem Körper. Aber es ist kein ehrliches Schlangengift. Unser Gift tötet das Opfer, sodass man es ohne Schaden fressen kann. Jenes Gift aber lähmt sie und ihre Kinder und Kindeskinder, sodass sie nicht mit ganzer Kraft gegen den dunklen Herrscher kämpfen können. Ja, sie kämpfen schon, aber du weißt nie, auf welcher Seite sie stehen – und manchmal wissen sie es selber nicht.

Von einem der beiden Söhnen der ersten Staublinge hofften wir eine Zeit lang, er könnte jener Held sein. Aber er wurde umgebracht – von seinem eigenen Bruder."

„Das ist ja furchtbar!", schrie ich. „Wie ist das passiert? Warum …?"

„Was sich damals genau abspielte, wissen wir Schlangen nicht. Es ist uns verborgen, kleiner Naseweis", sagte die große Schlange. „Du weißt, wir Tiere kennen nur unsere eigene Geschichte. Obwohl wir Schlangen schon ein wenig mehr verstehen als das. Ich glaube, die Hunde wissen mehr über jenen schrecklichen Brudermord. Sie waren jedenfalls schon sehr früh mit den Menschen zusammen …"

Xenies streckt sich. „Doch jetzt genug geredet", sagte sie. „Ich habe Hunger. – Hast du vielleicht irgendwo in der Nähe ein fettes Warzenschwein gesehen?"

Ohne eine Antwort abzuwarten, glitt Xenies in das Unterholz des Waldes und war bald darauf verschwunden. Ich hockte noch eine Zeit lang wie benommen auf meinem Ast. Die Hunde wissen vielleicht, wie die Geschichte weiterging … Ich nahm noch einen Schluck aus dem Fluss und flog dann rasch zurück. Daheim würden sie sich schon Sorgen machen, wo ich so lange blieb.

Wildhund Hatz erinnert sich
an Kain und Abel

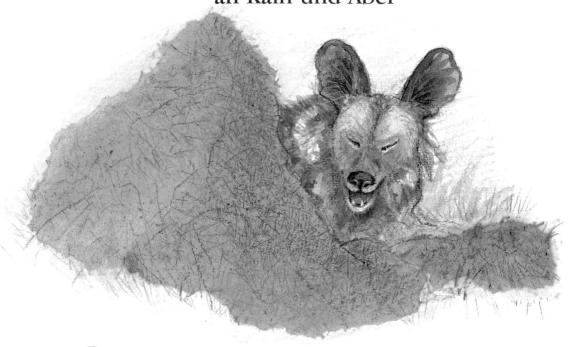

Die Wildhunde zu finden, war ein Kinderspiel gegen die Suche nach Xenies. Ich kannte das Wildhunderudel und seinen Anführer Hatz schon lange, wenn auch eher flüchtig. Hatz und sein Rudel wohnen in einer Erdhöhle nicht allzu weit von unserem Nistbaum entfernt. In diese Erdhöhle flüchten vor allem die Kinder der Wildhunde, wenn Gefahr droht. Hatz und die anderen bleiben lieber im Freien.

Wildhunde sind gefürchtete Jäger – selbst bei den großen Grasfressern. Uns Vögel lassen sie aber meistens in Ruhe. Wildhunde sind viel kleiner als Löwen. Ihr Fell ist braun oder fast schwarz. Sie haben längliche Hundeschnauzen. Ihre großen, hoch aufgerichteten Ohren sind ständig in Bewegung, und sie haben einen breiten, kräftigen Brustkorb. Ihre Schwänze sind buschig. Wildhunde sind auch nicht so träge wie Löwen, sondern wuseln gern herum, spielen mit den Kleinen, jaulen, heulen und geben auch sonst die unterschiedlichsten Töne von sich. Bei ihnen ist immer etwas los.

In der Mittagspause halten natürlich auch Hatz und die älteren Tiere des Rudels ihre Mittagsruhe. Dann ist es in der Steppe nämlich so heiß, dass jedes vernünftige Tier sich in den Schatten zurückzieht und sich so wenig wie möglich bewegt.

Wildhunde haben die merkwürdige Angewohnheit, dass sie meistens das Maul offen stehen lassen. Die feuchte Zunge hängt dann heraus. Sie zucken damit aber nicht herum wie die Schlangen, sondern atmen ganz schnell durch den Mund ein und aus. „Das kühlt", behaupten sie. Na ja, wenn man nicht fliegen kann wie wir Spatzen, ist man auf merkwürdige Sachen angewiesen, um sich Kühlung zu verschaffen.

Gleich am nächsten Tag flog ich zum Rudel hinüber. Es war schon gegen Mittag, und Hatz lag bei seiner Höhle hinter einem aufgeworfenen Erdhügel im Schatten und döste. Ich landete auf einem hohen Grasstängel in seiner Nähe und blickte auf Hatz hinab. Er schlief nicht. Zwar hielt er die Augen geschlossen, aber seine Ohren waren hoch aufgerichtet und zuckten, als ich angeschwirrt kam. Ob ich ihn wohl stören durfte?

„Bist du's, Tschilp?", brummte Hatz unvermittelt ohne die Augen zu öffnen und drehte seine Ohren in meine Richtung.

„Ja", sagte ich überrascht. „Aber woran hast du mich mit geschlossenen Augen erkannt? Wie machst du das? Hast du geblinzelt?"

Hatz schmunzelte. „Wir Hunde haben scharfe Ohren", sagte er. „Auch in stockdunkler Nacht oder wenn ich die Augen geschlossen halte, erkenne ich die Welt um mich her sehr genau. Jetzt höre ich zum Beispiel dort drüben ein Zebra vorbeistampfen, ich höre im Bau unseren Jüngsten quengeln, weil er lieber draußen spielen will. Und wenn ein kleiner Vogel mit so viel Getöse angeflogen kommt, kann es nur ein Spatz sein. Und welcher Spatz außer einem gewissen neugierigen Tschilp ist so unvernünftig, in der Mittagshitze herumzufliegen, statt sich ein gemütliches kühles Fleckchen zu suchen und auszuruhen?" Hatz öffnete die Augen und gähnte.

„Kann ich dich was fragen?", begann ich.

„Jetzt?", brummte Hatz ungädig. „In der Mittagspause?"

Ich nickte.

„Ich mach dir einen Vorschlag." Hatz gähnte noch einmal kräftig. „Du bleibst da oben sitzen und hältst die Gegend ein wenig im Auge. Wenn ein größeres Tier kommt, eine große Hyäne zum Beispiel, dann fliegst du einfach davon. Das genügt, um mich zu warnen. Reden und Hören, das fällt nämlich selbst einem Wildhund schwer."

„Abgemacht!", stimmte ich zu. Ich reckte mich auch gleich und spähte über die Steppe. Außer dem Zebra, von dem Hatz gesprochen hatte, sah ich weit und breit kein Tier. Nur flimmernde Hitze lag über dem Grasland, und am Himmel – in großer Höhe – kreisten ein paar Geier. „Es ist alles in Ordnung", sagte ich.

„Also, was willst du wissen?", fragte Hatz und schloss wieder die Augen.

Ich erzählte kurz, was ich von Xenies über das Paradies und den dunklen Herrscher erfahren hatte.

„Ja, ja, ich weiß", brummte Hatz. „Warum erzählst du mir in der Mittagspause Geschichten, die jedes Tier ohnehin kennt?"

„Weil Xenies mir nicht sagen konnte, ob es den Kindern der ersten Staublinge gelungen ist, das Böse wieder aus dem Paradies zu vertreiben", sagte ich. „Ihr Hunde wüsstet darüber besser Bescheid."

Hatz öffnete erstaunt die Augen. „Xenies hat wirklich zugegeben, dass ein anderes Tier mehr weiß als sie selbst? Bemerkenswert! Im Allgemeinen sind Schlangen ein bisschen eingebildet."

„Erzähl doch schon!", bettelte ich.

Hatz schien es Freude zu machen, mich auf die Folter zu spannen. „Eine Frage noch, Tschilp …", sagte er. „Behältst du auch sorgfältig die Gegend im Auge?" Er lachte.

Ich musste wohl oder übel auf die höchste Spitze des Stängels fliegen und noch einmal Ausschau halten. Nichts war zu sehen. Selbst das Zebra hatte sich weit entfernt.

„Es stimmt!", sagte Hatz dann und wurde ernst. „Damals geschah etwas, das wir Hunde nie ganz begriffen haben. Du musst wissen, Tschilp, dass wir Hunde dem Menschen am nächsten standen. Die Schlangen mögen sich ja als seine Ratgeber gefühlt haben – die Sache ging jedenfalls trotzdem ziemlich schief, wie du weißt –, wir Hunde waren mehr als seine Ratgeber, wir waren die Freunde der Staublinge.

In unserem Volk erzählt man sich wunderbare Geschichten aus jenen Tagen des Paradieses. Wenn es abends kühl wurde und nachdem der Vater im Himmel sich wie an jedem Abend noch ein bisschen mit den Staublingen unterhalten hatte, sind wir oft noch einmal über das Grasland des Paradieses gesaust. Damals mussten wir nicht jagen, um uns Futter zu beschaffen, sondern wir liefen aus lauter Freude. Und die Staublinge rannten mit uns.

Oh, Tschilp, das waren herrliche Zeiten! Du kannst dir nicht vorstellen, wie schön es ist, wenn du keine Angst zu haben brauchst – vor nichts! Wenn du aus purer Freude drauflosrennst in rasender Jagd, wenn der Wind dir um die Ohren pfeift, wenn deine Pfoten auf den Boden trommeln, wenn du über Büsche und Bäche schnellst und dahinfliegst wie der Sturm. Die ganze Meute jagte dahin, und die Staublinge rannten mit uns. Sie jauchzten, und wir bellten und jubelten vor Freude.

Sehr schnell konnten die Staublinge auch damals mit ihren zwei Beinen nicht rennen. Aber wir ließen sie oft gewinnen, nur so aus Freude, und sie wussten es und lachten. Und dann warfen wir uns am Fluss ins Gras oder plantschten ins Wasser hinein oder machten wilde Ringkämpfe. Die Staublinge erfanden wunderbare Spiele, die wir miteinander spielten, und sie hatten wunderbare Hände, die streicheln und kraulen konnten, wenn wir endlich müde und glücklich zusammenlagen."

Hatz machte eine Pause. Er seufzte. „Doch eines Tages kam diese Trauer über uns, die uns seitdem nie mehr ganz verlassen hat ... Wir spürten es schon am Morgen. Etwas Dunkles war über den Fluss herübergezogen. Wir konnten es weder hören noch riechen. Doch es war da und beunruhigte uns. Wir rannten zu den Staublingen, denn sie waren ja die Hüter des Paradieses."

„Und?", fragte ich beklommen. „Was war es?"

„Wir erkannten die Staublinge erst gar nicht wieder", sagte Hatz. „Sie hatten sich vermummt. Sie hatten sich Blätter umgehängt und versteckten sich. Aber diesmal war es kein Spiel wie sonst ... Und dann der Geruch der Menschen! Er war uns fremd und kaum zu ertragen. Es war nicht der Geruch von Steppe oder Gras, auch nicht

27

der Geruch ehrlichen Schweißes, es war ein – böser Geruch. Erst später wussten wir, nach was die Menschen damals rochen: Sie rochen nach Angst und nach Lüge. Sie hatten sich versteckt. Aber nicht, damit wir sie suchen und finden sollten. Sie versteckten sich voreinander und vor dem Vater im Himmel.

Wir wussten das damals noch nicht. Aber wir wagten auch nicht, uns den Staublingen zu nähern. Das Grauen und die Trauer, die wir verspürt hatten, gingen von den Staublingen aus. Wir flohen …

Den Weg zurück in das schöne Paradies haben wir nie wieder gefunden."

Die Rückenhaare von Hatz hatten sich beim Erzählen gesträubt, und er schüttelte sich jetzt.

„Später suchten wir doch wieder die Nähe der Staublinge. Die Erinnerung an die schöne Zeit war zu mächtig. Wir fanden die ersten Staublinge in einer anderen Gegend wieder unter erbärmlichen Umständen. Wir wagten uns lange nicht in ihre Nähe. Jener Geruch war wie eine unüberwindliche Mauer."

„Was war mit den Kindern der Staublinge?", fragte ich gespannt. Darauf kam es ja an, wie Xenies gesagt hatte.

„Richtig", sagte Hatz. „Die ersten Staublinge bekamen Kinder, ziemlich viele sogar. ‚Kain' nannten sie ihren ersten Sohn; ‚Abel' den zweiten. Diese beiden beobachteten wir lange Zeit.

Kain hatte die merkwürdige Gewohnheit, den Boden aufzugraben und Früchte hineinzusäen. Doch die Ernte war kümmerlich, und es war eine harte Arbeit. Vielleicht lag es an der Schwere der Arbeit, dass Kain ein mürrischer, harter Mann wurde. Er warf mit Steinen nach uns, wenn wir uns ihm näherten, und schrie böse hinter uns her.

Sein Bruder Abel war anders. Er roch auch ein wenig besser. Abel war ein Hirte. Er hatte Schaf- und Ziegenherden. Er führte sie auf die Weide und blieb dort bei ihnen.

Manches an Abel erinnerte uns an die schöne Zeit im Paradies, und wir begannen vorsichtig, uns Abel zum Freund zu machen. Er warf uns manchmal etwas zu Fressen hin, und wir beschlossen, keine Jagd mehr auf Schafe und Ziegen zu machen – jedenfalls nicht auf die aus Abels Herde. Stattdessen machten wir uns ein wenig nützlich, um Abel zu

zähmen. Wir trieben zum Beispiel die Schafe und Ziegen dorthin, wo Abel es wollte. Denn er war ein noch schlechterer Läufer als seine Eltern. Abel sprach mit uns, und wir begannen ihn zu verstehen. Einige Mutige von uns näherten sich ihm so weit, dass er sie berühren konnte. Und er streichelte sie … In uns wuchs die Hoffnung, dass Abel das schwarze Licht besiegen und das Paradies wiederbringen könnte.

Seinem Bruder Kain gingen wir aber nach wie vor aus dem Wege. Kain stank immer unerträglicher nach Feindschaft und Hass.

Auch jetzt sprach der Vater im Himmel noch mit den Staublingen. ‚Kain, pass auf!‘, sagte er zu ihm. ‚Das Böse lauert vor deiner Tür. Lass es nicht herrschen über dich.‘ Doch Kain schüttelte nur ärgerlich den Kopf.

Es war damals üblich, dass die Staublinge Gott ein kleines Geschenk machten, so wie man es unter Freunden tut. Kain opferte einige Früchte, die er gepflanzt und geerntet hatte. Aber ich glaube, in Wirklichkeit ärgerte es ihn, dass er etwas verschenken sollte, was ihn so viel Arbeit und Schweiß gekostet hatte. Er liebte Gott nicht. Warum sollte er ihm also etwas schenken?

Abel brachte ein Tier aus seiner Herde.

Gott freute sich über Abels Geschenk, aber Kains Früchte wollte er nicht annehmen. Da wurde Kain noch mürrischer. Voller Hass beobachtete er seinen Bruder.

‚Komm mit aufs Feld‘, sagte Kain eines Tages zu seinem Bruder. ‚Ich muss dir etwas zeigen.‘

Abel ging mit, ohne an etwas Böses zu denken. Doch dort auf dem Feld schlug Kain seinen Bruder Abel tot.“

„Nein!“, schrie ich. „Sag, dass es nicht wahr ist!“

„Es ist leider wahr“, seufzte Hatz. „Und es tat Kain nicht einmal Leid. Das Böse hatte ihn besiegt, und unsere Hoffnung war dahin.“

„Und was geschah mit Kain? Haben die ersten Staublinge und seine anderen Geschwister ihn bestraft?“, wollte ich wissen.

„Der Vater im Himmel verbot es, dass die Staublinge sich gegenseitig umbringen. Auch Kain sollte am Leben bleiben. Aber er musste die Gegend verlassen“, erzählte Hatz weiter. „Als die Staublinge später immer zahlreicher wurden, zogen auch sie fort. Vielleicht hielten sie es

29

auch nicht mehr aus in der Nähe des verlorenen Paradieses und in der Nähe Gottes. Sie beschlossen, ihr eigenes Paradies zu errichten. Ich glaube, sie versuchen es heute noch."

Hatz kratzte sich mit der Hinterpfote am Ohr. „Jedenfalls vergaßen sie den Vater im Himmel. Sie sprachen einfach nicht mehr mit ihm. Und wenn er mit ihnen sprechen wollte, hielten sie sich die Ohren zu. Am Ende machte jeder von ihnen nur noch das, wozu er Lust hatte. Die Starken quälten die Schwachen und die Schwachen quälten die Tiere und alle belogen sich gegenseitig.

Bis Gott schließlich sagte: ‚Jetzt reicht es mir. Es war ein Fehler, dass ich die Staublinge erschaffen habe. Ich werde sie von meiner Erde wieder wegnehmen.'"

„Ja, endlich!", rief ich. „Das hätte ich schon längst gemacht."

„‚Ich werde eine große Flut auf die Erde schicken', beschloss der Vater im Himmel. ‚Sie sollen alle darin umkommen'", erzählte Hatz.

„Ein Hochwasser?!", rief ich entsetzt. „Aber was ist mit den Tieren!? Sind auch alle Tiere umgekommen?"

Hatz öffnete die Augen und lachte. „Dann könntest du doch bestimmt mit deinen Krallenfüßen jetzt nicht so verrückt auf deinem Grasstängel herumhopsen."

Das stimmte. Uns Spatzen gab es ja noch und auch all die anderen Tiere. „Aber was ist tatsächlich passiert?", bestürmte ich Hatz.

„Der Vater im Himmel überlegte es sich noch einmal und beschloss, nicht alle Menschen auf der Erde zu vernichten. Du weißt ja, wie geduldig er ist. Es gab da nämlich einen einzigen Staubling, der Gott liebte und auf seine Stimme hörte. Er hieß Noah. Gott sagte eines Tages zu ihm: ‚Baue ein großes Schiff, bevor die Wasserfluten die Erde bedecken.'"

Ein wenig erleichtert fragte ich: „Hat Noah dieses Schiff gebaut? – Was ist das überhaupt, ein Schiff?"

„Er muss dieses Schiff wohl gebaut haben", gähnte Hatz. „Das Ding soll ganz aus Holz gewesen sein! Langweilig! Aber wenn du es genau wissen willst, musst du einen der Grasfresser fragen, die es nirgendwo lange aushalten und in der Steppe herumzigeunern, statt ordentliche Reviere zu bewohnen. Vielleicht wissen die etwas; neugierig, wie sie sind … Oder ein Wassertier."

Hatz streckte sich und stand auf. „Doch nun, entschuldige mich, ich muss unbedingt mal nach den Kleinen sehen. Die quengeln mir im Bau allzu laut."

Hatz verschwand in seiner Höhle und ich flog zurück zu unserem Nistbaum. Wahrscheinlich war es am besten, die Staublinge und ihre schrecklichen Geschichten einfach zu vergessen.

Der Falke, die Zebraherde und die große Flut

Am nächsten Tag passierte etwas Schreckliches. Wir Jungspatzen nahmen gerade mit viel Genuss ein Staubbad. Ich muss dazu sagen, dass im Staub zu baden für uns genauso schön ist wie das Baden im flachen Wasser. Jeder richtige Spatz hat nämlich Flöhe. Das macht überhaupt nichts. Außer dass sie manchmal ganz scheußlich jucken. Und gegen Flöhe und Jucken gibt es kein besseres Mittel als eben ein Staubbad.

Du suchst dir dazu eine Stelle am Boden, wo kein Gras wächst und der Untergrund trocken und schön locker ist. Dort hockst du dich hinein, spreizt die Flügel etwas ab, sodass du am Bauch den warmen

Sand spürst und gräbst dich noch ein bisschen ein. Dazu musst du nur vorsichtig ein wenig mit den Flügeln schlagen, bis der feine Staub sich überall auf dir verteilt.

Erstens sitzt man in diesem Staub wunderbar weich; zweitens wärmt der Staub angenehm und drittens mögen Flöhe den Staub überhaupt nicht. Er macht sie nervös, und wenn du nach dem Baden die Federn tüchtig ausschüttelst, springen die Flöhe nur so davon. Im weichen Staub können sie außerdem nicht richtig hüpfen; sie zappeln nur darin herum. Wenn du Glück hast, kannst du sie sogar aufpicken. Auf diese Weise wird man sie los, und das sind die Gründe, weshalb wir so gern im Staub baden.

Weil Staubbaden so genüsslich ist, kann es leider auch gefährlich sein. Man hat nämlich wenig Lust, seine warme Staubbadewanne so schnell wieder zu verlassen, und wird auch ein bisschen schläfrig dabei. Deshalb müssen immer ein paar Spatzen Wache halten und die anderen frühzeitig warnen, wenn Feinde kommen.

Vielleicht hatten die Wachen nicht richtig aufgepasst. Jedenfalls kuschelten sich die meisten von uns noch gemütlich im Sand, als plötzlich ein Schatten durch die Luft heranraste. Ich bekam einen harten Schlag, und als ich wieder zu mir kam, flog ein mächtiger gestreifter Falke davon. In der einen Klaue hing der leblose Körper einer meiner Spielkameraden. Der Angriff war blitzschnell erfolgt. Das arme Opfer hatte nicht einmal schreien können.

Für den Bruchteil einer Sekunde saßen wir alle wie gelähmt, dann flüchteten wir in wilder Hast in unsere Nester. Es gab eine fürchterliche Aufregung bei den Erwachsenen und viel Gejammer. Aber dem armen Opfer konnte niemand mehr helfen.

Ich war wie gelähmt vor Furcht und beschloss, das Nest nie mehr im Leben zu verlassen. Ängstlich kuschelte ich mich unter die Flügel meiner Mutter. Immer noch meinte ich, das schreckliche Sausen der Flügel zu hören. „Warum sind Falken so böse?", jammerte ich. „Warum verfolgen sie uns Sperlinge?"

Mama kraulte mich mit dem Schnabel am Hals. „Ach, Tschilp", sagte sie mit ihrer sanften Stimme. „Warum habt ihr auch nicht besser aufgepasst? Ihr wisst doch, wie gefährlich es ist, wenn alle im Staub sitzen. – Ich weiß auch nicht, weshalb diese grausamen Falken hinter uns her sind. Sie könnten sich doch mit Mäusen begnügen, wenn sie schon andere Tiere fressen müssen!"

Ich lugte unter ihrem Flügel hervor. „Aber den Mäusen wäre das doch auch nicht recht, oder?", jammerte ich. Ich erwartete darauf keine Antwort. Von meiner Mama bekomme ich auf solche Fragen meistens keine befriedigenden Antworten. Sie tätschelte mich auch diesmal nur sanft und sagte: „Hier im Nest bist du sicher, Tschilp. – Ich muss eben mal nach nebenan und mit den Nachbarn den Vorfall besprechen. Ich komme bald wieder."

Ich weiß nicht, wie lange ich allein im Nest hockte. Irgendwann bekam ich Hunger, und dann hörte ich draußen die fröhlichen Stimmen von ein paar Jungspatzen, die irgendetwas Aufregendes vorhatten. Ich kroch also aus dem Nest. Draußen schien wie immer die Sonne und von dem Falken oder sonst einer Gefahr war weit und breit nichts zu sehen.

„Kommst du mit, Tschilp?", rief einer der Spatzen. „Wir fliegen mal rüber zu den Zebras. Die kommen von weit, eine ganze Herde!" – Schon waren sie fort.

„Ich komme!", schrie ich und flog hinter ihnen her.

Zebras sind kluge und sanfte Tiere. Vögeln tun sie jedenfalls nie etwas zu Leide. Sie sehen aus wie Pferde. Ihr Fell ist aber viel schöner. Manche sind schwarz-weiß gestreift, andere braun-weiß. Und jedes Zebra trägt ein etwas anderes Streifenmuster, damit die Zebrakinder ihre Mutter besser wieder finden. Denn die Zebras ziehen oft in großen Herden über das Grasland, meist zusammen mit anderen Grasfressern. Ich kann mir die komplizierten Muster aber nie merken.

Das Gute an den großen Grasfressern ist auch, dass sie wunderbar duftende Dungäpfel hinterlassen. Darin finden wir Spatzen immer etwas zu futtern: Körner oder Samen.

„Wo kommt ihr her?", fragten wir natürlich gleich die ersten Zebras, die wir erreichten. Sie kamen von den großen Seen und zogen auf ihren uralten Wanderwegen über das Hochland. Hier oben gab es noch reichlich frisches Futter, sodass sie wohl eine Weile bleiben würden, bevor sie weiterzogen.

„Ist es nicht anstrengend, so viel unterwegs zu sein – immer zu Fuß?", fragte ich eine Zebramutter, die gerade stehen geblieben war, weil ihr Kleines trinken wollte. „Warum fliegt ihr nicht?"

Die Zebramutter lachte. „Natürlich fliegen wir normalerweise", sagte sie. „Nur wenn mein Kleines trinken will, landen wir. In der Luft ist das Trinken zu umständlich."

Erst als die anderen Spatzen zu lachen begannen, merkte ich, dass die Zebramutter einen Spaß mit mir gemacht hatte, und ich lachte mit.

„Wir Zebras haben starke Beine und gute Lungen", sagte die Zebramutter dann freundlich. „Uns macht das Wandern nichts aus; im Gegenteil, es gefällt uns. Manchmal galoppieren wir auch über die Steppe – einfach nur so aus Freude. Auch unsere Kleinen sind schnelle und sichere Renner. Nein, fliegen wäre nichts für mich. Wir Zebras haben am liebsten festen Boden unter den Füßen. Vor langer Zeit sollen wir einmal in einem schwankenden Schiff auf dem Wasser unterwegs gewesen sein, bevor wir in dieses Land kamen. Wenn ich mir das nur vorstelle, wird mir schon schwindlig."

Ich riss die Augen auf. Konnte es sein …? „War ein Staubling dabei?", fragte ich gespannt. „Und hieß der vielleicht Noah oder so ähnlich?"

„Du kennst die Geschichte aus unserem Volk?", fragte das Zebra überrascht.

„Nein, leider nicht", sagte ich. „Aber ich würde sie so gern hören!" (Ich versuchte es mit dem Bettelton, der bei meiner Mama meistens wirkt.) „Waren noch mehr Tiere dabei außer euch Zebras?"

„Ja", nickte die Zebramutter. „Es waren auch Tiere dabei, die wir vorher noch nie gesehen hatten: zweifüßige, kriechende, hüpfende, fliegende. – Wir Zebras waren allerdings mit Abstand die schönsten Tiere."

„Haben die Tiere sich denn alle vertragen auf diesem Schiff?", fragte ich neugierig und dachte für einen Moment an den Falken. „Haben sie sich nicht gegenseitig aufgefressen?"

„Merkwürdigerweise waren sie alle friedlich", nickte das Zebra. „Selbst so grässliche Tiere wie Löwen oder Wildhunde gaben Ruhe. Der Staubling Noah hatte ihnen verboten uns zu jagen."

„Das Paradies!", rief ich aufgeregt. „Das Schiff war das Paradies. Der Staubling Noah hat das Paradies zurückerobert!"

„Du lieber Himmel!", schüttelte sich das Zebra. „Auch wenn die Tiere sich nicht gegenseitig töteten, das Paradies war es mit Sicherheit nicht! Obwohl das Schiff sehr groß war, gab es zum Beispiel nicht genug Platz zum Galoppieren. Auch die Vögel konnten nur ein wenig hin und her flattern. Und es stank wegen der vielen Tiere ganz schrecklich. Vor allem ständig dieser Löwengeruch in der Nase, das war auf Dauer doch sehr unangenehm. Und dann schwankte das ganze Schiff auf dem Wasser immerzu auf und ab. Schrecklich! Nein, das Paradies war es nicht; jedenfalls nicht das Richtige."

„Hat der Staubling euch eingefangen oder seid ihr von selbst in das Schiff gegangen?", wollte ich wissen.

„Am besten erzähle ich der Reihe nach", meinte das Zebra. „Setz dich auf meinen Rücken, ich muss mal hinüber zu den anderen. In der Gegend hier gibt es bestimmt Löwen. Außerdem brauche ich ein Maul voll Gras."

Ich flog also auf den Rücken des Zebras. Das war ein sehr guter Platz, wie ich sofort feststellte. Der Rücken war breit und bequem. Er hob und senkte sich sanft bei jedem Schritt der Zebramutter, und ich konnte mir gut vorstellen, wie es auf dem Schiff der Tiere gewesen sein musste.

Nach ein paar Minuten begann das Zebra wieder zu erzählen: „Es fing damit an, dass eines Tages der Vater im Himmel zu dem Staubling Noah sagte: ‚Bau ein großes Schiff, denn ich werde eine große Flut schicken und alles Leben auf der Erde wieder vernichten. Ich hätte die Staublinge besser nicht erschaffen. Sie sind böse geworden.'

Du musst nämlich wissen", erklärte das Zebra, „dass die Menschen Gott den Rücken gekehrt hatten. Sie hatten versucht davonzugaloppieren und waren unter der Herrschaft des Bösen selbst böse geworden."

„Ich weiß, ich weiß", nickte ich. „Sie brachten sich gegenseitig um, Kain zum Beispiel seinen Bruder Abel, und sie quälten die Tiere, statt für sie zu sorgen. – Aber wie ging es weiter mit dem Schiff? Woher wusste Noah denn, wie man so ein Schiff baut?"

„Der Vater im Himmel hat es ihm erklärt", sagte das Zebra. „Und die Staublinge sind seit jeher sehr geschickt gewesen. Das macht sie ja so gefährlich. Jedenfalls bauten Noah und seine Sippe – er hatte eine Frau und Kinder – das Schiff genau so, wie Gott es wollte. Es war ganz aus Holz und sehr gut wasserdicht von oben und von unten."

„Wie unser Nest!", sagte ich. „Das ist auch dicht; jedenfalls weiter in der Mitte und wenn es nicht zu lange regnet. Hat Noah das Schiff auf einem Baum gebaut?", wollte ich wissen.

„Auf einem Baum?" Das Zebra lachte. „Nein, natürlich auf dem Boden. Und es dauerte lange, bis das große Schiff fertig war."

Ich dachte wieder an unser Nest, das ja auch nie ganz fertig wird, sagte aber nichts.

„Manchmal kamen die anderen Staublinge vorbei", erzählte die Zebramutter weiter. ‚Was machst du da, Noah?', fragten sie. Und Noah erklärte ihnen, dass bald die große Flut kommt und jeder, der am Leben bleiben will, sich ins Schiff retten muss."

„Dann wurden die Staublinge also doch alle gerettet?", wunderte ich mich.

„Nein", sagte das Zebra. „Eben nicht. Denn die Menschen lachten Noah aus. Sie glaubten ihm nicht, weil sie dem Vater im Himmel nicht glaubten. – Aber wir Tiere glaubten ihm. Als die Zeit gekommen war, gingen wir in das große Schiff hinein. Und Gott schloss die Tür hinter uns zu.

Dann begann es zu regnen. Es regnete und regnete; die Flüsse traten über die Ufer. Immer höher stieg das Wasser, und alle Lebewesen auf der Erde kamen um. Aber die Menschen und Tiere im Schiff des Noah waren in Sicherheit.

Allerdings dauerte es lange, bis wir wieder an Land kamen. Oft dachten wir damals: Wir werden nie wieder festen Boden unter den Hufen haben, sondern alle ertrinken.

Eines Tages gab es aber einen mächtigen Rums. Das Schiff war an einen Berg gestoßen. Noah ließ einen Raben aus dem Fenster fliegen. Er wollte nämlich wissen, ob es schon wieder genug trockenes Land gab."

„Siehst du, wie gut es ist, wenn man fliegen kann!", sagte ich stolz. „War es wirklich ein Rabe, kein Sperling?"

„Ja, es war wirklich ein Rabe und später eine Taube", lachte das Zebra und schüttelte die Mähne. „Die Taube brachte im Schnabel einen Ölzweig mit. Da wusste Noah, dass die Wasserfluten wieder verschwunden waren. Er öffnete dann bald die Tür des Schiffes und wir drängten hinaus. Du kannst dir nicht vorstellen, wie schön es ist, wenn man endlich wieder richtig rennen kann! Ich bekomme gerade Lust … !"

„Warte noch einen Moment!", bat ich. „Als alle Tiere und die Staublinge draußen waren, begann dann wieder das Paradies? Hat kein Tier mehr ein anderes gefressen?"

Das Zebra schüttelte traurig den Kopf. „Nein, leider nicht. Es war nicht das Paradies, nur eine kurze Atempause. Als Noah aus dem Schiff kam, sagte der Vater im Himmel zu ihm: ‚Die Staublinge sind böse – nach wie vor und von klein auf. Daran hat auch die große Flut nichts geändert. Ich will die Erde deshalb nicht mehr verderben wegen der Bosheit der Staublinge. Das verspreche ich. Und als Zeichen für mein Versprechen setze ich den Regenbogen in die Wolken. Wenn es regnet und ihr ihn seht, dann vergesst nicht, dass ich gütig bin und mein Wort halte – trotz aller Bosheit der Menschen.‘"

Regenbogen hatte ich schon oft bewundert. Und jetzt gefielen sie mir noch besser. Aber gleichzeitig war ich enttäuscht und traurig. Ich musste an die Schlange Xenies denken und an ihren Spruch, dass die Staublinge jenes schleichende Gift des Bösen in sich tragen und an ihre Kinder weitergeben und dass es ihnen vielleicht unmöglich ist, den Feind zu besiegen.

„Warum hat der Vater im Himmel denn alles Leben auf der Erde vernichtet, wenn es doch nichts genützt hat?", fragte ich ziemlich kleinlaut.

Das Zebra schwieg eine Weile. „Er hat es schwer mit den Staublingen", sagte es dann. „Er ist gütig und er duldet nicht das Böse. Ich glaube, er hat nicht einen Moment sein Ziel aufgegeben, uns von der Macht des Bösen zu erlösen. Aber er erzwingt auch nicht das Gute mit den Mitteln des Bösen. Auch nicht, als die Staublinge versuchten, einen Turm zu bauen, der bis in den Himmel reicht!"

„Wollten sie in diesem Turm wohnen?", fragte ich verblüfft.

„Keine Ahnung!", schüttelte die Zebramutter die Mähne, um ein paar Fliegen zu verscheuchen. „Du weißt, dass wir Tiere nur unsere eigene Geschichte kennen. Aber wenn du meine Meinung wissen willst: Sie wollten bestimmt nicht darin wohnen, sie wollten damit nur angeben. Nach Angeberei soll es jedenfalls fürchterlich gerochen haben in jenen Tagen. Das ist noch widerlicher als Löwengeruch! Zum Fortlaufen! – Übrigens laufen! Ich muss jetzt unbedingt ein Stück galoppieren. Also halt dich fest, es geht los! Vielleicht fragst du mal bei den Termiten nach. Die wissen doch sonst alles übers Turmbauen."

Damit setzte sich die Zebramutter in Trab, ihr Kleines folgte ohne Mühe. Ich zog es vor, meinen Sitzplatz sofort zu verlassen und nach Hause zu fliegen. – Wie, um alles in der Welt, unterhält man sich mit Termiten?

Tera, Termitenhauptmann
und Turmbaumeister

Als ich nach Hause flog, hatte ich wirklich die feste Absicht, mich nicht länger mit den Staublingen zu beschäftigen. Die Geschichten, die mir die Tiere erzählt hatten, waren zu traurig und zu beunruhigend. Und überhaupt, uns Sperlingen ging es ja gut. Wir hatten ein sicheres Zuhause, fanden zu jeder Jahreszeit genug Futter und abends in unserer gemütlichen Nestburg, wenn wir und die anderen Spatzenfamilien auf die alten Geschichten vom Vater im Himmel lauschten, war es doch fast wie im Paradies.

Am nächsten Morgen beteiligte ich mich so eifrig am Herbeischaffen von Nistmaterial, dass mein Vater mich erstaunt ansah. „Was ist los, Tschilp?", sagte er. „Du bist ja so auffällig brav, dass man meinen könnte, du hättest etwas ausgefressen."

Das war gemein. Wir Jungspatzen balgen uns zwar oft und zigeunern gern gemeinsam herum. Aber irgendwas angestellt hatten wir in letzter Zeit nicht – soweit ich mich erinnern konnte.

Um das Thema zu wechseln, fragte ich: „Gibt es hier in der Gegend eigentlich Termiten, die unsere Sprache verstehen?"

Zu dumm! Warum kam mir gerade eine solche Frage in den Sinn?

„Termiten?" Mein Vater sah mich verblüfft an. „Gut fünfzehn Minuten von hier entfernt gegen Sonnenaufgang ist ein großer Termitenbau", sagte er. „Aber seit wann interessierst du dich für Termiten? Ich habe in meinem ganzen Leben noch keine einzige gesehen. Sie kommen nie ans Tageslicht. Keine Ahnung, ob sie die allgemeine Tiersprache verstehen … Stopf mal die kleine Feder da links hinein!", wechselte mein Vater für einen Moment das Thema und zeigte mit dem Schnabel auf eine schlecht gepolsterte Stelle in der neuen Wohnung, an der wir gerade bauten. „Warum fragst du danach?"

„Ach, es kam mir nur gerade so in den Sinn", versuchte ich abzulenken.

Aber wenn mein Vater erst einmal ein Thema gefunden hatte, hält er gern einen kleinen Vortrag. So auch jetzt.

„Termiten sind so ähnliche Tiere wie Ameisen", sagte er. „Manchmal wohnen viele tausende von ihnen in einem einzigen Staat zusammen. Sie haben eine Königin und Arbeiter und Soldaten. Mein Großvater hat vor Jahren einmal spät abends eine Termite gesehen. Er hat jedenfalls immer behauptet, Termiten verließen manchmal ihren Bau und suchten neue Siedlungsplätze. Dann könnten sie sogar fliegen. – Ich weiß nicht, ob das stimmt. Jedenfalls sind diese Tiere sehr fleißig. Davon können heutzutage besonders Spatzenkinder etwas lernen."

Mein Vater machte eine kleine, unangenehme Pause. Als ich schwieg, fuhr er fort: „Dass sie nie ans Tageslicht kommen, ist allerdings merkwürdig! Ich weiß nicht, wie sie es aushalten immer im Dunkeln und wie sie ihr Futter finden. Nun ja, es sind halt Insekten …"

„Wo du gerade von Futter sprichst", warf ich schnell ein, „ich habe Hunger und muss mal weg. Bis später!"

Auf diese Weise entkam ich der gefürchteten Fortsetzung des Vortrags.

Ich landete auf einem braunen Hügel, der wie ein kleiner Gebirgszug das Steppengras noch gut einen Meter überragte. Meine Neugierde hatte gesiegt. Ich saß auf einem Termitenhügel.

Warum nur hatten die Staublinge damals jenen hohen Turm gebaut, von dem die Zebramutter gesprochen hatte? Die Termiten wussten vielleicht die Antwort, aber wie konnte ich eine Termite danach fragen, wenn man diese Tiere nie zu Gesicht bekam?

So genau ich den Hügel auch untersuchte, es gab keine einzige Tür darin und auch kein Fenster. Der Hügel sah aus wie massiver Fels. Ich kratzte und pickte ein wenig daran herum. Er war hart wie Stein.

„Hau bloß ab!", hörte ich plötzlich eine hohe, metallische Stimme. Sie kam aus dem Felsen direkt unter meinen Füßen, und ich flog erschrocken ein paar Meter weiter. Doch gleich kehrte ich zurück, fasste mir ein Herz und pickte noch einmal vorsichtig auf den Felsen.

„Hallo, ich bin Tschilp!", rief ich dann laut, damit die Stimme dort drinnen mich hören konnte. „Ich bin ein Vogel, ein Sperling. Ich fresse keine Termiten, sondern habe nur eine Frage … Wie heißt du?"

Ich lauschte. Nichts!

Doch dann ertönte direkt unter meinen Zehen dieselbe militärisch knappe Stimme: „Bei deinem Leben, komm nicht näher und hör auf, an unsere Festung zu hämmern! Ich bin Tera, Hauptmann der Soldaten Seiner Königin."

Ich kratzte mich mit der Zehe am Kopf. Sollte ich wirklich versuchen, mich durch eine Wand aus Stein mit diesem Termitenhauptmann zu unterhalten?

„Kannst du nicht herauskommen, dann können wir uns besser unterhalten?", fragte ich.

Keine Antwort. „Tera, hörst du mich?", fragte ich beunruhigt. Hoffentlich war er noch da!

„Verstanden!", kam die Antwort. „Aber auf den alten Trick falle ich nicht herein. Herauskommen, pah! Wir Termiten sind nicht wie jene gewöhnlichen Ameisen, die sich bei Sonnenlicht draußen herumtreiben. Was denkst du eigentlich!"

„Entschuldige!", rief ich. – Ich musste zur Sache kommen. Wer weiß, wie lange Tera noch antwortete! „Wie hoch wollt ihr euern Turm noch bauen?", fragte ich. „Er ist schon viel höher als das Elefantengras."

Tera schien erfreut. Seine Stimme klang etwas weniger schroff. „Gut so! Wir sind mehrere hunderttausend Termiten hier und brauchen viel Raum für unsere Pilzkulturen und die Wassergewinnung. Je höher, umso besser. Bis in den Himmel, wenn du mich fragst."

Das war ein Stichwort, und ich fragte natürlich sofort: „Hast du schon einmal etwas gehört von einem Turm der Staublinge, der bis an den Himmel reichen sollte?"

Ich vernahm aus dem Felsen einige gedämpfte Befehle. Dann ertönte wieder Teras Stimme. „Komm mal herauf auf den linken Zacken unserer Burg. Dort ist meine Wachstube. Ich habe gerade Schichtwechsel und begebe mich dorthin."

Es dauerte ziemlich lange, bis ich den richtigen Zacken gefunden hatte und Teras Stimme wieder hören konnte. Dummerweise klang sie hier noch dumpfer und weiter entfernt. Manche Frage musste ich deshalb wiederholen, und es dauerte ziemlich lange, bis ich verstanden hatte, was Tera mir erzählte. Damit es nicht zu kompliziert wird, lasse ich hier die vielen Rückfragen und Berichtigungen weg. Wie sich herausstellte, hatte das Volk der Termiten sehr wohl von diesem merkwürdigen Turm der Staublinge gehört.

„Es stimmt", begann Tera. „Die Staublinge beschlossen damals tatsächlich, einen hohen Turm zu bauen. Wir Termiten hielten das anfangs für einen sehr vernünftigen Gedanken. Die überragende Klugheit der Termiten war also auch von den Staublingen erkannt worden. Wir hofften auch, dass die Staublinge bei diesem Turm reichlich Holz verwenden würden. Holz ist nämlich unsere Lieblingsspeise. Wir fressen es mit Vorliebe und verarbeiten es zu einem sehr viel dauerhafteren Baumaterial, wie du an der Härte unserer Festung erkennen kannst. Aber die Staublinge verwendeten bei ihrem Turmbau hauptsächlich ungenießbare Steine. Das war aber nicht ihr größter Fehler."

„Was machten sie denn sonst noch falsch?", wollte ich wissen.

„Die ganze Planung war Mist!", stellte Tera fachmännisch fest. „Der Turm hatte überhaupt keinen richtigen Zweck. Er war weder zum Wohnen geeignet noch als Fabrikanlage wie unsere Türme."

„Ja, aber warum machten die Menschen sich dann die ganze Mühe?", fragte ich.

„Es sind halt Staublinge", stellte Tera fest. „Vieles von dem, was sie tun, dient überhaupt keinem richtigen Zweck. Sie wollen damit nur angeben. Ich glaube, der Turm sollte eine Art Denkmal sein, wenn nicht etwas Schlimmeres."

„Was ist das, ein Denkmal?", fragte ich.

„Ein Denkmal ist für die Staublinge etwas, vor dem sie gern mal stehen und nachdenken."

„Worüber wollten sie denn nachdenken?", meinte ich verwirrt. Die Sache wurde immer rätselhafter.

„Ich glaube, der Turm sollte sie daran erinnern, wie großartig es doch ist, dass sie den Turm gebaut haben."

Ich klappte meinen Schnabel auf und zu, ohne einen Ton herauszubringen. „Machst du dich lustig über mich, Tera?", fragte ich endlich misstrauisch.

„Nein", sagte Tera. „So etwa müssen sie gedacht haben. Sie wollten sich gegenseitig beweisen, dass sie alles können, wenn sie es nur wollen."

„Hatz hat gesagt, die Staublinge wollten ihr eigenes Paradies errichten!", rief ich.

„Wer ist Hatz?", fragte Tera zurück.

„Hatz ist ein Wildhund", sagte ich.

„Ein Wildhuhn?", fragte Tera argwöhnisch zurück. „Frisst es Termiten?"

„Ein Wild*hund*!", berichtigte ich. „Hatz ist ein Wildhund. Er schläft am liebsten. – Wollten die Menschen ein neues Paradies errichten?" Ich hoffte, Tera beruhigt zu haben, und er würde weitererzählen.

„Vielleicht hat das Wildhuhn tatsächlich das Richtige getroffen", bemerkte Tera nach einer Weile. „Die Staublinge wollten nämlich mit diesem Turm noch etwas anderes bezwecken, befürchte ich. Sie wollten den Turm bis zum Himmel bauen, um den Vater im Himmel dort zu verjagen und sich selbst …"

„O nein!", rief ich erschrocken. „Sie haben es doch nicht etwa geschafft?"

Tera lachte von innen dumpf. „Natürlich nicht. Für den Vater im Himmel war der Turm nicht viel größer als ein Maulwurfshügel."

„Aber trotzdem war es gemein, was die Staublinge vorhatten!", rief ich – ein wenig beruhigt und doch empört.

„Du hast Recht", sagte Tera. „Und die Sache ging auch nicht gut aus: Der Vater im Himmel verwirrte ihre Sprache, sodass keiner mehr den anderen verstehen konnte. Die Staublinge fingen bald an, sich zu streiten, weil sie sich nicht oder nur falsch verstanden und jeder dem anderen die Schuld daran gab. Wenn einer zum anderen sagte: ,Wir brauchen mehr Steine!', verstand der zum Beispiel: ,Ihr seid dumme Schweine!' Sie gerieten in Streit, warfen ihr Handwerkszeug in die Ecke und gingen wütend nach Hause. – Der Turm verfiel im Lauf der Jahre. An einem Turm muss man nämlich ständig weiterbauen, verstehst du. Unser Turm hier zum Beispiel …"

„Sprechen die Staublinge auch heute noch verschiedene Sprachen?", fragte ich rasch dazwischen.

„Ja, ich denke schon", sagte Tera und vergaß glücklicherweise zu erklären, worauf es bei einem Termitenhügel ankam. „Wenn sie einen Staubling aus einem anderen Land verstehen wollen, müssen sie seine Sprache mühsam erlernen. Das fällt ihnen schwer und dauert meistens sehr lange."

Aha, dachte ich. Deshalb also haben sie keine Zeit, richtig fliegen zu lernen, obwohl sie Zweibeiner sind! „Und wie ging es dann weiter?", wollte ich wissen. „Haben die Staublinge eingesehen, dass der Turm eine Dummheit war?"

„Wenn ein Staubling so etwas einsieht, ist das ein Wunder!", brummte Tera. „Nein, sie sahen nichts ein und änderten sich auch nicht."

„Aber das Paradies …!", rief ich erschrocken.

Doch Tera erzählte weiter: „Eines Tages – lange nach dem Turmbau, so sagt man – fand Gott einen Staubling, der ihm vertraute – mehr als die ersten Staublinge im Paradies. Er hieß Abraham. Der Vater im Himmel beschloss, es mit diesem Staubling zu versuchen. ,Verlasse deine Heimat und mache dich auf die Wanderschaft', sagte er zu ihm. ,Wohin genau du ziehen sollst, das erkläre ich dir später. Doch das

Land, in das du kommen wirst, soll dir gehören. Ich werde dich zum Vater eines sehr großen Volks machen.'"

Tera schwieg einen Moment. „Das ist alles sehr vernünftig. Auch wir Termiten suchen gelegentlich eine neue Heimat, um dort ein großes Volk zu werden. Aber Gott sagte noch etwas: ‚Einer deiner Nachkommen wird zum Retter werden für alle anderen Menschen auf der ganzen Erde.'"

„Der Retter!", jubelte ich. „Dann war dieses fremde Land bestimmt das Paradies, Tera? Aber hat Gott dem Staubling Abraham wirklich nicht gesagt, wo es liegt? Oder hast du es nur vergessen?"

„Nein, es war nicht das Paradies", sagte Tera nach einer Weile knapp. „Und der Vater im Himmel hat ihm auch nicht gesagt, wo genau jenes Land liegt. Er wollte nämlich sehen, ob dieser Staubling ihm vertraut. Denn mit Vertrauen musste alles beginnen."

„Und wohin ist Abraham zuerst gewandert?", fragte ich gespannt.

„Das wissen wir Termiten nicht", sagte Tera. „Vielleicht können dir Schafe oder Ziegen sagen, wie die Geschichte weiterging. Sie sollen damals mit Abraham gezogen sein."

Mir fiel die Geschichte von Kain und Abel ein. Hatte nicht auch Hatz dabei von Schafen und Ziegen gesprochen? „Schafe oder Ziegen, wo finde ich die?", fragte ich ratlos.

„Frag mich nicht, was sich bei euch da draußen im grellen Sonnenlicht alles herumtreibt!", erwiderte Tera ungnädig. „Ich kenne die Namen nur, weil es halbwegs gebildete Tiere sein sollen, die keine Termiten fressen und Berge und Hügel bevorzugen wie wir. Sie klettern lieber, als dass sie laufen …"

Gleich darauf hörte ich von drinnen wieder dumpfe Befehle. „Ich muss los!", rief Tera Sekunden später hastig. „Wachablösung! Mach's gut, Kamerad!"

Schafe oder Ziegen! … Die Sache wurde immer komplizierter.

Die Ziege Flecki erinnert sich an die Geschichten von Abraham und Josef

Wo finde ich Schafe oder Ziegen!?, grübelte ich eine Zeitlang. Dann kam mir ein wunderbarer Gedanke! Ich fragte meinen Papa wie nebenbei: „Gibt es hier in der Gegend eigentlich Schafe oder Ziegen?"

Damit war ich die schwere Frage erst einmal los und sie war ein Volltreffer. Sie brachte meinen Vater nämlich ganz schön in Verlegenheit.

„Schafe?", sagte er. „Oder Ziegen? – Wie kommst du denn auf so was?"

Es war klar, dass er Zeit gewinnen wollte. „Schafe, ja ähm", sagte er. „Oder Ziegen natürlich. Ja, die gibt es; doch, davon habe ich schon gehört. Lass mich mal nachdenken."

„Vielleicht in den Bergen?", schlug ich vor.

Mein Papa schaute mich erstaunt an. „In den Bergen, meinst du?"

„Ja", bemerkte ich ganz ruhig. „Weil sie lieber klettern als laufen."

„Schon möglich, schon möglich", meinte mein Vater verwirrt. „Aber ich habe in einem anderen Zusammenhang von ihnen gehört. – Richtig!", rief er dann erleichtert. „Ja, ich wusste es doch! Ja, genau, dort war es!"

Jetzt wurde *ich* zappelig. „Du hast schon mal welche gesehen?"

Mein Vater lachte. „Du hast mich mit deiner Frage ganz schön in Verlegenheit gebracht. Aber ich habe tatsächlich schon einmal Schafe gesehen und auch Ziegen. Es war in dem Menschendorf am Rande der Steppe. Dort gab es diese Tiere.

Es sind Grasfresser; völlig ungefährlich. Sie sehen aus wie die kleinen Springböcke, sind aber viel weniger gelenkig. Hier in der Steppe wären sie leichte Beute der Raubtiere. Deshalb haben sie sich den Staublingen angeschlossen. Das sagten jedenfalls unsere Verwandten in jenem Dorf. Damals wäre ich beinahe bei ihnen geblieben. Aber dann lernte ich deine Mutter kennen. Hier in der Steppe ist das Leben schöner und weniger hektisch. Außerdem bauen unsere Verwandten in jener Gegend nur winzige Nester – ziemlich lächerliche Machwerke, wenn du mich fragst."

„Könnten wir die Verwandten dort nicht einmal besuchen?", schlug ich eifrig vor.

„Für mich ist das nichts mehr", winkte mein Papa ab. „Zu weit. Aber warum fliegst du nicht alleine los?"

„Das ist viel zu gefährlich!", schaltete sich meine Mama ein.

„Ach was!", sagte mein Vater. „So klein ist Tschilp auch nicht mehr. Die jungen Leute sollten sich die Welt ruhig einmal ansehen, meine ich."

„Aber …", begann meine Mutter.

Ich verließ die beiden, um noch ein wenig draußen nach Futter zu suchen. Es würde noch eine Weile dauern, bis auch meine Mama schweren Herzens damit einverstanden war, dass ich diese Reise unternahm. So war es meistens. Ich gebe zu, dass mir auch selbst ein wenig mulmig zu Mute war bei dem Gedanken, ganz alleine bis an den Rand der Steppe zu fliegen. Aber neugierig war ich auch; sehr neugierig!

Meine Mutter war schließlich tatsächlich einverstanden, dass ich in das Menschendorf flog und ein paar Tage dort blieb. Sie gab mir noch

alle möglichen Ratschläge und Wegbeschreibungen mit auf die Reise, die ich mir geduldig anhörte, aber allesamt nicht behalten konnte. Bis auf die Himmelsrichtung, die merkte ich mir genau. Wir Spatzen haben gute Augen, und aus der Luft sieht man viel. Ich würde das Dorf bestimmt finden und den Rückweg auch.

Ich weiß nicht, wie lange ich unterwegs war. Dass die Steppe so groß ist! Ich musste unzählige Male Halt machen und verschnaufen. Aber ich fand zum Glück unterwegs reichlich Futter und erspähte müde und erschöpft endlich etwas, das jenes Menschendorf sein musste, nach allem, was meine Eltern mir beschrieben hatten. Ich näherte mich vorsichtig.

Die Staublinge wohnten in höhlenähnlichen Nestern, wie ich sie zuvor noch nie gesehen hatte. Die Nestbauten standen auf dem Boden und erinnerten mich ein wenig an die Termitenburg von Tera und ein wenig an den Wildhundbau von Hatz. Die Höhlen ragten noch höher auf als die Türme der Termiten, waren auch deutlich breiter, hatten aber Einschlupflöcher, wie sie die Wildhunde benutzen. Die Dächer der Türme waren wie unser Spatzennest aus Gras oder Stroh gebaut. Bestimmt hatten die Staublinge sich bei allen möglichen Tieren abgeguckt, wie man einen Unterschlupf baut. Keiner war ihnen aber richtig gelungen.

Als Nächstes entdeckte ich unsere Verwandten. Sie flogen ohne Scheu zwischen diesen Gebäuden umher. Ihr Anblick tat mir gut. Doch bevor ich mich noch mit einem von ihnen bekannt machen konnte, trat ein Staubling aus seiner Wohnhöhle. Ich betrachtete ihn mit Furcht und Staunen.

Der Staubling erinnerte nur wenig an jenen, den ich damals in der Steppe gesehen hatte. Er ging zwar auch auf zwei Beinen, sein Gang war aber ruhig und raumgreifend und erinnerte mich ein wenig an den Schritt der Elefanten. Doch was mir am meisten in die Augen stach, waren seine wunderbaren Federn – oder war es ein Fell? –, die in allen Farben des Regenbogens schimmerten.

Als der Staubling vor seine Höhle trat, flogen die Sperlinge, die vor dem Bau am Boden gepickt hatten, auf und kamen zu mir herüber. Es gab ein lautes Hallo mit vielen Fragen und Antworten, die alle

49

gleichzeitig gestellt und gegeben wurden. So ist es bei uns Spatzen nun einmal üblich. Ich genoss es, wieder unter meinesgleichen zu sein.

„Haben alle Staublinge hier so schöne Federn?", fragte ich schließlich und deutete mit dem Schnabel auf jene Gestalt hinüber, die eben mit merkwürdigen Lockrufen nach seinen Jungen rief.

„Federn?", lachten die Spatzen. „Weder Federn noch Fell! Sie hängen sich das nur um. In Wirklichkeit bleiben auch die erwachsenen Staublinge so nackt wie junge Vögel."

Ich musste an die Blätter denken, die sich die ersten Staublinge im Paradies umgehängt hatten. Mir graute. „Sind die Staublinge nicht sehr gefährlich?", fragte ich beunruhigt. „Warum haltet ihr nicht größeren Abstand?"

„Sie sind nicht besonders gefährlich", lachte ein dicker, dunkelbrauner Spatz. „Nur die kleinen Staublinge schießen manchmal mit Lehmkugeln nach uns. Aber mehr aus Spaß. Man gewöhnt sich daran. Das Leben hier hat viele Vorteile. Bei den Staublingen findest du Futter in Massen. Sie schleppen nützliche Sachen heran und lassen vieles davon einfach liegen. Du brauchst dich nur zu bedienen. Sieh mich an!", er deutete auf sein dickes Bäuchlein. „Geht es uns hier nicht gut?"

Mir fiel wieder der eigentliche Grund meines Besuchs ein. „Gibt es auch Schafe oder Ziegen in der Nähe?", fragte ich gespannt.

„Und ob!", erklärte mir der Dicke. „Aber sie kommen erst gegen Abend ins Dorf. Tagsüber führen die Staublinge ihre Herden in die Steppe hinaus zum Fressen. Sie bleiben dann den ganzen Tag bei ihnen und halten Wache, damit kein wildes Tier die Schafe anfällt."

Ich erinnerte mich an das, was Hatz mir von Abel erzählt hatte. „Aber das Paradies ist es hier nicht?", fragte ich unsicher. Der dicke Spatz runzelte die Stirn. „Nein, nein", sagte er. „Es geht uns zwar gut, und auch den Schafen und Ziegen geht es besser, als wenn sie in der Steppe lebten. Aber manchmal …", er beugte sich bei diesen Worten zu mir herüber und flüsterte: „Manchmal töten die Staublinge Einzelne der Schafen und Ziegen und essen sie auf."

Der dicke Spatz war enttäuscht, dass ich bei seinen Worten nicht mehr erschrak. Aber ich wusste schon zu viel von den Staublingen, um mich darüber zu wundern.

„Wenn du willst, zeige ich dir die besten Futterplätze, unsere Nester und das Dorf", schlug der dicke Spatz vor. „Gut!", sagte ich. „Aber wenn die Schafe kommen, sag mir bitte Bescheid."

„Das ist nicht zu übersehen", lachte der dicke Spatz, und wir flogen los, um das Dorf auszukundschaften.

Die Ankunft der Schaf- und Ziegenherde war wirklich nicht zu verpassen: Rufen, lautes Blöken und Meckern, Getrappel von kleinen Hufen und Wolken von Staub kündigten sie schon von weitem an. Als die Tiere das Wasser rochen – die Staublinge hatten nämlich in der Nähe des Dorfes einen Brunnen gegraben, wie es die Elefanten in der Steppe manchmal tun –, gab es ein heftiges Geschiebe und Gedränge. Es dauerte lange, bis sich alle satt getrunken hatten.

Die ganze Herde war erschreckend unvorsichtig. Nicht eines der Tiere prüfte vor dem Trinken, ob nicht ein Krokodil im Wasser lag; keines hob während des Trinkens witternd den Kopf, um nach Löwen oder wilden Tieren Ausschau zu halten. Sie tranken und vergaßen sonst alles. Kein Tier in der Steppe wäre so leichtsinnig!

Später führten die Staublinge die Herde in ein enges Gatter. Der Boden darin war harter, festgetretener Lehm. Die Tiere standen noch ein wenig herum; andere legten sich nieder und käuten oder naschten – mehr aus Vergnügen – an ein paar losen Halmen. Alle schienen müde und satt. Nur ein paar von den Jüngeren spielten noch herum.

Es war schon später Nachmittag. Ich verlor also keine Zeit und flog hinüber. Dicht am Zaun knabberte eines der Tiere mit gerecktem Hals an einem dürren Ast. Es hatte Hörner und Hufe und sein fleckiges Fell hing fast bis auf die Knie hinab. Es sah freundlich aus.

„Bist du ein Schaf oder eine Ziege?", versuchte ich ein Gespräch in Gang zu bringen.

Das Tier sah mich mit schräg gelegtem Kopf an. „Werd nur nicht frech, Kleiner!", meckerte es.

Hatte ich eine unschickliche Frage gestellt? „Entschuldige!", beeilte ich mich zu sagen. „Ich bin fremd hier und habe euch noch nie zuvor gesehen."

„Wo kommst du denn her?", fragte das Tier immer noch ziemlich ungnädig.

„Ich heiße Tschilp und wohne weit draußen in der Steppe, in einem großen Nest", erklärte ich eifrig.

„Aha, vom Lande also!", sagte das Tier. Ich wusste nicht, was es damit meinte. „Ich heiße Flecki und bin natürlich eine Ziege und keines jener langweiligen Schafe, mit denen wir hier leider den Schlafplatz teilen müssen."

„Aha!", sagte ich, nur weil ich nicht wieder einen Fehler machen wollte.

Die Ziege schien ganz froh über die Gelegenheit zu einer kleinen Unterhaltung. „Wir Ziegen sind etwas Besonderes. Schafe fressen gedankenlos vor sich hin. Wir Ziegen jedoch naschen hier und dort und sind nur mit dem besten Futter zufrieden. Deshalb schmeckt unsere Milch auch so gut und die Menschen mögen uns. Die Staublinge sind nämlich auf uns angewiesen", erklärte Flecki weiter. „Besonders geschickte Menschen weben sogar Decken aus unseren Haaren."

„Sie nehmen euch die Milch weg und schneiden eure Haare ab?", fragte ich erschrocken.

„Unsinn!", verbesserte mich Flecki. „Wir geben ihnen das alles natürlich freiwillig. Milch haben wir mehr als genug, und im Sommer tragen wir wegen der Hitze das Fell gern etwas kürzer. Das sieht auch schicker aus, finde ich. Als Gegenleistung müssen die Menschen uns bewachen, wenn wir am Rand der Steppe grasen. Das ist viel sicherer, als wenn einer von uns die Wache übernimmt."

„Aber sind die Staublinge denn stark genug, euch zu beschützen?", fragte ich misstrauisch. „Ich meine, wenn ein Löwe kommt oder so."

„Sie sind sehr stark – und mutig, zumindest wenn mehrere von ihnen zusammen sind", nickte die Ziege. „Außerdem haben sie Speere, lange Stangen mit sehr scharfen Klingen. Auch die Löwen wagen sich nicht an uns heran, wenn mehrere Menschen dabei sind.

Das ist alles sehr praktisch und deshalb hat unser Volk schon vor vielen, vielen Jahren beschlossen, die Menschen zu zähmen, sodass sie sich uns anschließen. Es gibt allerdings auch noch Ver-

wandte, die das Leben in der Wildnis vorziehen. Für mich wäre das aber nichts!"

Ich hatte genau zugehört und beschloss, auf mein Ziel zuzusteuern. „War Abraham der erste Staubling, der sich euch angeschlossen hat?", fragte ich aufs Geratewohl.

Flecki hörte auf, an dem Holz zu nagen, und sah mich überrascht an. „Woher kennst du diesen Namen?", fragte sie.

„Eine Zebramutter hat davon erzählt", erklärte ich. „Sie sagte, Abraham war einer der wenigen Staublinge, die Gott vertrauten. Und er habe eine große Wanderung unternommen und ihr Ziegen wärt dabei gewesen."

„Richtig, das stimmt!", sagte Flecki nicht ohne Stolz. „So lautet die Geschichte unseres Volkes. Wir wollten damals den Staubling Abraham nicht alleine gehen lassen. Er musste schließlich unterwegs etwas zu trinken haben. Aus unserer Milch konnte er auch Käse herstellen und ihn essen. Deshalb gingen wir mit. Einige von seinen Verwandten und seine Frau und ein paar Knechte waren auch dabei."

„Und bekam Abraham tatsächlich so viele Kinder, wie die Zebramutter behauptet hat? Wurde er ein großes Volk? Und war eines seiner Kinder stark genug, den dunklen Herrscher zu besiegen?", fragte ich gespannt.

„Langsam, langsam!", lachte Flecki. „So schnell ging es nicht. Nein, eigentlich ging es überhaupt nicht schnell. Sogar ziemlich langsam ging es. – Wir zogen lange Zeit gemütlich immer nach Westen. Wenn wir kein Futter mehr fanden, sagten wir es Abraham. Dann zogen wir weiter. Unsere Herde wurde immer größer und stattlicher. Aber mit Abrahams Sippe ging es nicht richtig vorwärts. Jedenfalls hatte er keine Kinder."

„Das kann nicht sein!", sagte ich. „Gott hatte doch versprochen, dass Abraham der Vater eines ganzen Spatzenschwarms werden sollte … eines Menschenschwarms", verbesserte ich mich rasch.

„Ja, schon!", sagte Flecki. „Wir hörten einmal, wie er zu seiner Frau sagte: ‚Wir werden so viele Nachkommen haben, wie es Sterne am Himmel und Sand in der Wüste gibt. Das hat Gott mir versprochen.'"

„Na also!", sagte ich. „Ihr habt nicht mitbekommen, was wirklich geschah!"

„Haben wir doch!", sagte Flecki spitz. „Ich habe ja auch nicht gesagt, dass Abraham bis zuletzt keine Kinder hatte. Es dauerte aber sehr lange, bis er welche bekam. Und das hatte auch seinen Grund."

„Seinen Grund?", wollte ich wissen. „Was meinst du damit?"

„Der Vater im Himmel wollte, dass Abraham lernte, ihm zu vertrauen. Deshalb hatte er ihm ja auch nicht gesagt, wohin genau die Reise gehen sollte. Und deshalb ließ er ihn auch so lange warten mit den Nachkommen. Den Staublingen fällt nämlich nichts so schwer, wie Gott zu vertrauen. Wir Ziegen wissen das, weil wir schon so lange mit den Menschen zusammenleben."

Bei mir dämmerte es. „Stimmt! Das hat Xenies auch gesagt. Die ersten Staublinge haben Gott nicht geglaubt, und deshalb ging ja auch das Paradies verloren." Ich seufzte.

„Wer ist Xenies?", wollte Flecki wissen.

„Eine Bekannte bei mir zu Hause", gab ich ausweichend Auskunft. Ich wusste nicht, ob Flecki Schlangen mochte. „Hat Abraham die Probe bestanden?", fragte ich dann.

„Leicht fiel es ihm nicht", nickte Flecki. „Er war oft verzweifelt, und Gott vertraut hat er auch nicht immer. Es dauerte eben schrecklich lange, bis sie endlich ihr erstes Kind bekamen. Du kannst dir vorstellen, wie sie sich gefreut haben, als es endlich da war. Aber dann sollten sie ihr Kind wieder hergeben."

„Du meinst, es ist weggeflogen, als es alt genug war?", fragte ich überrascht.

„Nein, Abraham sollte seinen einzigen Sohn auf einem Steintisch töten."

„Unsinn!", protestierte ich. „Wer hat das gesagt? Der dunkle Herrscher! Hat der dunkle Herrscher das gesagt?!"

„Nein, es war der Vater im Himmel", sagte Flecki. Es gefiel ihr, dass sie mehr wusste als ich. Aber es war mir jetzt egal.

„Und?", piepste ich matt. Mehr brachte ich vor Schreck nicht heraus.

„Abraham nahm seinen Sohn und zog mit ihm durch die Steppe bis zu einem Berg. Dort wollte er sein Kind töten, wie Gott es verlangt

hatte. Er war verzweifelt. Sein Sohn war sein einziger Nachkomme. Wie sollte je ein großes Volk aus Abraham werden, wenn er den einzigen Sohn verlor? Außerdem liebte er dieses Kind über alles."

Flecki machte eine Pause. „‚Über alles' ist vielleicht nicht der richtige Ausdruck. Er liebte den Vater im Himmel über alles und er vertraute ihm."

„Und hat Abraham seinen Sohn wirklich – getötet?", fragte ich beklommen.

„Nein", sagte Flecki. „Im letzten Moment sagte Gott: ‚Halt! Töte deinen Sohn nicht. Jetzt weiß ich, dass du mich über alles liebst. Abraham, du bist ein Staubling, der mir gefällt.'"

„Das war knapp!", schnaufte ich sehr erleichtert.

Doch Flecki blieb ernst. „Es geschah noch etwas damals", sagte sie. „Wir haben es nie ganz verstanden. Einer der Unsrigen, allerdings einer der wild lebenden Verwandten, hatte sich auf diesem Berg mit den Hörnern in einem Gebüsch verfangen. Ihn nahm Abraham und opferte ihn auf dem Steintisch an Stelle seines Sohnes."

„Das tut mir Leid!", piepste ich betroffen.

„Nun, es war wohl notwendig", sagte Flecki und sah merkwürdig streng aus. „Das Paradies wiederzugewinnen, ist keine Kleinigkeit. Wir Ziegen und auch die Schafe wissen das seither vielleicht besser als ihr anderen Tiere."

Ich hatte plötzlich einen deutlichen Brandgeruch in der Nase und fuhr erschrocken auf. Tatsächlich, am Rande des Geheges loderte ein Feuer auf.

„Schnell, Flecki!", rief ich. „Lauf! Die Steppe brennt!" Ich kannte Steppenfeuer und wusste, wie gefährlich sie waren – auch für uns Spatzen und unsere Nester.

Aber Flecki hob nur kurz den Kopf und lachte. „Ach was! Die Staublinge haben das Feuer entzündet. Sie machen das jeden Abend, damit die wilden Tiere sich nicht zu dicht heranwagen. Es brennt nicht weiter."

„Die Staublinge können es blitzen lassen und Feuer machen?", fragte ich erstaunt.

„Sie machen es ohne Blitz – irgendwie mit den Händen. Es sind mächtige Wesen", beruhigte mich Flecki.

Ich beschloss trotzdem, auf der Hut zu bleiben. „Und dann bekam Abraham so viele Kinder, wie es Sterne am Himmel gibt?", fragte ich. „Und war der starke Held dabei, auf den wir warten?"

„Es dauerte noch ziemlich lange, bis aus Abraham und seiner Familie ein großes Volk wurde", sagte Flecki und gähnte. „Wir Ziegen waren die ganze Zeit über dabei, und bei uns ging das tausendmal schneller. Doch das Paradies kehrte in all der Zeit nicht wieder. Keiner der Nachkommen Abrahams konnte den dunklen Herrscher besiegen. – Manchmal muss der Vater im Himmel sehr enttäuscht gewesen sein, auch über jene Staublinge aus der Familie Abrahams. Und eines Tages schien dann alles verloren zu sein."

„Was ist denn schon wieder passiert?", fragte ich und behielt dabei das Feuer der Menschen im Auge. Es breitete sich tatsächlich nicht weiter aus.

„Einmal gab es Streit unter den Nachkommen Abrahams. Es waren zwölf Brüder damals. Den Jüngsten konnten die anderen nicht leiden. Er war auch ein bisschen ein Angeber."

Ich wusste mittlerweile schon, dass Streit unter den Staublingen etwas anderes ist als der gemütliche Streit unter uns Spatzen. Ich dachte an Kain und Abel und bekam es mit der Angst zu tun.

„Haben sie ihn etwa totgeschlagen?", fragte ich hastig.

„Nein, das nicht", antwortete Flecki. „Aber viel gefehlt hat nicht daran. Sie haben ihn schließlich an Staublinge aus einem fremden Land verkauft, die gerade vorbeikamen. ‚Ihr könnt mit ihm machen, was ihr wollt', sagten die Brüder und lachten. ‚Auch totschlagen könnt ihr ihn.'"

Bei den Menschen würde ich es nicht aushalten, dachte ich, schwieg aber, um Flecki nicht zu kränken.

„Der Junge – er hieß Josef – wurde in ein fremdes Land mitgenommen. Es hieß Ägypten. Aber der Vater im Himmel passte auf ihn auf, und so wurde aus Josef schließlich ein berühmter Mann in diesem Land. – Doch das ist eine lange Geschichte und ich werde langsam müde. Musst du nicht zu deinen Verwandten nach Hause?"

„Sag mir wenigstens noch, was mit diesem Josef passierte", bettelte ich. „Nur ganz kurz …"

„Na gut. Aber wirklich ganz kurz", nickte Flecki. „Auch Josef war trotz seiner Berühmtheit nicht der Held, der das Böse besiegen konnte. In

Ägypten wurden Abrahams Nachkommen dann tatsächlich zu einem sehr großen Volk. Auch für uns Ziegen war es eine sehr, sehr gute Zeit mit fetten Weidegründen und genug Wasser zum Trinken. Wir denken jedenfalls sehr gern daran zurück. Doch eines Tages zog eine tödliche Gefahr herauf. Der König von Ägypten beschloss nämlich an diesem Tage, die meisten Nachkommen Abrahams in Ägypten zu töten. Es waren ihm zu viele geworden und er hatte Angst vor ihnen bekommen."

„Aber das ist ihm bestimmt nicht gelungen?!", fragte ich schnell. Ich spürte, dass Flecki keine Lust mehr hatte weiterzuerzählen. Das musste ich an dieser spannenden Stelle um jeden Preis verhindern.

„Fast wäre es ihm doch gelungen. Aber sie wurden gerettet durch einen Staubling mit einem merkwürdigen Namen. Er hieß ‚Der-aus-dem-Wasser-Gezogene'."

Ich platzte fast vor Neugierde. Was für ein seltsamer Name! Und auf welche Weise wurden die Nachkommen Abrahams gerettet?

Aber Flecki weigerte sich weiterzuerzählen. „Ich weiß auch nicht, was dort am Ufer des Nilstroms genau passierte", meckerte sie. „Du musst Nilpferde fragen oder die Krokodile. Vielleicht wissen die etwas."

Mehr würde ich aus der Ziege nicht herausbekommen, das war klar. Es wurde dunkel und höchste Zeit, dass ich ins Nest zu meinen Verwandten kam. Von der Steppe her hörte man das Heulen der Schakale und in der Ferne das dumpfe Grollen eines Löwen. Flecki schien nicht beunruhigt. Die Feuer, an denen die Menschen hockten, verbreiteten ein flackerndes Licht. Die Staublinge sangen in einer merkwürdigen, schwermütigen Melodie.

Flecki gähnte wieder und legte den Kopf auf die Vorderbeine. „Gute Nacht, Tschilp!", sagte sie.

„Gute Nacht, Flecki", erwiderte ich. „Danke für die Geschichte!"

Dann flog ich rasch die wenigen Meter bis zum Nest meiner Verwandten. Es war in der Tat ziemlich klein und schlecht gepolstert. Trotzdem schlief ich sofort ein.

57

Ein Krokodil erzählt von Mose

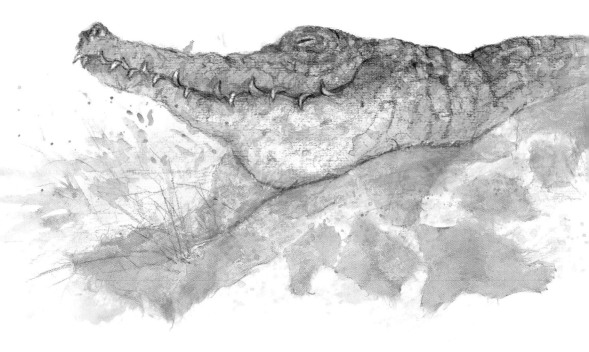

Früh am nächsten Morgen verabschiedete ich mich von meinen Verwandten und machte mich auf die Flügel, um nach Hause zu kommen. Ich war natürlich nicht so dumm, unterwegs viel über das nachzudenken, was ich erlebt und von Flecki gehört hatte. Wenn man in der Steppe unterwegs ist, muss man mit den Gedanken bei der Sache sein. Denn ungefährlich ist eine so weite Reise nicht. Wer weiß, wie viele Reviere von Falken, Schlangen und sonstigen Raubtieren ich durchquerte!

Ziemlich erschöpft, verschwitzt und zerzaust kam ich schließlich zu Hause an. Meine Mama nahm mich in die Flügel. „Nein, wie groß du geworden bist!", sagte sie voller Stolz.

Dann musste ich haarklein berichten, was ich alles gesehen hatte und wie die Verwandten so leben. Mein Papa bereute jetzt doch, dass er nicht mitgeflogen war, und das gefiel mir nicht schlecht.

In den nächsten Tagen unternahm ich nicht viel. Ich war einfach zu müd. Jeder Knochen tat mir weh von der langen Reise. Ich hockte aber dennoch auf meinem Lieblingsast und machte Pläne.

Sobald wie möglich wollte ich hinüberfliegen in den Galeriewald. Bei den Nilpferden würde ich zuerst fragen. Die Krokodile sind mir nämlich nicht ganz geheuer. Sie liegen zwar häufig am Ufer oder auf einer Sandbank im Fluss – ganz reglos. Aber Krokodile sind Fleischfresser und sie schnappen manchmal ganz plötzlich zu – ohne jede Vorwarnung. Die Nilpferde dagegen sind Grasfresser und viel netter, jedenfalls, solange man sie nicht ärgert oder ihre Jungen belästigt. Dann können sie nämlich fürchterlich wütend werden. Das wissen sogar die Krokodile, und nur aus diesem Grund tun sie den Nilpferdkindern nichts.

Am Tag darauf fand ich meinen Plan immer noch gut und ich flog hinüber zum großen Wasser. Nach meiner weiten Reise bis zum Rand der Steppe kam mir der Galeriewald gar nicht mehr so gefährlich vor. Hier war ich ja schon mehr als einmal gewesen. Natürlich vergaß ich trotzdem nicht für einen Moment meine gewohnte Vorsicht.

Es war keine Kunst, die Nilpferde zu finden. Sie lärmten wie gewöhnlich im Wasser herum und unterhielten sich lautstark in ihrer Sprache. Nilpferde bleiben meistens den ganzen Tag im Wasser. Erst abends kommen sie an Land, um Gras zu fressen.

Ich fackelte nicht lange und fragte gleich das erstbeste Nilpferd, ob es schon mal etwas von einem Staubling gehört hatte mit Namen „Der-aus-dem-Wasser-Gezogene". Das Nilpferd schaute mich nur verständnislos an, und ich musste ihm dann lang und breit erklären, was ich damit meinte. „Nein", brummte es dann gedehnt. „Die Geschichte muss sich viel weiter unten an der Mündung des Stroms abgespielt haben. Dort ist es uns zu unruhig; zu viele Menschen. Und sogar Staudämme haben sie gebaut. Frag mal bei Knorz nach, seine Sippe ist weniger anspruchsvoll."

„Knorz?", wollte ich wissen. „Wer ist Knorz?"

„Ich meine das Krokodil da drüben auf der Sandbank, das linke. Knorz ist noch das netteste von ihnen. Und sei auf der Hut, es sind Fleischfresser; nicht die beste Gesellschaft!"

Ich bedankte mich und flog hinüber. Es dauerte eine Weile, bis ich einen geeigneten Sitzplatz entdeckte. Direkt zwischen den Krokodilen wollte ich nicht landen, das war mir zu gefährlich. Zum Glück ragte aber der Zweig eines Uferbaumes weit über das Wasser. Dort fand ich einen guten Platz, nicht zu weit weg, aber auch nicht zu dicht beim halb geöffneten Maul von Knorz mit den gefährlichen Zähnen darin. Jetzt ahnte ich auch, weshalb das Krokodil den merkwürdigen Namen „Knorz" bekommen hatte: Wie es so bewegungslos dalag, erinnerte es nämlich an einen alter Baumstamm mit rissiger Rinde. Selbst die Augen- und Nasenwulste sahen aus wie verknorzte Astwirbel.

Knorz hielt die Augen geschlossen, aber davon ließ ich mich nicht täuschen.

„He, Knorz!", begann ich kühn. „Einen schönen Gruß von den Nilpferden! Ich heiße Tschilp und bin ein Sperling."

„Zisch ab!", brummte Knorz. Seine Stimme schien aus dem Bauch zu kommen. Ich sah jedenfalls keine Maulbewegung. „Schwätz mich nicht voll und lass mich mit den Nilpferden in Ruhe!"

Dass Krokodile nicht sehr höflich sind, ist allgemein bekannt, und ich ließ mich davon nicht beirren. „Kennst du einen Staubling, den sie aus dem Wasser gezogen haben?", versuchte ich es weiter.

„Viel zu viele haben sie aus dem Wasser gezogen", brummte Knorz gelangweilt. „Nur einmal haben wir einen erwischt." Knorz leckte sich über die Lippen.

„Nein, ich meine einen Staubling, der so hieß: ‚Der-aus-dem-Wasser-Gezogene'. Das muss unten in Ägypten gewesen sein", fügte ich noch hinzu.

Knorz öffnete ein Auge und ich war erstaunt, wie schön es war: leuchtend gelb. „Meinst du am Ende die alte Geschichte aus unserem Volk?", fragte das Krokodil.

„Gut möglich. Kennst du eine, wo die Nachkommen Abrahams fast ausgerottet worden wären?" Hoffentlich gelang es mir, Knorz zum Reden zu bringen!

Knorz kratzte sich mit dem kralligen Hinterbein am Kopf. „Es ist eine alte Geschichte", begann es. „Unser Volk war damals zahlreicher als heute und mächtiger. Wir bewohnten nahezu den gesamten Nil-

strom. Es war ein wunderbarer Strom damals, der König der Ströme! Er durchfloss mehrere mächtige Seen und riesige Sümpfe. Der Nil ist unendlich lang, musst du wissen; der längste Fluss der Welt.

Nicht nur wir Krokodile liebten den Strom. Auch die Staublinge, die an ihm lebten, verehrten ihn. Es waren die Ägypter. Der Nil besitzt zahlreiche große Nebenflüsse, und in der Regenzeit oder zur Zeit der Schneeschmelze in den Quellgebieten schwillt der Fluss an. Regelmäßig trat er zu jener Zeit über die Ufer und lagerte Schlamm ab. Die Staublinge pflanzten ihr Getreide in diesen fruchtbaren Boden und es gab reiche Ernten.

Das Volk der Ägypter wurde groß und mächtig. Doch in Zeiten der Dürre, wenn der Fluss nicht über die Ufer trat, mussten die Menschen hungern. Deshalb verehrten sie den Strom und brachten ihm Opfer dar."

„Opfer?", fragte ich erstaunt. „Was ist das?" Dann fiel mir die Geschichte mit Kain und Abel wieder ein. „Ein Geschenk!", beantwortete ich meine Frage selbst. „Aber weshalb machten die Staublinge dem Fluss ein Geschenk und nicht Gott, der es regnen lässt?"

„Das kann fressen, wer will", sagte Knorz. „Es ist eine der Ungereimtheiten der Staublinge. Aber jedenfalls war diese Dummheit für uns sehr praktisch."

„Habt ihr am Ende diese Opfer aufgepickt?", fragte ich erstaunt.

Knorz fing an zu lachen, bis er sich verschluckte und aufhören musste. „*Aufgepickt!* Das ist gut!", hustete und lachte Knorz noch eine ganze Weile. „Nun, wir haben sie natürlich aufgefressen, wie es sich gehört.

Irgendwann fiel uns auf, dass viele junge Staublinge unter den Opfern waren, die von den Ägyptern dem Strom dargebracht wurden. Wir hatten nichts dagegen, aber es war doch ungewöhnlich, und wir hörten uns ein wenig um."

„Und wie kam das?", fragte ich.

„Die Nachkommen Abrahams hatten sich vor vielen Jahren im Land niedergelassen – mit Wissen des Königs der Ägypter und auf dessen ausdrücklichen Wunsch", erzählte Knorz. Im Lauf der Zeit war aus ihnen ein sehr großes Volk geworden und die Ägypter bekamen es mit der Angst zu tun. ‚Wenn es Krieg gibt und diese Leute

61

verbünden sich mit unseren Feinden, was dann?', dachte der König der Ägypter. ‚Wir müssen dafür sorgen, dass es nicht noch mehr werden.'"

„Aber der Vater im Himmel wollte doch, dass sie ein großes Volk werden", wunderte ich mich.

„Das war dem König von Ägypten egal. Er kannte den Vater im Himmel nicht oder wollte sich von ihm nichts sagen lassen", brummte Knorz. „Jedenfalls mussten die Nachkommen Abrahams Schwerstarbeit verrichten und außerdem befahl der König von Ägypten, dass alle neugeborenen Knaben der Kinder Abrahams in den Nil geworfen wurden. Das war also die Erklärung."

„Aber einer der Nachkommen Abrahams sollte doch den dunklen Herrscher besiegen!", jammerte ich. „Wurden sie denn alle in den Fluss geworfen?"

„Nein, natürlich nicht", brummte Knorz. „Eine der Menschenmütter versteckte ihren kleinen Sohn. Und als das nicht mehr ging, machte sie ein Körbchen aus Schilf, legte ihren Sohn hinein und brachte ihn an jene Stelle, wo die Prinzessin von Ägypten ihr Bad zu nehmen pflegte."

„Habt ihr die Prinzessin auch gefressen?", wollte ich wissen.

„Nein, das ging leider nicht", maulte Knorz. ‚Wir konnten an diese Stelle nicht herankommen; sie war abgetrennt."

„Und wie ging es weiter?", fragte ich gespannt.

„Nun ja, das Baby fing an zu schreien, die Prinzessin hörte es und ließ das Körbchen holen. Offenbar gefiel ihr das Kind darin so gut, dass sie beschloss, es großzuziehen. – Das Kind muss besonders zart gewesen sein", fügte das Krokodil noch hinzu und schmatzte.

Ich war mir nicht sicher, wie Knorz das meinte. „Und hatte dieses Kind jenen merkwürdigen Namen?", fragte ich stattdessen.

„Genau!", brummte Knorz. „Weil es ja aus dem Wasser gezogen wurde. Besser bekannt wurde es aber später unter dem Namen Mose."

„Und wurde dieser Mose König von Ägypten, als er groß war?", wollte ich wissen.

„Er wurde am Königshof erzogen und sollte bei den Staublingen auch etwas Berühmtes werden", gähnte Knorz und kratze sich

wieder. „Aber es kam was dazwischen und er musste in die Steppe flüchten."

„Er musste flüchten?", fragte ich überrascht.

„Genau!", sagte Knorz. „Als Mose nämlich groß war, wollte er seinen Leuten helfen, die noch immer schwer für die Ägypter arbeiten mussten. Eines Tages sah er, wie ein Ägypter einen der Kinder Abrahams mit der Peitsche schlug. Darüber wurde Mose so wütend – es war ja einer von seinem Volk, der geschlagen wurde –, dass er den Ägypter umbrachte und verscharrte. Er meinte, es hätte ihn niemand dabei beobachtet. Aber die eigenen Leute hatten es gesehen und drohten, ihn zu verraten. Deshalb flüchtete Mose."

„Und er kam nie mehr nach Hause?", fragte ich traurig.

„Doch! Aber viele Jahre später", erklärte Knorz. „Vierzig Jahre lang lebte Mose in der Wüste, als Schafhirte. Schrecklich muss das gewesen sein! Als der König von Ägypten gestorben war, kehrte Mose an den Nil zurück. Aber nicht freiwillig. Der Vater im Himmel musste es ihm ausdrücklich befehlen.

Zuerst ging Mose zu seinen eigenen Leuten. Die stöhnten noch immer unter der Gewaltherrschaft der Ägypter und schrien zum Vater im Himmel um Hilfe. ‚Gott hat euer Schreien gehört', sagte Mose zu ihnen. ‚Ich gehe jetzt zu dem neuen König von Ägypten und sage ihm, dass er euch frei lassen soll. Wir werden dieses Land verlassen und in ein Land ziehen, das Gott uns zeigen wird und in dem wir sicher sind.'"

„Gut so!", rief ich begeistert. „Wie damals bei Abraham. Der ist auch losgezogen."

„Irgendetwas hat diesmal aber nicht geklappt!", meinte Knorz trocken. „Jedenfalls jagte der König von Ägypten den Mose und seinen Bruder Aaron – der war nämlich auch dabei – aus seinem Palast. ‚Von wegen wegziehen!', schrie er hinter ihnen her. ‚Hier geblieben wird! Gearbeitet wird! Und zwar mehr als bisher! Euch geht es wohl zu gut!'"

„Hat er das wirklich so gesagt?", fragte ich Knorz.

Das Krokodil schien ein wenig gekränkt. „Bis zum Nil hat man ihn natürlich nicht schreien gehört. Aber jedenfalls mussten die Leute des

Mose weiter schuften und durften keinen Augenblick träge auf der Sandbank liegen – furchtbar!"

„Und dann?", fragte ich. Auch diese Geschichte nahm kein gutes Ende. Das ahnte ich schon.

„Dann gingen Mose und Aaron wieder zu dem König von Ägypten", sagte Knorz.

„Hoffentlich ist ihnen dabei nichts passiert!", piepste ich.

„‚Die Nachkommen Abrahams sind Gottes eigenes Volk‘, sagte Mose zu dem König. ‚Und Gott will, dass du sein Volk frei gibst. Wenn du sie nicht freiwillig ziehen lässt, werde ich dich dazu zwingen.‘

Der König von Ägypten muss furchtbar getobt haben nach diesen Worten. Man hat es diesmal bestimmt bis zum Nil gehört. ‚Ich bin hier der Herr!‘, schrie er. ‚Euren Gott kenne ich nicht! … Dein Volk bleibt hier und damit basta!‘"

„Erzähle, erzähle!", bettelte ich. „Was geschah dann?"

Knorz gähnte. „Ich denke, sie sind wohl in Ägypten geblieben. Jedenfalls hört hier die Geschichte meines Volkes auf. Allerdings sollen später diese zusätzlichen Opfergaben aufgehört haben. Möglich, dass der König schließlich doch nachgab. Du musst mal bei den Fröschen nachfragen. Diese schleimigen Hüpfer sollen dabei eine gewisse Rolle gespielt haben.

Dass die Opfergaben aufhörten, war allerdings schade – ein großer Verlust für unser Volk." Knorz klappte mit den Zähnen und seine Gesellschaft wurde mir unheimlich. Ich flog davon.

Vom Kampf der Frösche
gegen den ägyptischen König

Nachdem ich mich in der Nähe des Flusses an ein paar saftigen kleinen Früchten gestärkt hatte, machte ich mich gleich auf die Suche. Das Krokodil Knorz hatte mir leider nicht gesagt, welche Sippe der Frösche ich nach der Fortsetzung der Geschichte fragen sollte. So feine Unterschiede machen Krokodile nicht. Dabei gibt es viele Arten von Fröschen. Manche leben auf Bäumen, andere im Schilf und im Wasser. Und es gibt auch noch verschiedene Sorten von Erdkröten, manche bunt, manche schlicht erdbraun. Sie kommen nur gelegentlich zum Fluss. – Vielleicht wussten die Wasserfrösche Bescheid. Schließlich spielte der Nilstrom in der Geschichte eine große Rolle.

Leider zählen Wasserfrösche zu den eher unangenehmen Hüpfern. Sie werden recht groß und haben dieselben schlechten Gewohnheiten wie manche Schlangen oder die Krokodile: Bewegungslos sitzen sie auf der Lauer und stoßen dann ganz plötzlich zu oder springen ihre Opfer an. Die großen Wasserfrösche fressen so ziemlich alles,

was sie mit ihrem breiten Maul packen und überwältigen können, ob das ein kleinerer Artgenosse ist, eine Maus oder – ein Vogel. Es galt also, doppelt wachsam zu sein.

Ich hatte Glück und entdeckte wenig später einen Wasserfrosch mittlerer Größe, der auf einem Schilfblatt unruhig hin und her ruckelte. Er war also nicht auf Beute aus.

Ich suchte mir eine passende Stelle aus – hoch genug über ihm auf demselben Schilfrohr. Als ich angesaust kam und landete, schwankte der Halm heftig. Beinahe hätte der Frosch das Gleichgewicht verloren. Er musste sich jedenfalls ziemlich festklammern und das gab mir das nötige Selbstvertrauen.

„Entschuldige!", rief ich hinunter. „Ich hatte wohl etwas zu viel Schwung. Ich heiße Tschilp und bin manchmal ein bisschen stürmisch." (Das würde den Frosch vielleicht ein wenig einschüchtern. Sicher war sicher!)

Der Frosch äugte tatsächlich etwas ängstlich zu mir hoch. Als er aber sah, dass ich einen ziemlich kurzen Schnabel habe – nicht einen langen wie die Störche –, blieb er sitzen und murmelte: „Tag! Nichts passiert. Mein Name ist Quak."

„Hör mal, Quak", begann ich. „Ich habe da gerade eine Geschichte gehört, in der ihr Frösche eine ganz herausragende Rolle gespielt haben sollt – vor langer Zeit unten in Ägypten. Kennst du einen Staubling mit Namen Mose?"

Quaks Gesicht verklärte sich und er grinste breit. (Ein Frosch, der grinst, ist ein sehenswerter Anblick!) „Klar!", sagte er. „Das war damals, als wir dem König von Ägypten gezeigt haben, wer in Wirklichkeit die Herren sind im und am Nil, nämlich wir Frösche."

„Ihr habt tatsächlich gegen diesen mächtigen König gekämpft? Das haben sich ja nicht einmal Mose und seine Leute getraut!", rief ich bewundernd.

„Na ja, nicht richtig gekämpft", schränkte Quak ein. „Wir haben einfach sein Reich besetzt!"

„Erzähl doch mal der Reihe nach!", schlug ich vor. Die Sache klang zu merkwürdig.

„Nun, du kennst ja schon die Vorgeschichte, wie ich höre", sagte Quak. „Mose sollte die Kinder Abrahams aus Ägypten führen und in

ein Land bringen, das Gott dem Abraham schon Jahrhunderte zuvor versprochen hatte. Aber der König von Ägypten weigerte sich, die Leute ziehen zu lassen. Er wollte sie dabehalten als billige Arbeitskräfte für seinen Städtebau."

„Und da seid ihr vorgerückt?", wollte ich wissen.

„Nein, nicht sofort. Mose hatte zu dem König von Ägypten gesagt: ‚Wenn du dieses Volk nicht ziehen lässt, wird Gott gewaltige Naturkatastrophen über Ägypten bringen.' – Und so kam es dann auch. Es waren insgesamt zehn Plagen. Erst verfärbte sich das Wasser des Nil in rotes Blut. Das war schon ganz gut. Aber dann kam es noch besser! Dann kamen nämlich wir! Wir kletterten ans Ufer, hunderte, tausende, abertausende. Wir kamen wie ein unendlicher Strom aus dem Nil gekrochen. Wir besetzten alles. Auch den Königspalast. Auf jeder Treppe, in jedem Zimmer, in jedem Topf, in jedem Bett saßen unsere Leute, dicht gedrängt. Der König von Ägypten wusste sich nicht mehr zu helfen und er versprach, Mose und das ganze Volk ziehen zu lassen."

„Großartig!", rief ich, und meine Achtung vor Fröschen stieg gewaltig. „Und dann ist Mose mit allem Volk in das versprochene Land gezogen?"

„Da kennst du den König der Ägypter schlecht!", schüttelte Quak den Kopf. „Kaum waren wir fort, da änderte er schon wieder seine Meinung und das Volk musste weiter schuften wie bisher."

„Aber das gibt es doch nicht!", rief ich empört.

„Bei den Staublingen gibt es das – und nicht nur das", sagte Quak altklug. „Aber dann schickte der Vater im Himmel weitere Plagen: Stechmücken, Krankheiten, Finsternis, Hagel.

‚Sage dem König von Ägypten', sprach der Vater im Himmel schließlich zu Mose, ‚dieses Volk ist mein eigener Sohn, den ich besonders lieb habe. Wenn du es jetzt nicht endlich frei lässt, werde ich deinen ältesten Sohn töten, auf den du so stolz bist, und jeden ältesten Sohn aller Ägypter im ganzen Land.'"

„Und da gab er endlich nach?", fragte ich.

„Immer noch nicht!", erwiderte Quak. „Er glaubte es nicht – bis es tatsächlich geschah. – Doch dann bekam der König es mit der Angst zu tun. ‚Geht, geht!', schrie er. ‚Rasch! Sonst kommen wir Ägypter noch alle um.'"

67

„Na endlich!", rief ich erleichtert. „Sag mal, Quak: Diese Katastrophen, die Krankheiten, der Hagel und das alles – hatten die Leute des Mose darunter nicht auch sehr zu leiden?"

„Überhaupt nicht!", rief Quak triumphierend. „In dem Teil des Landes, wo sie wohnten, blieb alles ruhig und sicher. Und in jener Nacht, als alle erstgeborenen Söhne in Ägypten starben, blieben alle Nachkommen Abrahams in ihren Häusern. Und Gott hatte ihnen durch Mose noch etwas aufgetragen, etwas Seltsames ..."

„Was denn?", wollte ich wissen.

„Nun, sie sollten am Tag zuvor ein Schaf schlachten und das Blut des Schafes an die Türpfosten ihrer Häuser streichen. ‚Wenn ich das Blut sehe, wird mein Todesengel an dem Haus vorübergehen', hatte Gott gesagt, ‚und der älteste Sohn in diesem Haus soll am Leben bleiben.'"

„Das weißt du ganz genau?", fragte ich.

„So berichtet es die alte Geschichte aus unserem Volk", bestätigte Quak. „Ich habe mir diese Stelle genau gemerkt, weil sie so schwer zu verstehen ist."

Mir fiel die Geschichte ein, die Flecki mir von Abraham und seinem ersten Sohn erzählt hatte. Abraham hatte schließlich einen Ziegenbock geopfert an Stelle seines Sohnes. Merkwürdig!

„Jedenfalls durften die Nachkommen Abrahams dann fortziehen?", fragte ich. Denn das interessierte mich am meisten.

„Ja", sagte Quak nach einer Pause. Er war noch ganz in Gedanken wegen des Blutes an der Tür, das merkte ich. „Aber kaum waren sie weg, da bereute der König von Ägypten seinen Entschluss. Er rief seine Soldaten zusammen und befahl: ‚Fangt diese Leute wieder ein und bringt sie her; notfalls mit Gewalt!'

Tatsächlich rückte das ägyptische Heer schwer bewaffnet aus mit Bogenschützen und Kampfwagen und jagte hinter Mose und dem Volk her. Sie müssen die Nachkommen Abrahams in kurzer Zeit eingeholt haben."

„Wurden die Kinder Abrahams wieder eingefangen?", fragte ich entsetzt.

„Das wissen wir Frösche nicht. Es gehört nicht zu unserer Geschichte", sagte Quak. „Es heißt aber, dass die Mistkäfer damals

dabei waren. Sollte mich wundern, wenn es stimmt. Aber so heißt es jedenfalls bei uns."

„Warum sollten Mose und das Volk eigentlich Blut an ihre Häuser streichen?", fragte ich. Die Sache war rätselhaft.

„Darüber haben wir uns auch schon viele Gedanken gemacht", überlegte Quak. „Genau wissen wir Frösche es nicht", gab Quak zögernd zur Antwort. „Aber, um ehrlich zu sein: Die Nachkommen Abrahams waren nicht viel besser als die Ägypter. Auch sie wussten fast nichts mehr vom Vater im Himmel. Und vergiss nicht: Auch sie waren Nachkommen der ersten Staublinge, die sich dem dunklen Herrscher unterworfen hatten. Vielleicht sollte das Blut an der Tür sie daran erinnern, was auf dem Spiel steht und wie schwer es ist, das Böse zu besiegen."

Meine Achtung vor Quak stieg noch ein weiteres Stück. „Quak, du bist ja so klug wie Xenies, die Schlange!", rief ich bewundernd.

„Eine Schlange?! Wo?" Mit einem mächtigen Satz sprang Quak ins Wasser und blieb verschwunden. Ich konnte mich nicht einmal bei ihm bedanken.

Dass aber ausgerechnet Mistkäfer die Fortsetzung der Geschichte kennen sollten? Zu merkwürdig!

Skarabäus und der Zug durchs Schilfmeer

Mistkäfer hatte ich schon viele gesehen, ohne sie weiter zu beachten. Wir Spatzen und diese Käfer sind sozusagen Gäste im selben Lokal. Die großen Grasfresser hinterlassen nämlich wunderbare Dungäpfel, die wir Spatzen gern nach Fressbarem durchstöbern. Wo Dunghügel liegen, treffen wir sehr häufig auch die Mistkäfer.

Es sind kräftige Kerle mit dunkel schimmernden Panzern. Trotzdem sind sie nicht gerade mutige Kämpfer. Im Gegenteil, wenn sie sich von einem größeren Tier angegriffen fühlen und nicht flüchten können, stellen sie sich tot. Sie strecken dann alle sechs Beine von sich und bleiben reglos liegen, bis die Gefahr vorüber ist.

Im Gegensatz zu uns Sperlingen durchforschen die Mistkäfer aber die Dunghaufen nicht nach Fressbarem, sondern sie formen aus dem Dung ansehnliche Kugeln und rollen diese davon. Es sieht witzig aus, wenn ein solcher Käfer die große Dungkugel vor sich herrollt wie einen Ball. Sie haben es immer ziemlich eilig, ihre Beute in Sicherheit

zu bringen. Es kann ihnen nämlich passieren, dass ein anderer Dung-käfer ihnen den mühevoll geformten Mistball wegnimmt.

Irgendwo vergraben die Käfer dann ihren runden Schatz in der Erde und legen ihre Eier darin ab. Wenn die Jungen ausgeschlüpft sind – komischerweise sind das dann noch keine Käfer, sondern eher kleine Würmchen –, füttern die Eltern ihre Jungen mit dem Dung-vorrat. Eigentlich ist das sehr praktisch: Die Käferkinder müssen nicht aus der Erde schlüpfen, wo es für sie gefährlich wäre, und die Eltern haben den Futtervorrat gleich zur Hand.

Aber wie sollte ein solcher Käfer irgendetwas über den Auszug des Mose aus Ägypten wissen? Ich war mir nicht einmal sicher, ob die Käfer die allgemeine Tiersprache verstehen. Mit manchen dieser Krabbler und kleinen Insekten kann man sich nämlich nicht unter-halten. Ich weiß nicht, ob es daran liegt, dass sie nicht sprechen kön-nen oder ob sie zu leise sprechen. Vielleicht ist ihre Stimme auch zu fein und hoch. Ich muss mal meinen Papa danach fragen.

Jedenfalls war es nicht schwer, einem Mistkäfer zu begegnen. Ich brauchte mir nur einen großen Dunghaufen zu suchen, der nicht ganz frisch war. Es dauert nämlich meistens eine Weile, bis die Mist-käfer am Futterplatz eintreffen.

Ich fand auch tatsächlich ziemlich rasch einen jener Käfer, der bedächtig an einer großen Dungpille arbeitete. Er schien nicht beson-ders nervös zu sein und ich versuchte mein Glück.

„Guten Tag, Mistkäfer!", sagte ich. „Na, zufrieden mit der Ware? Ich heiße Tschilp und bin ein Sperling."

Der Mistkäfer hatte mich verstanden und antwortete, wenn auch nicht sehr freundlich. „Dass du einer dieser verrückten Spatzenvögel bist, sehe ich selbst", näselte er etwas hochmütig. „Suche dir gefälligst einen anderen Dunghaufen. Hier arbeitet ein Künstler!"

Ich nahm ihm seine Unhöflichkeit nicht übel. Mistkäfer und Spat-zen kommen sich gelegentlich bei der Verwertung der Dunghaufen in die Quere. Mit dem „Künstler" meinte er ohne Zweifel sich selber. Und ich muss zugeben, dass es mir selbst noch nie gelungen ist, eine solche Dungkugel herzustellen und nach Hause zu bringen. Wir Spat-zen zerwühlen stattdessen den Haufen, um die Samen herauszu-picken.

„Wie ich sehe", versuchte ich höflich das Gespräch fortzusetzen, „gibt das eine vortreffliche Kugel. So etwas sieht man heute nur selten."

Dem Käfer gefielen meine Worte, wenn er es auch keineswegs zugab. Stattdessen knurrte er mürrisch: „Und nenne mich bitte nicht Mistkäfer! Halbwegs gebildete Geschöpfe nennen unser Volk allenfalls Dungkäfer oder Pillendreher. Mistkäfer! Wie ordinär! Mein Name ist Skarabäus."

„Skara…", stotterte ich. Einen so schweren Namen hatte ich noch nie gehört. Die Dungkäfer mussten tatsächlich ein vornehmes Volk sein. (Zu dumm, dass ich mich nicht mit meinem ganzen Namen vorgestellt hatte: *Theophil* Tschilp!)

„Skarabäus", wiederholte der Dungkäfer ungerührt. Dass ich den Namen nur mit Mühe aussprechen konnte, machte ihm sichtlich Freude. „Unser Volk ist bedeutend", fügte er unaufgefordert hinzu. „Die Staublinge jedenfalls verehren uns seit alters. Uns zu Ehren haben sie Denkmäler errichtet und unsere Gestalt haben sie für zahllose Schmuckstücke gewählt. Schon bei den alten Ägyptern wurden wir als Glücksbringer verehrt."

Zweifellos wollte Skarabäus mit der Erwähnung der alten Ägypter Eindruck auf mich machen. Er dachte wohl, ich hätte davon keine Ahnung. „Du meinst jene alte Kultur am Nil?", ließ ich deshalb einfließen.

Das wirkte. Skarabäus war über mein Wissen mehr als verblüfft, saß einen Moment still und ich befürchtete schon, er würde sich glcich tot stellen. Er fasste sich aber und arbeitete ein bisschen an seiner Dungkugel, ohne richtig bei der Sache zu sein. Ich musste das Gespräch wieder in Gang bringen.

„An einem Punkt kenne ich die Geschichte der Ägypter allerdings nicht sehr gut", tat ich ziemlich gebildet. „Vielleicht kannst du mir helfen?"

Skarabäus hatte seinen Schock augenblicklich überwunden und wurde wieder munterer. „Was willst du wissen?", fragte er.

„Nun, Mose und das Volk zogen damals ja aus Ägypten. Aber der König der Ägypter bereute seine Nachgiebigkeit und schickte die ägyptische Streitmacht hinter ihnen her, um sie wieder einzufangen und zurückzuholen. Ich weiß nicht, ob ihm das damals gelungen ist oder

nicht. Euer Volk soll als einziges die Antwort auf diese schwere Frage kennen."

„Ja, wir kennen die Antwort", summte Skarabäus nun geradezu eifrig und voller Stolz. „Du musst wissen, dass die Ägypter damals unser Volk verehrten. Ich erwähnte das bereits. Wir erinnerten sie an ihren Sonnengott Re. Wie wir die Dungkugel vor uns herrollen, so rollte nach ihrer Vorstellung jener Re die Sonnenkugel über das Himmelsgewölbe – von Ost nach West, jeden Tag."

„Ein Sonnengott?", fragte ich ziemlich fassungslos. „Was ist das?"

„Eine Besonderheit der Staublinge", sagte Skarabäus. „Sie erfinden immerfort solche Götter."

Ich dachte an die Geschichte der Termiten und den hohen Turm, und mir fiel auch wieder ein, was die Schlange Xenies mir über den dunklen Herrscher erzählt hatte. Mir wurde unheimlich.

„Es sind Staublinge", sagte Skarabäus. „Sie glauben am liebsten an das, was sie selbst erfinden. Dass ihre Wahl dabei auf uns Dungkäfer fiel, zeigt allerdings ihren Sinn für Kunst und Schönheit."

„Aber wie war das nun mit dem König von Ägypten und dem Volk des Mose?", fragte ich.

„Nun, Mose und das Volk hatten mittlerweile einen gewissen Vorsprung, obwohl sie zu Fuß unterwegs waren. Doch dann erreichte das Volk den Rand eines Schilfmeeres, eines riesigen Sumpfgebietes nördlich des Roten Meeres. Umgehen konnten sie es nicht und hindurch konnten sie auch nicht. Die Ägypter kamen viel schneller voran. Sie besaßen Pferde und Kampfwagen."

„Was sind Kampfwagen?", wollte ich wissen. Schon der Frosch hatte dieses Wort benutzt.

„Das sind gepanzerte Kästen mit runden Scheiben an den Seiten. Sie werden von Pferden gezogen. Ein oder zwei bewaffnete Staublinge stehen darin. Die Kampfwagen rasselten laut und schleuderten bei ihrer rasenden Fahrt Staub in die Luft – es ist, als wenn eine Gnuherde vorbeijagt.

Das Volk und Mose sahen die Ägypter deshalb schon von weitem herankommen. Die Leute schrien vor Angst. ‚Jetzt ist alles aus! Du bist Schuld an unserem Untergang, Mose!', riefen sie in ihrer Verzweiflung. ‚Wären wir doch in Ägypten geblieben! Jetzt bringen sie uns alle um.'"

„Aber das war doch ungerecht!", empörte ich mich. „In Ägypten wurden sie doch erst recht umgebracht; jedenfalls die kleinen Kinder."

„Das hatten sie vor lauter Angst vergessen", sagte Skarabäus. „Auch Mose hatte Angst, aber er redete mit dem Vater im Himmel. Und Gott stellte sich zwischen die Ägypter und das flüchtende Volk. Die Ägypter sahen nur dichten Nebel vor sich und mussten ihr Tempo verringern. Sie kamen jedenfalls den ganzen Tag nicht näher an die Kinder Abrahams heran."

„Prima!", rief ich begeistert. „Und dann haben sich die Ägypter verirrt und mussten umkehren?"

„Nein, leider nicht", sagte Skarabäus. „Sie kamen allmählich doch näher. Aber Mose betete wieder zu Gott und der schickte einen kräftigen Wind. So stark, dass das Wasser des Schilfmeeres zurückgetrieben wurde. Am nächsten Morgen wagten es Mose und das Volk und zogen durch den Sumpf hindurch."

„Und die Ägypter?", wollte ich wissen.

„Als der Nebel sich verzogen hatte, entdeckten die natürlich sofort, wohin das Volk geflüchtet war. ,Hinterher!', schrien die Hauptleute, und die Ägypter fuhren in den Sumpf hinein. Aber ihre Wagen waren viel zu schwer. Sie sanken tief ein und blieben schließlich im Morast stecken, so sehr sie auch auf die Pferde einhieben. Die Vorderen wollten umkehren, aber die Hinteren begriffen das nicht. Es gab ein heilloses Durcheinander. Außerdem hatte sich der Wind gelegt und das Wasser des Schilfmeeres kam zurück. Die ganze Streitmacht der Ägypter ertrank."

„Dann waren die Kinder Abrahams also gerettet!", freute ich mich.

„Nicht nur das", sagte Skarabäus. „Vielleicht zum ersten Mal ahnte das Volk selbst, wie mächtig der Vater im Himmel ist und dass er der einzige Gott ist, den es gibt. Und auch die Ägypter und die anderen Völker, die davon hörten, bekamen es mit der Angst zu tun. Jedenfalls versuchten die Ägypter es nicht noch einmal, das Volk zurückzuholen."

„Und so zogen sie geradewegs in das versprochene Land, nicht wahr, Skarabäus?"

„Ich weiß nicht, ob sie je dort angekommen sind", schüttelte der Käfer würdevoll den Kopf. „Jedenfalls dauerte es nicht lange, da

hatten sie den Vater im Himmel schon fast wieder vergessen und sehnten sich zurück nach Ägypten."

„Aber wieso denn?!", rief ich erstaunt.

„Nun, die Steppe, durch die sie zogen, war nicht so schön wie unsere Steppe hier. Es gab dort viel weniger Wasser und kaum Gras. Nur ein paar stachelige Büsche wuchsen dort und zähe Stängel. Nachts war es eisig kalt und tagsüber brannte die Sonne unbarmherzig herab. Die Gegend war so trostlos, dass auch unser Volk dort nicht lebte. Es gibt nichts zu essen in dieser Gegend. Auch nicht für Staublinge.

‚Wir müssen verhungern!', jammerte das Volk. ‚Wir kommen hier alle elend um. Ach, wären wir doch in Ägypten geblieben!'"

„Aber sie starben doch nicht wirklich?", fragte ich ängstlich.

„Nein, ich glaube nicht", sagte Skarabäus. Es fiel ihm sichtlich schwer zuzugeben, dass er über das weitere Geschehen nicht genau Bescheid wusste. „Soviel ich weiß, können die Wachteln erzählen, was nach dem Zug durch das Schilfmeer passierte", druckste er schließlich herum.

Wachteln sind Vögel. Ich kannte sie aber nur sehr flüchtig. Sie ziehen zu bestimmten Jahreszeiten durch unsere Gegend. Aber das geschieht sehr selten. Wachteln sind größer als Sperlinge, doch so ähnlich gefiedert. Es sind schlechte Flieger. Sie huschen lieber auf dem Boden herum und picken dort allerlei Insekten auf. – Es würde nicht leicht sein, eine Wachtel zu fragen.

„Vielen Dank, Skarabäus", bedankte ich mich. Der Name ging mir noch immer schwer über den Schnabel. „Und viel Erfolg bei deiner Arbeit mit der Kugel!"

„Es ist keine Arbeit, es ist Kunst!", rief der Käfer mir nach, als ich davonflog.

Wachteln, Brot vom Himmel
und zehn gute Regeln

Wochen vergingen und keine einzige Wachtel weit und breit, so sehr ich auch die Augen offen hielt und herumfragte! Mittlerweile hatte die Trockenzeit ihren Höhepunkt erreicht. Es hatte seit Wochen nicht geregnet und die Steppe verwandelte sich in eine öde, vertrocknete Landschaft. Selbst der Galeriewald entlang des Flusses wirkte erschöpft und staubig. Der Fluss selbst war schmal geworden und plätscherte nicht mehr so munter dahin wie sonst.

Die großen Grasfresser hatten unsere Gegend bereits verlassen. In großen Herden waren sie wie jedes Jahr zu besseren Weidegründen gezogen. Gelegentlich kamen noch ein paar Nachzügler vorbei. Bei jedem Schritt wirbelten sie Staub auf. Ihr Gang war schleppend. Sie sahen müde und abgemagert aus.

Auch für die Löwen war dies eine schwere Zeit. Sie fanden zwar noch Wasser genug zum Trinken, aber ihre Beutetiere hatten die Gegend verlassen. Ich musste manchmal an den Löwen Simba denken, der mir zum ersten Mal vom Paradies erzählt hatte und auch

davon, dass jedes Jahr viele Löwenkinder in der Steppe verhungern. Wie mochte es seiner Familie gehen?

Uns Spatzen macht die Trockenzeit wenig aus. Wir brauchen nicht viel Wasser und finden immer ein paar Körner oder hier und da eine saftige Raupe. Fast an jedem Tag nahmen wir ein ausgiebiges Staubbad. Natürlich hielten wir dabei wachsam Ausschau nach dem Falken.

Eines Tages wurden wir von einem schrillen Warnpfiff der Wache aus unseren Staubkuhlen gejagt. Aus der Ferne nahte sich etwas Bedrohliches: eine schwarze Wolkenwand, die im unteren Teil hell loderte.

„Der Regen kommt!", rief ich. „Es gibt ein Gewitter!"

„Unsinn", sagte ein älterer Spatz, der die näher kommende schwarze Wand misstrauisch beobachtete. „Das sind keine Wolken, das ist Rauch. Die Steppe brennt!"

Dass die dürren Gräser und Büsche in der Trockenzeit leicht brennen und in dieser Zeit Steppenbrände keine Seltenheit sind, wusste ich aus Erzählungen meiner Sippe. Aber zum ersten Mal sah ich es mit eigenen Augen. Und ich bekam es mit der Angst zu tun. Die feurig-schwarze Wand kam nämlich, getrieben von einem auffrischenden Wind, rasch näher. Der ganze Himmel war schwarz und die Sonne nur noch als blasse Scheibe schwach zu erkennen. Nun hörten wir auch das unheimliche Rauschen und Knistern, und ich sah, wie die Flammen rasch von Grasbüschel zu Grasbüschel, von Busch zu Busch voransprangen.

Dann entdeckte ich Vögel, sehr große Vögel, die hier in der Gegend eher selten sind. Es waren Störche. Sie hoben sich mit ihrem hellen Gefieder deutlich von der schwarzen Wand ab. Die Vögel flohen nicht vor dem Feuer, sondern wichen auf ihren stelzigen Beinen nur zögernd vor ihm zurück. Sie schienen sehr beschäftigt zu sein, fuhren mit ihren langen Schnäbeln eifrig hin und her und hüpften gelegentlich nur ein paar Meter weiter, wenn die Hitze zu unerträglich wurde.

„Was machen die?", fragte ich meinen Papa. „Versuchen sie, das Feuer zu löschen?"

„Nein, nein", schüttelte mein Vater den Kopf. „Störche mögen diese Buschfeuer. Sie kommen von weit her, wenn sie eins entdecken. Viele kleine Tiere und viele Insekten werden von dem Feuer nämlich aufgescheucht und versuchen, vor ihm zu flüchten. Die Störche tun nichts anderes, als diese leichte Beute zu erhaschen."

Das Feuer bedeutet für größere Tiere und für uns Vögel keine Gefahr", versuchte mein Papa mich zu beruhigen. „Die Feuerwand ist nicht tief – man kann sie leicht überwinden. Auch verbrennen nur die oberen Teile der dürren Pflanzen und es bleiben genug Flächen unversehrt zurück – wie Inseln in einem Meer aus verbranntem Gras. Du wirst sehen, wie schnell nachher alles wieder wächst, sobald der Regen kommt."

Trotzdem beobachteten mein Papa und die anderen erwachsenen Vögel sehr nervös das Feuer. Sollten die Flammen unseren Baum erreichen, war unser mühevoll errichtetes riesiges Nest in größter Gefahr. Nicht vorstellbar, was mit dem trocknen Gras unserer Nistburg passieren würde, wenn es Feuer fing! Zum Glück passt der Vater im Himmel auf uns Spatzen besonders gut auf!

Ein aufkommender Wind trieb die Flammen auch bald in eine andere Richtung. (Ich musste an den Sturm denken, der die Fluten des Schilfmeeres zurückgetrieben hatte, und freute mich.) Das Feuer zog in sicherer Entfernung an unserem Nest vorbei. An dem kräftigen Lärm, den unsere Sippe plötzlich machte, merkte ich, wie erleichtert alle waren.

Ich flog in sicherem Abstand noch ein wenig mit dem Feuer. Es war einfach zu aufregend und spannend. Da entdeckte ich plötzlich drei rundliche braune Bälle, die sich vor dem herannahenden Feuer hastig in die Luft erhoben und ein paar Meter weiter wieder landeten. Die Vögel – denn Vögel mussten es sein – wussten offensichtlich nicht, wohin sie flüchten sollten. Und besonders gute Flieger schienen es auch nicht zu sein. – Natürlich, es waren Wachteln!

„Kommt hier herüber!", rief ich ihnen zu. „Hier bei unserem Baum seid ihr sicher!"

Die Wachteln hatten mich zwar gehört, das sah ich an ihren Bewegungen, aber sie schienen verwirrt und unschlüssig. Besonders helle im Kopf waren sie bestimmt nicht.

„Hier herüber!", schrie ich noch einmal, so laut ich konnte.

Endlich begriffen die Tiere, huschten zu mir herüber und landeten nicht allzu weit von unserem Nistbaum. Sie atmeten schwer und waren sehr aufgeregt.

„Das Feuer bedeutet für größere Tiere und für uns Vögel keine Gefahr", versuchte ich die Wachteln zu beruhigen. „Die Feuerwand ist nicht tief – man kann sie leicht überwinden."

„Danke!", sagte eine der drei Wachteln. Sie war etwas älter als die beiden anderen und schien die Anführerin zu sein. „Ich weiß nicht, was passiert wäre, wenn du uns nicht gerettet hättest. Wir waren schon ganz außer Atem."

„Wir sind nämlich von unserem Weg abgekommen", erklärte die andere.

„Aber nur, weil ihr nicht Anschluss gehalten habt!", schimpfte die ältere Wachtel.

„Hört auf zu streiten!", sagte die dritte. „Jetzt sind wir jedenfalls in Sicherheit. Das Feuer hat uns ganz durcheinander gebracht", wandte sie sich dann an mich. Sie schien die Jüngste der drei zu sein.

„Ihr kommt wohl viel herum?", fragte ich neugierig.

„Ja, das stimmt", sagte die ältere Wachtel. „Allerdings kaum in dieser Gegend. Hier ist es uns ein wenig zu trocken. Wir lieben nicht ganz so heißes und dafür feuchteres Klima."

„Meistens reisen wir zusammen mit anderen in kleinen Trupps", erklärte die jüngste Wachtel.

„Aber manchmal sind wir auf großen Wanderungen auch sehr, sehr viele – wenn alle Anschluss halten!", sagte die ältere Wachtel und blickte die beiden anderen ein wenig vorwurfsvoll an.

Ich wusste nicht, wie lange die drei noch bleiben würden, und fragte direkt und fast ein wenig unhöflich, ob sie vielleicht etwas über Mose wüssten und die Wüstenwanderung.

„Ja, der Mistkäfer hat Recht", sagte die ältere Wachtel, die bei meinen einleitenden Worten genau zugehört hatte. „Wie hieß er noch?"

„Skrebus oder so ähnlich", sagte ich. „Aber was ist damals passiert in jener schrecklichen Wüste?"

„Eigentlich war das Ganze eher ein Missgeschick unseres Volkes", erklärte die Anführerin. „Wir hatten uns verflogen." Sie bemerkte wohl mein leichtes Kopfschütteln und fügte schnell hinzu: „Schuld daran war ein Sturm. Er trieb uns weit vom Weg ab und in die Wüste hinein. Als wir endlich landeten, waren wir völlig erschöpft."

„Ja, aber was war mit Mose und dem Volk?", versuchte ich auf das eigentliche Thema zurückzukommen.

„Nach dem Durchzug durch das Schilfmeer waren sie gerettet. So berichtet die alte Geschichte aus unserem Volk", begann die ältere Wachtel wieder. „Doch die Steppe, in der sie sich befanden, war sehr karg, mit nur wenigen Wasserstellen. Das Volk der Staublinge wurde umso ungeduldiger, je länger ihre Wanderung dauerte. ‚Unsere Vorräte sind zu Ende‘, jammerten sie. ‚Wir werden in dieser Wüste alle verhungern. Warum hat Mose uns gegen unseren Willen in ein so schreckliches Land geführt? Ach, wie schön war es in Ägypten! Dort gab es saftiges Gemüse und wohlschmeckende Gewürze!‘ ‚Und Fleisch!‘, fiel ein anderer Staubling ein. ‚Wann habe ich das letzte Mal Fleisch gegessen?!‘

Sie gingen zu Mose und beklagten sich. ‚Du bist Schuld, dass es uns so elend geht!‘, schrien sie."

„Aber das war doch gemein!", ereiferte ich mich. „Gott selbst hatte sie doch herausgeführt und vor den Ägyptern gerettet."

„Richtig", nickte die zweite Wachtel.

„Was hat der Vater im Himmel dazu gemeint?", fragte ich gespannt.

„Das weiß ich nicht", zögerte die Wachtel. „Laut hat er jedenfalls gesagt: ‚Mach dir nichs draus, Mose. Sie klagen ja nicht dich an, sondern mich. Nun gut, dieses Volk soll sehen, dass ich ihnen zu essen geben kann – auch mitten in der Wüste. Vielleicht begreifen sie dann endlich, dass ich der allmächtige Gott bin. Gegen Abend werden sie Fleisch bekommen in Massen und am Morgen gebe ich euch mehr Brot, als ihr essen könnt. Sag das dem Volk.‘"

„Was ist das: Brot?", fragte ich.

„Es ist die Hauptspeise der Staublinge und wird normalerweise aus Körnern hergestellt", erklärte die jüngste Wachtel schnell, froh darüber, auch etwas zu der Geschichte beitragen zu können.

„Am Abend", begann die ältere Wachtel zögernd, „passierte uns dann das Missgeschick, von dem ich schon erzählt habe. Wir mussten nach jenem Irrflug landen und waren so erschöpft, dass die Staublinge uns ohne Mühe einfangen konnten. So kamen sie zu Fleisch – zu unserem Fleisch …"

Die Wachteln wirkten sehr niedergedrückt bei diesen Worten und ich fragte rasch: „Und das Brot? Was war mit dem Brot?"

„Am nächsten Tag, als sich der Morgennebel um das Lager der Staublinge hob", erzählte die ältere Wachtel weiter, „entdeckte das Volk, dass der Boden rund um das Lager bedeckt war mit irgendetwas, das rund war und klein und das man aufsammeln konnte und das sehr gut schmeckte. Sie hatten so etwas vorher noch nie gesehen. Es war das Brot, das der Vater im Himmel ihnen versprochen hatte. An jedem Morgen fanden sie es seit diesem Tag, während der ganzen Wüstenwanderung."

„Wir Vögel finden doch auch jeden Tag etwas zu fressen", sagte ich. „Warum machen sich die Staublinge so große Sorgen um die alltäglichen Dinge?"

„Ich glaube, sie vertrauen dem Vater im Himmel nicht", sagte die ältere Wachtel zögernd.

„Und wie ging es dann weiter?", wollte ich wissen.

„Erzähl du mal", sagte die ältere Wachtel zu der zweiten. „Ich hol mir was zu picken."

„Nun ja", begann diese. „Mose führte das Volk im Auftrag Gottes bis zu einem mächtigen und schroffen Gebirgszug. Dort schloss der Vater im Himmel einen Bund mit dem Volk."

„Einen Bund?", fragte ich. „Was ist das?"

„Das ist so etwas wie ein gegenseitiges Versprechen", erklärte die Wachtel. „Der Vater im Himmel versprach dem Volk, dass er es auch weiterhin sicher geleiten wollte und sie in das versprochene Land kommen und es besitzen würden. Und das Volk musste versprechen, dass es in Zukunft Gott vertrauen und nach seinen Regeln leben wollte."

„Nach welchen Regeln denn?", fragte ich erstaunt. „Sollten sie fliegen lernen? Das wäre am wichtigsten!"

Die Wachtel lachte. „Nein, es war noch viel einfacher. Es waren zehn Regeln, eigentlich alles Selbstverständlichkeiten – allerdings nicht für Staublinge. Die Regeln lauteten ungefähr so:

Der Vater im Himmel soll dein einziger Gott sein;
es gibt keinen anderen.
Du sollst dir deshalb keine Götzenbilder anfertigen.
Du sollst den Namen Gottes nicht
für böse Zwecke missbrauchen.

Ein Tag in der Woche soll ganz Gott gehören.
An diesem Tag sollt ihr nicht arbeiten, wie ihr es in Ägypten
an jedem Tag musstet, sondern ihr sollt euch ausruhen.
Du sollst deinen Vater und deine Mutter ehren.
Du sollst nicht morden.
Du sollst nicht die Ehe brechen.
Du sollst nicht stehlen.
Du sollst nicht lügen.
Du sollst nicht neidisch sein auf das, was ein anderer besitzt."

„Das sind gute und einfache Regeln!", freute ich mich. Aber dann fiel
mir ein, dass die ersten Staublinge im Paradies schon die einfachste
Probe nicht bestanden hatten. Ich wurde unsicher. „Zehn Regeln sind
ziemlich viel", sagte ich. „Konnten sich die Staublinge diese Regeln
behalten?"

„Ja, das konnten sie", sagte die Wachtel mit Nachdruck. „Gott hatte
sie ihnen nämlich aufgeschrieben; auf Steintafeln, damit die Staublinge jene Regeln für alle Zeiten vor Augen hatten."

„Was ist das: aufschreiben?", wollte ich wissen.

„Schreiben ist eine Erfindung der Staublinge", erklärte die Wachtel.
„Sie können damit Gedankenspuren aufmalen und wieder erkennen."

„Gedankenspuren?", fragte ich verwundert.

„Es ist so, als wenn ein Tier zur Wasserstelle kommt. Im weichen
Untergrund hinterlässt es seine Spur. Wenn du dich mit Spuren aus-
kennst, weißt du, welches Tier hier war und was es gemacht hat. So
ähnlich haben sich die Staublinge Zeichen ausgedacht, mit denen sie
die Spur eines Gedankens aufzeichnen. Wer die Zeichen versteht,
weiß, welcher Gedanke hier gelaufen ist. Und auf diese Weise hat der
Vater im Himmel für die Staublinge jene zehn Regeln festgehalten."

„Na, dann war ja alles in Ordnung!", sagte ich.

„Das glaubst nur du!", widersprach die Wachtel. „Es dauerte natürlich einige Zeit, bis Gott dem Mose alles genau erklärt hatte mit dem
Bund und den Regeln und bis er die Steintafeln angefertigt hatte, auf
denen alles geschrieben stand. Mose war deshalb ziemlich lange fort.

‚Er kommt nicht wieder', sagten einige Leute im Volk nach ein
paar Tagen. ‚Und jetzt sitzen wir hier in der Wüste ganz allein und

verlassen. Wir dürfen keine Zeit mehr verlieren, sondern müssen sofort aufbrechen und nach Ägypten zurückkehren!'

Dann machten sie sich zu allem Überfluss ein Götzenbild aus Gold. Denn allein getrauten sie sich nicht zurück, aber mit ihrem selbst gemachten Götzen wollten sie es schaffen."

„Unmöglich!", schrie ich. „Das kann nicht wahr sein."

„Aber so berichtet die Geschichte aus unserem Volk", sagte die Wachtel unbeirrt. „Du kannst dir vorstellen, wie enttäuscht Mose war, als er endlich wieder kam und das alles sah. Und erst der Vater im Himmel! Er sagte zu Mose: ‚Jetzt reicht es mir. Ich werde die Nachkommen Abrahams allesamt vernichten.'"

Wie damals bei der großen Flut, dachte ich, sagte aber nichts.

Die ältere Wachtel erzählte weiter: „Zu Mose aber sagte Gott: ‚Sobald dieses Volk nicht mehr am Leben ist, werde ich dich selbst zu einem großen Volk machen, so wie ich es eigentlich mit Abraham und seinen Nachkommen vorhatte. Denn du bist mein Freund.'"

„Ja, das war das Beste", stimmte ich zu.

Die Wachtel zögerte. „Ich glaube, der Vater im Himmel meinte das nicht so. Er wollte Mose mit seinen Worten auf die Probe stellen. Und Mose bestand die Probe. Er rief: ‚Das darfst du auf gar keinen Fall tun! Du selbst hast dieses Volk aus Ägypten geführt und du kannst dein Versprechen nicht brechen, das du Abraham damals gegeben hast! Stell dir vor, was die Ägypter denken werden, wenn sie erfahren, dass dieses Volk in der Wüste umgekommen ist! Sie werden meinen, dass du nicht stark genug gewesen bist, das Volk bis in das versprochene Land zu bringen. Das kannst du nicht machen, unmöglich! Nein, nein! Lieber will ich sterben, aber lass diese Leute am Leben!'

Ich weiß nicht, weshalb Gott sich überhaupt all diese Mühe macht mit den Staublingen", überlegte die Wachtel. „Vielleicht wegen uns Wachteln. Damit unser Opfer damals nicht ganz umsonst war. Jedenfalls hörte er auf Mose und ließ das Volk in der Wüste nicht umkommen."

„Ohne die Staublinge kommt das Paradies nicht wieder", piepste ich schwach. Mehr konnte ich nicht sagen. Es war alles zu schrecklich.

„Der Rest ist schnell berichtet. Ich will dir all die traurigen Einzelheiten ersparen", begann die Wachtel erneut zu erzählen. „Sie jam-

merten, murrten und schimpften auch in Zukunft bei jeder Schwierigkeit.

Als das Volk dann schließlich die Grenzen jenes Landes erreichte, das Gott ihnen versprochen hatte, schickte Mose ein paar Leute voraus. Sie sollten das Land auskundschaften. Nach vierzig Tagen kamen die Männer zurück."

„Und wie war das Land?", fragte ich gespannt.

„Es war ein gutes Land", erklärte die Wachtel. „Auf ihren Schultern brachten die Kundschafter saftige Früchte mit, die sie unterwegs gepflückt hatten. Die Kundschafter erzählten begeistert von der Schönheit des Landes und von seiner Fruchtbarkeit. Aber dann sagten sie: ,Trotzdem können wir nicht in dieses Land hinein. Ganz unmöglich! Dort wohnen nämlich schon mächtige Völker. Sie sind schwer bewaffnet und wohnen in festen Städten. Sie sind tausendmal stärker als wir und werden uns alle umbringen, wenn wir es wagen, auch nur einen Fuß in jenes Land zu setzen.'

Sofort fing das Volk wieder an zu jammern. ,Lasst uns umkehren! Jetzt gleich! Weshalb hat dieser Mose uns überhaupt hierher geführt? Er will, dass wir alle umgebracht werden!'

Sie beschlossen sogar, Mose zu töten und auf eigene Faust nach Ägypten zurückzukehren. Doch der Vater im Himmel verhinderte das in letzter Sekunde. Er war sehr, sehr zornig auf die Staublinge. ,Sie vertrauen mir noch immer nicht. Also gut, sie sollen ihren Willen bekommen: Sie sollen umkehren. Und kein einziger von ihnen wird das Land betreten, das ich für sie ausgesucht habe. Sie sollen so lange in der Wüste herumirren, bis von denen, die mir heute nicht vertraut haben, kein Einziger mehr am Leben ist. Erst ihre Kinder werde ich in dies Land bringen, das ich schon Abraham versprochen habe.'"

„Und diesmal ließ der Vater im Himmel sich nicht umstimmen?", fragte ich kleinlaut.

„Nein", sagte die Wachtel. „Diesmal nicht. Und so musste das Volk umkehren, zurück in die Wüste."

„Und hat Gott sie dort verhungern lassen – wenigstens die Aufrührer unter ihnen?", fragte ich und dachte an Noah und die große Flut.

„Nein, das hat er nicht getan", widersprach die Wachtel. „Er gab ihnen weiter jeden Tag Brot und versorgte sie. Ja, er beschloss eines Tages sogar, sichtbar mitten unter ihnen zu wohnen."

„Wie damals im Paradies?", fragte ich aufgeregt.

„Nicht ganz so wie damals", meinte die Wachtel. „Die Staublinge konnten nicht mehr einfach so von Angesicht zu Angesicht mit Gott reden. Sie wollten es auch nicht, weil sie ein schlechtes Gewissen hatten und sich vor Gott fürchteten. Doch auch wenn sie ihn nicht sehen konnten, wohnte Gott bei ihnen in einem Zelt. Auch die Staublinge wohnten damals in Zelten."

„War diese Wohnung innen so gemütlich und gut gepolstert wie unser Nest?", wollte ich wissen.

„Es gab darin jedenfalls eine kostbare vergoldete Truhe", erklärte die Wachtel. „Darin lagen die Steintafeln mit den zehn Regeln. ‚Auch wenn ihr mich nicht sehen könnt, ich sehe euch und bin bei euch', sagte Gott.

Mose besuchte Gott in diesem Zelt und unterhielt sich mit ihm. Und wer sonst von den Staublingen merkte, dass er gegen die zehn Regeln Gottes verstoßen hatte, konnte zu Gottes Zelt gehen und Gott um Vergebung bitten. Der Bruder von Mose – er hieß Aaron – half dem Staubling dann, Gott ein Opfer zu bringen für seine Schuld. Und Gott nahm dieses Opfer an, und der schuldige Staubling durfte am Leben bleiben. – Aber natürlich konnte auch jeder, der sich freute oder sich bei Gott bedanken wollte, zu ihm kommen und ihm das sagen."

„Dann war es für die Staublinge eigentlich gar nicht so schlimm in der Wüste", meinte ich.

„Ja", nickte die Wachtel. „Denn Gott war bei ihnen. Er hielt sich an sein Versprechen, auch wenn die Staublinge ihr eigenes Versprechen oft genug brachen. Aber sie mussten trotzdem in der Wüste herumziehen, bis alle jene Aufrührer gestorben waren. Vierzig Jahre dauerte es.

Dann standen sie eines Tages wieder am Rande jenes Landes. Und die Völker, die dort lebten, waren inzwischen nicht weniger mächtig und ihre Städte nicht weniger stark und ihre Waffen nicht weniger gefährlich. Außerdem war Mose vor wenigen Tagen gestorben.

Sein Nachfolger – er hieß Josua – war noch ziemlich jung und unerfahren …"

„Dann hatten sie bestimmt wieder keinen Mut?", fragte ich, aufs Schlimmste gefasst.

„Das weiß ich nicht", sagte die Wachtel. „Die Geschichte unseres Volkes endet an dieser Stelle. Wir wissen nicht, ob die Staublinge diesmal mehr Vertrauen hatten. Sie kamen jedenfalls aus der heißen, staubigen Wüste und standen am Rande des versprochenen Landes. Vor ihnen – gar nicht weit entfernt – üppige Büsche und Bäume, so leuchtend grün, dass die Staublinge sich die Augen rieben. Der Wind wehte den Duft von Blumen und fruchtbarem Ackerboden herüber. Aber zwischen ihnen und dem versprochenen Land floss der Jordan, damals ein reißender Fluss. Er führte gerade Hochwasser, es gab keine Brücke, und die Staublinge konnten alle nicht schwimmen."

„Was haben sie gemacht?", piepste ich aufgeregt.

„Wir wissen es nicht", wiederholte die Wachtel. „Eigentlich müssten die Leoparden die Fortsetzung der Geschichte kennen. Damals war das Tal jenes reißenden Flusses jedenfalls dicht bewaldet, ein richtiger Urwald. Die Höhenzüge waren wild zerklüftet. Es gab genug Wild; ein ideales Jagdrevier für Leoparden."

„Gibt es hier eigentlich auch welche?", fragte die jüngste Wachtel etwas ängstlich und froh, auch wieder einmal zu Wort zu kommen. „Du musst dich vor ihnen hüten; sie sind gefährlich!", meinte sie altklug.

„Wir müssen jetzt aber weiter", mahnte die ältere Wachtel. Sie war inzwischen zurückgekommen und wurde ungeduldig. „Und seht zu, dass ihr diesmal Anschluss haltet! – Also, tschüss!"

Damit stoben die Wachteln mit sausenden Flügelschlägen ohne weitere Erklärungen davon.

„Tschüss", murmelte ich ihnen ziemlich geistesabwesend nach. Leoparden! Auch das noch!

Ein Leopard erinnert sich
an die Eroberung von Jericho

Leoparden siehst du in unserer Steppe so gut wie nie. Aber sie sind da! Leoparden sind scheue Einzelgänger, schöne Tiere mit wunderbar geflecktem Fell. Aber nicht zuletzt dieses schöne Fell macht sie gerade so gefährlich. Leoparden sind nämlich Fleischfresser. Nachts schleichen sie durch die Steppe. Im fahlen Mondlicht sind sie kaum zu erkennen und sie bewegen sich geräuschlos. Ihre Augen sind schärfer als die Augen der meisten anderen Tiere. Selbst wenn der Mond sich hinter den Wolken verbirgt, können sie noch sehen; besser jedenfalls als die Antilopen und Affen, ihre Lieblingsbeute. Außerdem klettern Leoparden geschickt auch auf hohe Bäume. Löwen sind dagegen plumpe Turner. Nur gut, dass Leoparden nicht auch noch fliegen können!

Selbst die wehrhaften Affen, die Paviane, fürchten Leoparden mehr als alle anderen Raubtiere in der Steppe. Paviane haben selbst ein schreckliches Gebiss, sind wild und stark. Trotzdem sitzen sie nachts auf ihren Schlafbäumen und lauschen ängstlich in die Dunkelheit. Schleicht nicht ein Leopard heran? Wenn ich mir das vorstelle, wird mir ganz elend!

Aber auch Leoparden haben ihre Feinde, vor denen sie sich hüten müssen. Bei Tag schlagen die Paviane Krach, sobald sie nur ein geflecktes Fell entdecken. Und wenn es eine große Pavianfamilie mit starken Männchen ist, müssen die Leoparden selbst um ihr Leben fürchten und sich aus dem Staub machen. Nachts folgen ihnen dreist die großen Hyänen. Mit diesen Knochenbrechern kann sich nämlich nicht einmal der Leopard anlegen. Oft genug vertreiben die Hyänen den Leoparden und nehmen ihm seine Beute weg.

Weil wir Spatzen selten etwas mit Leoparden zu tun haben, gibt es in unserem Volk keine besonderen Sicherheitsregeln für solche Gelegenheiten. Es gelten die allgemeinen Regeln für große Fleischfresser: Mindestabstand einhalten und sich nicht draufsetzen!

Jetzt musste ich aber einen Leoparden finden, und es ging mir dabei so, wie es häufig geschieht: Wenn man auf bestimmte Dinge achtet, entdeckt man sie plötzlich und wundert sich, dass sie einem nicht schon früher aufgefallen sind.

Leoparden hängen ihre Beute gern in eine Astgabel hoch im Baum, wo sie vor Hyänen und Löwen sicher ist. Das weiß ich von meinem Vater. Außerdem verdösen diese Raubkatzen gern den Tag auf Bäumen, bevor sie nachts auf Jagd gehen. Dort oben weht auch in der Mittagshitze meist ein angenehm kühler Wind. Ich hielt also Ausschau nach starken Bäumen mit kräftigen Ästen und entdeckte eines Tages – viel schneller, als ich erwartet hatte – eine jener gefleckten Großkatzen, die ihren Mittagsschlaf hielt.

Mein Herz klopfte spürbar, als ich landete und vorsichtig näher hüpfte.

„Guten Tag", sagte ich. „Ich heiße Tschilp und wohne – in dieser Gegend." In letzter Sekunde erschien es mir besser, zu verschweigen, wo genau sich unsere Spatzenburg befindet.

Doch der Leopard beachtete mich nicht und gab auch keine Antwort, obwohl er mich zweifellos gehört hatte. Seine runden Ohrmuscheln zuckten nämlich ein wenig.

„Ziemlich warm heute", versuchte ich es noch einmal. Der Satz war ungeschickt. Mit Geschwätz ist ein Leopard nicht zu gewinnen. Er antwortete nicht, hielt die Augen geschlossen wie zuvor, und ich flog enttäuscht davon.

Mein Papa hatte mir auch gesagt, dass Leoparden ein bestimmtes Revier bewohnen und gern zu ganz bestimmten Ruhebäumen zurückkehren. Ich wartete also ein paar Tage ab und flog dann noch einmal zu dem Leopardenbaum hinüber.

Der Leopard wuchtete sich gerade an dem dicken Stamm empor bis zu seiner Astgabel. Von dort aus beobachtete er eine Weile aufmerksam die Gegend. Dann streckte er sich, gähnte und legte sich nieder. Ich durfte nicht warten, bis er den Kopf auf die Vorderpfoten legte und mit seiner Dösestunde begann.

„Wie war das damals, als Mose und die Staublinge an der Grenze des versprochenen Landes standen?", begann ich deshalb ohne jede Vorrede, sobald ich auf einem dünnen Ast in seiner Nähe gelandet war. (Auf dünne Äste können Leoparden nicht klettern; dafür sind sie zu schwer.)

Der Leopard hob den Kopf und sah mich gelangweilt an. „Bist du nicht der Schwätzer von neulich?", knurrte er heiser. „Weshalb stellst du eine solche Frage?"

„Ich heiße Tschilp", nannte ich noch einmal meinen Namen und versuchte auch sonst, einen guten Eindruck zu machen. „Die Wachteln haben mir von der Wüstenwanderung der Staublinge erzählt. Sie sagten, ihr Leoparden wüsstet vielleicht, wie es damals war, als die Staublinge und Mose an der Grenze des versprochenen Landes standen – vor sich den reißenden Jordanfluss."

„Wachteln sind dumm!", gähnte der Leopard verächtlich. „Leicht zu fangen. Aber es lohnt sich nicht. Zu wenig dran! – Es gab damals keinen Staubling mit Namen Mose. Der Anführer hieß Josua."

Mir fiel wieder ein, dass Mose schon vorher gestorben war. Laut fragte ich aber: „Hatten sie genug Mut, den Jordan zu überqueren?"

„Staublinge und Mut?" Der Leopard lachte höhnisch mit seiner heiseren Stimme. „Sie rotten sich zusammen wie eine Pavianherde, aber einen Mutigen findest du so gut wie nie unter ihnen. Wer mutig ist, lebt allein."

Ich wollte widersprechen, fragte aber lieber: „Dann sind sie also umgekehrt?"

Der Leopard musterte mich aufmerksam mit seinen gelben Augen. Mir wurde ganz unheimlich. „Etwas in deiner Stimme verrät mir, dass du nicht aus purer Neugierde fragst", sagte er wie zu sich selbst. „Vielleicht besitzt so ein Winzling wie du mehr Mut als jene. – Ich heiße Ger", nannte er dann seinen Namen. Er schien etwas freundlicher und zugänglicher zu werden.

„Ein Vertreter unseres Volkes beobachtete damals die Staublinge lange Zeit", begann Ger zu erzählen. „Die Staublinge kamen durch sein Jagdgebiet und machten Lärm. Unangenehme Leute! Aber sie hatten nette Haustiere dabei. – Man muss sich für alles interessieren, was in seinem Revier geschieht. Merke dir das!"

„Und der Jordan …?", versuchte ich, auf die Geschichte zurückzukommen.

„Die Staublinge rochen deutlich nach Angst", fuhr Ger fort, ohne auf meinen Einwand zu achten. „Sie hatten nicht nur Angst vor dem reißenden Fluss. Sie hatten auch Angst vor dem, was hinter dem Fluss auf sie wartete. Dort gab es nämlich eine mächtige Festung. Sie hieß Jericho, besaß meterdicke Mauern und galt unter Staublingen als uneinnehmbar. Die Menschen von Jericho waren sehr stolz auf ihre Burg."

Ich hätte gern gewusst, ob Jericho so groß und mächtig war wie unsere Spatzenburg, unterließ die Frage aber. Ger liebte es nicht, unterbrochen zu werden.

„Auch Josua, ihr Anführer, hatte Angst", erzählte Ger weiter. „Einmal entfernte er sich vom Lager der Staublinge und ging ganz allein in die Finsternis hinaus."

„Ihr habt ihn doch nicht etwa – gefressen?!", entfuhr es mir erschrocken.

Ger lachte. „Ich sehe, du begreifst schnell, worauf es ankommt. Schade, dass du ein Spatz bist und kein Leopard! Nein, wir haben ihn

nicht gefressen. Wir hörten ihn aber mit Gott reden. Danach schien er mutiger zu sein. Er ging ins Lager zurück und sang dabei und machte auch sonst ziemlich viel Lärm. – Lärm ist völlig überflüssig, merk dir das!

Am folgenden Tag gab er den Befehl, dass die Priester mit Gottes vergoldeter Truhe auf den Schultern und den Gesetzestafeln darin vor dem Volk hergehen sollten, direkt auf den Jordanfluss zu."

„Was sind ,Priester'?", fragte ich neugierig.

„So wurde eine ihrer Sippen genannt. Der Anführer dieser Sippe hieß Aaron", brummte Ger. „Aber der lebt nicht mehr. Er starb in der Wüste." Erklärungen solcher Art waren dem Leoparden lästig.

„Von Aaron habe ich gehört!", nickte ich. „Der war schon in Ägypten dabei. Er war ein Bruder von Mose. Aaron und seine Sippe mussten sich um das Zelt kümmern, in dem der Vater im Himmel bei den Menschen wohnen wollte."

„Warum fragst du", brummte Ger, „wenn du es doch weißt? – Jedenfalls hatten auch diese Priester Angst. Als sie ins Wasser stiegen und die reißende Strömung an ihren Beinen zerrte, wären sie am liebsten sofort wieder umgekehrt. Aber dann veränderte sich plötzlich etwas."

„Was denn?", piepste ich neugierig.

„Das Wasser wurde weniger – wie in einem sehr heißen, langen Sommer, nur viel rascher. Nach kurzer Zeit war der Jordan nur noch ein schmaler Bach und das Volk konnte bequem durch das Flussbett auf die andere Seite kommen."

„Wie beim Durchzug durch das Schilfmeer!", wunderte ich mich.

„Die Leute Aarons mussten aber die ganze Zeit über im Flussbett stehen bleiben, mit der vergoldeten Truhe auf den Schultern." Ger lachte. „Die waren nervös wie eine Antilopenherde in der Nacht! Sie wussten ja nicht, wann das Wasser wiederkommt. – Und dann kam es tatsächlich ganz plötzlich wieder, schäumend und mächtiger als zuvor, und riss alles mit sich: die Leute Aarons, die Truhe ..."

Ich sah Ger mit entsetzten Augen an und er lachte schallend. „Nein, das Letzte stimmt nicht", sagte er dann. „Ich wollte dich nur ein wenig erschrecken. Das Wasser kam erst wieder, als der letzte Staubling den Fluss überquert und die Leute Aarons mit der Truhe das Flussbett verlassen hatten."

„Sie haben es geschafft!", jubelte ich.

„Wie man's nimmt", brummte Ger und wurde wieder ernst. „Sie waren auf der anderen Seite. Aber zurück konnten sie auch nicht mehr. Der reißende Fluss versperrte ihnen den Rückweg und vor sich sahen sie die feindliche Festung Jericho.

Dort hatte man sie schon lange entdeckt. Die Stadttore waren fest verriegelt, die Soldaten in Jericho hatten ihre Waffen geschärft. Sie lauerten oben auf der Mauer. Niemand konnte hinein oder heraus oder an ihnen vorbei. Auch Josua nicht und das Volk."

„Und was haben die Kinder Abrahams gemacht?", fragte ich beunruhigt.

„Fast gar nichts haben sie gemacht", brummte Ger. „Der Vater im Himmel sagte zu Josua: ,Nehmt wieder die goldene Truhe und zieht damit einmal um die Stadt Jericho. Vor der goldenen Truhe sollen sieben Männer hergehen und Posaune blasen und hinter der Truhe alle anderen. Aber keiner von den anderen soll etwas rufen oder sagen. Schweigend sollt ihr um die Stadt ziehen.' – Schweigend! Merk dir das!", fuhr Ger fort. „Eine Posaune ist ein ausgehöhltes Widderhorn. Die Staublinge machten damit Lärm und nannten es Musik", fügte Ger hinzu, noch bevor ich fragen konnte.

„Am siebten Tag zogen sie siebenmal um die Stadt und beim letzten Mal begannen alle, wie wild zu schreien und auf die Stadtmauern zuzustürmen. So hatte Gott es ihnen befohlen.

Und da geschah das Unglaubliche: Die Erde begann zu wanken und die Mauern der Stadt stürzten in sich zusammen, so dick sie auch waren. Auf diese Weise eroberten Josua und das Volk die mächtige Stadt Jericho. – Eine Heldentat war das nicht."

„Ich wäre gern dabei gewesen!", jubelte ich.

„Er ist doch nicht so mutig, wie ich dachte", brummte Ger.

„Aber es fällt den Staublingen viel schwerer, Gott zu vertrauen als zu kämpfen!", widersprach ich dem Leoparden diesmal doch. „Und Vertrauen müssen die Staublinge vor allem lernen."

„Vielleicht hast du Recht", sagte Ger und sah mich wieder etwas freundlicher an. „Jedenfalls gab es später auch richtige Kämpfe, viele und harte Kämpfe, bis Josua und das Volk jenes Land ganz eingenommen hatten, das Gott ihnen geben wollte. Gewiss, das Landes-

innere war hügelig, fast menschenleer und dicht bewaldet. Aber besonders an der Küste zum Meer gab es noch andere feste Städte mit feindlichen und gut bewaffneten Bewohnern.

Kaum hatten sich die Nachkommen Abrahams im Land niedergelassen, vergaßen sie schon wieder den Vater im Himmel. Sie begannen sogar, die Götzen der Einwohner jenes Landes zu verehren."

„Dann war jenes Land also nicht das Paradies?", fragte ich enttäuscht, „und Josua war nicht der Retter, der den dunklen Herrscher besiegen konnte?"

„Nein, mit Sicherheit nicht!", fauchte Ger. „Wir Leoparden ahnten es gleich. Deshalb blieben wir in unseren Revieren am Jordan und im zerklüfteten Bergland. – Heute haben uns die Staublinge ganz aus diesem Land vertrieben. Nein, das Paradies war es ganz gewiss nicht."

Ger machte eine kleine Pause, bevor er weitererzählte. „Als Josua schließlich gestorben war, wurde es noch schlimmer. Selbst Gottes Gesetz, die zehn Regeln, gerieten in Vergessenheit. Jeder tat nur noch, was ihm gerade richtig erschien und wozu er Lust hatte. Du kannst dir nicht vorstellen, was das bei den Staublingen bedeutet."

„Hat Gott sich das gefallen lassen?", fragte ich.

„Er hat erstaunlich lange dazu geschwiegen", sagte Ger nachdenklich. „Aber er sorgte dafür, dass die Feinde der Kinder Abrahams mächtig wurden und das Volk unterdrückten. Dann schrien sie in ihrer Not um Hilfe und Gott schickte ihnen oft genug einen Retter, der ihnen gegen die Feinde half."

„Wie in Ägypten", dachte ich.

„Die Staublinge sollten begreifen, wie schlimm es ihnen ergeht, wenn sie sich vor Gott verstecken. Aber ich bezweifle, dass sie es jemals richtig begriffen haben."

Enttäuscht ließ ich die Flügel hängen. Alle Geschichten, die mir die Tiere bisher von den Staublingen und dem verlorenen Paradies erzählt hatten, waren am Anfang voller Hoffnung gewesen, aber jede Geschichte endete schrecklich. Mit den Staublingen ging es nicht voran.

„Wird es denn jemals wieder so werden wie im Paradies?", fragte ich kleinlaut. „Oder wird das Böse für immer den Sieg behalten?"

Ger sah mich scharf an. „Du bist ein Zweibeiner wie die Staublinge!", fauchte er streng. „Vielleicht bist du deshalb anfällig für ihre Krankheit? Die Staublinge können sich nicht ändern, so wenig wie ich das Muster meines Felles ändern kann – wozu übrigens auch gar keine Veranlassung besteht. Aber der Vater im Himmel wird dennoch zu seinem Ziel kommen. Daran gibt es jedenfalls für uns Vierbeiner keinen Zweifel: Wir werden befreit werden von der Macht des Todes, unter die wir durch die Schuld der Staublinge geraten sind."

Ich nickte beschämt. „Es ist nur alles so traurig mit den Staublingen!"

„Ja, ja", versuchte der Lopard so etwas wie einen Trost. „Aber man muss Geduld haben, um einen fetten Fang zu machen. Merk dir das! – Eines Tages fand Gott unter den Staublingen des Volkes doch einen, von dem er sagte: ‚Dieser Staubling gefällt mir!'"

„Wer war das?", wollte ich wissen und schöpfte neue Hoffnung.

„Er hieß David", sagte Ger. „Und er wurde ein mächtiger Herrscher des Volkes, vielleicht ihr größter Anführer und König, obwohl er als Kind nur ein Hirte gewesen war."

Mir fielen Abel ein und Mose. Beide waren Hirten gewesen. Hirten mussten bessere Staublinge sein als andere. „Erzähl mir von diesem David!", bat ich.

„Nun, das war lange Zeit nach dem Durchzug durch den Jordan", meinte Ger zögernd. „Sehr lange danach. Wir Leoparden wissen darüber nichts Genaues. David war ein Schafhirte, wie gesagt. Ein Schaf könnte dir diese Geschichte vielleicht erzählen. Aber ich sage dir gleich, dass es hier in der Gegend weit und breit keine Schafe gibt. Leider! Das letzte habe ich vor etwa fünf Jahren ge … funden."

Ger leckte sich mit seiner rauen Zunge das Fell und ich spürte, dass er nicht mehr in Stimmung war für ein weiteres Gespräch.

„Danke, Ger!", rief ich und flog davon.

„Mach's gut, Zweibeiner!", raunzte Ger hinter mir her.

Der Esel Ben erzählt von Saul

Ich wusste natürlich ganz genau, wo es Schafe gab. Aber ich hatte es dem Leoparden nicht verraten. Der hatte sich allzu verräterisch die Lippen geleckt. In den nächsten Tagen war es aber ganz unmöglich, noch einmal bis zum Dorf am Rande der Steppe zu fliegen. Es regnete nämlich.

Regen in der Steppe ist etwas anderes als die paar Tropfen, die in anderen Teilen der Welt vom Himmel fallen. In der Steppe ist Sonnenschein Sonnenschein und Regen ist Regen. Wenn es Sommer ist, dann liegt wochenlang vor allem in der Mittagszeit eine so bleierne Hitze über dem Land, dass jedes vernünftige Tier sich in den Schatten zurückzieht und sich nicht mehr bewegt als unbedingt nötig. Die Erde wird steinhart und rissig, als sei sie im Ofen gebacken. Das Gras verdorrt. Staub weht über die Steppe und darüber steht die flimmernde Helligkeit und unbarmherzige Glut der sengenden Sonne.

Aber dann kommt die Regenzeit. Gewitterwolken ziehen heran, schwarz wie die Nacht. Und dann fällt der Regen. Er fällt in einer Wucht, als würden Bäche vom Himmel stürzen. Du siehst vor lauter Regen den Flügel nicht vor Augen. Der harte Erdboden kann das viele Wasser gar nicht so rasch aufnehmen: Jede Senke wird zum See und der Fluss verwandelt sich in ein brüllendes, erdfarbenes Ungeheuer, das alles mit sich reißt. Selbst Krokodile und gelernte Wassertiere müssen aufpassen, dass sie nicht mitgerissen werden und ertrinken.

Unsere Spatzenburg besteht schon seit vielen Jahren. Das Dach ist verfilzt und fest wie ein Brett. Aber auch in unserer Burg werden dann die Wände feucht, besonders in den oberen Stockwerken. An Herumfliegen ist überhaupt nicht zu denken. Die Regengüsse würden dich glatt zu Boden drücken.

Glücklicherweise dauern diese Unwetter nicht lange an. Irgendwann kommt die Sonne wieder durch. Dann dampft die Steppe und danach wird es Frühling. Du kannst nach dem Regen förmlich sehen, wie das frische Gras emporschießt. Die Steppe verwandelt sich im Nu in ein einziges Blütenmeer. Die schwarzen Brandflecken des Steppenfeuers sind in wenigen Tagen verschwunden.

Sobald neues Gras gewachsen ist, kommen auch die Herden der großen Grasfresser wieder. Sie haben jetzt mehr als genug zu fressen. Und sie bekommen ihre Kinder – fast alle zur selben Zeit. Ich weiß nicht, wann sie eigentlich die Eier ausbrüten. Jedenfalls wimmelt die Steppe plötzlich von Tierkindern, die ausgelassen und vergnügt herumtollen. Und selbst die alten, erfahrenen Tiere lassen sich anstecken und wagen gelegentlich einen übermütigen Galopp oder wilde Sprünge. Man sieht es ihnen an, wie wohl sie sich fühlen in dieser Zeit.

Es wurde mir also nicht langweilig. Aber dann siegte schließlich doch meine Neugierde. Ich wollte unbedingt wissen, wie die Geschichte mit den Staublingen weiterging. Eines Tages machte ich mich also erneut auf den langen Flug zu dem Menschendorf am Rande der Steppe.

Wir Spatzen fliegen schnell, aber besonders ausdauernd sind wir nicht. Wir brauchen zwischendurch immer mal wieder eine Ruhepause. Am liebsten huschen wir von Baum zu Baum, von Busch zu

Busch. Trotzdem war der Flug diesmal viel weniger anstrengend als beim ersten Mal. Ich kannte den Weg ja schon und außerdem war ich in der Zwischenzeit gewachsen und kräftiger als damals.

Noch vor dem Abend erreichte ich das Dorf der Staublinge und wurde von meinen Verwandten mit Hallo und dem üblichen Lärm begrüßt. Das Dorf hatte sich nicht verändert und ich fand mich schnell wieder zurecht. Der dicke Spatz lud mich auch gleich zu einer leckeren Mahlzeit auf den Hof der Staublinge ein. „Dort findet sich immer etwas!", sagte er in seiner weltmännischen Art. Aber mir war die Nähe der Staublinge unheimlich. Schon ihr Anblick bereitete mir Unbehagen. Lag es daran, dass ich so viel von ihnen wusste?

Der dicke Sperling hatte damit überhaupt keine Schwierigkeiten. Er hüpfte keck zu einem der Staublinge hin, der mit irgendetwas beschäftigt war, das ich nicht kannte. Kühn pickte er gerade nach einem grünen Blatt, das der Staubling hatte fallen lassen, als mir ein plötzliches lautes Geräusch fast das Blut in den Adern erstarren ließ. Ich hatte einen solchen Ton noch nie in meinem Leben gehört. Er klang wie das Trompeten der Elefanten, aber abgerissener und klagender. So konnte nur ein Tier in höchster Not schreien. – Da, wieder dieser verzweifelte Schrei! –

Ich flog mit klopfendem Herzen in die Richtung, aus der das Klagen gekommen war, und entdeckte im Schatten unter einem Baum ein merkwürdiges Tier. Der Strick, mit dem es an die Akazie gebunden war, hing lose herab. Es stand auch ganz ruhig da. Warum nur hatte es so entsetzlich geschrien?

Das Aussehen des Tiers erinnerte mich ein wenig an ein junges Zebra. Sein Fell war aber nicht gestreift, sondern unscheinbar grau. Der unförmige Rumpf mit dem durchhängenden Bauch saß auf dünnen, fast zierlichen Beinen. Es hatte vier Beine mit Hufen daran, war also ein Grasfresser. Der Kopf des Tieres schien aber viel zu groß. Er musste auch sehr schwer sein, denn das Tier ließ ihn tief herabhängen, sodass sein Maul fast den Boden berührte. Das Tier fraß aber nicht. Offenbar trauerte es. Denn auch die Ohren hingen schlaff herab – und was für Ohren! Sie erinnerten mich an lange Röhren und mussten nahezu nutzlos sein.

In diesem Moment hob das Tier wieder den Kopf und schrie seine Not hinaus. Schrecklich!

„Hast du Schmerzen?", fragte ich mitfühlend.

Das Tier wendete den Kopf in meine Richtung und sah mich verwundert an. Hatte es meine Frage nicht verstanden?

„Wie kommst du darauf, dass ich Schmerzen haben könnte?", meinte es schließlich und glotzte mich an. „Du bist wohl fremd hier. Sonst würdest du meine majestätische Stimme kennen. Beeindruckend, nicht wahr?"

Dieser jammernde Misston sollte ein üblicher Ruf gewesen sein? Machte das Tier Witze? Jedenfalls schien ihm nichts zu fehlen.

„Ich bin nur zu Besuch hier", nickte ich ziemlich verwirrt. „Ich wohne weit draußen in der Steppe und bin ein Sperling. Tschilp heiße ich."

„So, so, nicht von hier", wiederholte das Tier mit etwas schwermütiger Stimme. „Auch ich bin ein Fremder. Doch der Ruhm meines Volkes ist bis zu diesem verlassenen Ort gedrungen. Und so haben mich Staublinge hergebracht. In den Ländern, in denen mein Volk zahlreich ist, sind wir berühmt als Lastenträger und Königemacher. Du kannst mich übrigens Sir Ben nennen."

„Und wie gefällt es dir hier, Sir Ben?", fragte ich, um irgendetwas zu sagen. Die feierlich gesetzten Worte des Tieres passten überhaupt nicht zu seinem Aussehen.

„Nun, man gewöhnt sich!", gab Sir Ben etwas munterer zur Antwort. „Wir Esel finden uns überall auf der Welt zurecht. Wir sind anspruchslos und genügsam, wie es die Weisheit gebietet. Mit den Staublingen hier habe ich allerdings noch ein wenig Mühe. Du musst wissen, dass wir Esel aus gutem Grund nur das tun, wovon wir selbst überzeugt sind. Wenn uns die Staublinge also eine Last auf den Rücken legen, die zu schwer ist oder schlecht verteilt, bleiben wir einfach stehen, bis sie ihren Irrtum bemerken. Das dauert bei den Staublingen in diesem Dorf manchmal noch ziemlich lange. Aber Geduld ist eine vorzügliche Tugend von Königen. Wir besitzen sie in reichem Maße."

Sir Ben hatte nun schon zum zweiten Mal etwas von Königen gesagt. Das brachte mir den eigentlichen Zweck meines Besuchs in Erinnerung. „Weißt du, wann heute Abend die Schaf- und Ziegenher-

den von der Weide kommen?", fragte ich deshalb. „Ich möchte mich nämlich gern bei ihnen nach einem Staubling erkundigen, der König David heißt."

Der Esel begann bei diesen Worten aufgeregt hin und her zu trippeln. „Aber lieber Tschilp", sagte er eifrig, „da bist du doch bei mir an der richtigen Stelle. Ich gratuliere dir zu meiner Bekanntschaft! – Von König David weiß ich zwar nicht allzu viel, aber dafür umso mehr von König Saul, seinem Vorgänger und dem ersten König der Nachkommen Abrahams. Durch uns ist er ja erst König seines Volkes geworden."

Ich war verblüfft. „Durch euch Esel?", fragte ich überrascht. „Das musst du mir erzählen."

Sir Ben wiegte genussvoll den schweren Kopf. „Komm herüber und setz dich hier zu mir", sagte er dann. „Es muss nicht jeder Ungebildete mithören, wenn vernünftige Tiere sich unterhalten."

Ich flog also noch ein Stück näher zu ihm hinüber und setze mich auf ein niedriges Gesträuch, von wo aus ich ihn gut hören und sehen konnte.

„Nun ja, damals, als die Nachkommen Abrahams in das verheißene Land einwanderten, hatten sie noch keinen König", begann Sir Ben zu erzählen. „Mose hatte sie durch die Wüste geführt und unter Josua waren sie über den Jordan gezogen und hatten das versprochene Land eingenommen.

Mose und Josua waren ihre Anführer. Ihre Aufgabe bestand vor allem darin, dem Volk weiterzusagen, was sie selbst von Gott gehört hatten. Außer ihnen gab es noch die Sippenältesten der einzelnen Stämme. Und die wollten immer mitreden, wenn irgendetwas beschlossen wurde, und selten waren sie sich einig."

„Wie bei den Wildhunden", sagte ich. „Jedes Rudel hat seinen Anführer und die einzelnen Rudel gehen sich möglichst aus dem Wege."

„So ähnlich war es", stimmte Sir Ben zu, „obwohl ich Wildhunde und ihre Gepflogenheiten nicht kenne. – Es gab damals zwölf Sippen und jede hatte ihr Gebiet zugewiesen bekommen, in dem sie in dem verheißenen Land leben sollten."

„Genau wie bei den Wildhunden!", nickte ich. „Das war doch sehr praktisch."

„Praktisch – ja und nein", wiegte Sir Ben den großen Kopf. „Auf diese Weise konnte das Land schnell und vollständig in Besitz genommen werden. So gesehen war es tatsächlich praktisch. Aber das Land war zerklüftet, bewaldet, von wilden Tälern und Höhenzügen zerschnitten, und es schafften nicht alle Sippen, ihr Gebiet ganz in Besitz zu nehmen. Vielleicht waren sie dazu zu schwach, vielleicht auch zu bequem. Jedenfalls gelang es den Feinden des Volkes, die immer noch im Land lebten, einzelne Stämme anzugreifen und zeitweise sogar zu beherrschen."

„Aber nur, weil sie den Vater im Himmel vergessen haben!", ergänzte ich und verschwieg dabei, dass der Leopard mir das gesagt hatte. Ich vermutete, Sir Ben liebte Leoparden nicht.

„Das stimmt", bestätigte Sir Ben. „Aber du darfst auch nicht ungerecht sein. Das Zelt, in dem Gott wohnte, mit dem vergoldeten Kasten und den zehn Regeln darin, war irgendwo im Landesinnern aufgebaut worden. Es gab aber kaum Wege und Straßen durch die Wildnis. Je nachdem, wo einer der Staublinge wohnte, war es sehr schwer, überhaupt dort hinzukommen. Außerdem mussten sie sich ja auch um ihre Felder und Äcker kümmern. Wenn sie uns Esel damals nicht gehabt hätten für die schwere Arbeit und das Reisen, sie hätten es überhaupt nicht geschafft, am Leben zu bleiben."

Das schien mir nun doch ein bisschen übertrieben. Ich schwieg aber, weil ich Sir Ben nicht kränken wollte. Außerdem hatte er überhaupt noch nichts von einem König erzählt. „Wer hat denn mit dem Vater im Himmel gesprochen und den anderen weitergesagt, was er will?", fragte ich. „Ich meine, nachdem Mose und Josua gestorben waren."

„Die Sippe Aarons hatte nach wie vor diese Aufgabe", gab Sir Ben zur Antwort. „Aber die meisten Nachkommen Aarons wollten von Gott gar nichts mehr wissen; von den anderen Sippen im Volk ganz zu schweigen. Sie verehrten irgendwelche aus Holz geschnitzten Götzen, wie sie es bei ihren Feinden sahen, und vergaßen auch die zehn Regeln, die Gott ihnen gegeben hatte. – Es waren schreckliche Zeiten damals! Nur ganz selten gab es so gute Anführer, wie Mose und Josua es gewesen waren."

Sir Ben schüttelte missbilligend den Kopf. Dann fuhr er fort: „Im Unterschied zu den Nachkommen Abrahams waren ihre Feinde bestens organisiert und gut bewaffnet. Das Volk der Philister zum

Beispiel wohnte in befestigten Städten in der Küstenebene am Meer. Die Philister waren erbitterte Feinde der Nachkommen Abrahams. Und sie verbündeten sich mit den anderen Feinden des Volkes im Land. Es sah damals ganz so aus, als würden die Nachkommen Abrahams wieder aus dem verheißenen Land vertrieben. Die Philister besaßen sogar Streitwagen und waren unbesiegbar."

„Wie die Ägypter", sagte ich. „Aber denen haben ihre Streitwagen doch auch nichts geholfen, damals am Schilfmeer."

„Damals rettete der Vater im Himmel die Nachkommen Abrahams", nickte Sir Ben. „Diesmal wollten sie sich selbst helfen. ‚Wir brauchen einen einzigen König für alle unsere Sippen', beschlossen sie eines Tages. ‚So ist es bei all den anderen Völkern üblich und so muss es auch bei uns sein. Solange bei uns jeder für sich alleine kämpft, werden wir verlieren.'

Sie gingen zu ihrem damaligen Anführer, er hieß Samuel und war ein guter Anführer, aber schon sehr alt: ‚Wir wollen einen König', sagten sie. ‚Wenn du einmal gestorben bist, haben wir sonst nämlich gar keinen Anführer mehr.'

Samuel zögerte. ‚Gott ist doch unser König', gab er zu bedenken. Aber der Vater im Himmel sagte schließlich zu Samuel: ‚Lass sie nur, Samuel. Gib ihnen ihren König. Sie haben in all den Jahren nichts dazugelernt.'"

„Und wer wurde König der Kinder Abrahams?", wollte ich wissen.

„Warte ab, jetzt kommt der beste Teil der Geschichte!", schmunzelte Sir Ben. „Wir Esel hatten von der Sache natürlich Wind bekommen. Und eines Tages nahmen wir die Angelegenheit in die Hufe. Es gab da eine Bauernfamilie aus der Sippe Benjamin, eine der kleinsten Sippen der Nachkommen Abrahams. Zur Familie gehörten auch Saul und natürlich einige Esel. Saul war ein stattlicher junger Mann und wir beschlossen, unsern Saul zum König der Staublinge zu machen."

„Wie wolltet ihr das denn anstellen?", fragte ich zweifelnd.

„Nun, dazu muss man klug sein wie ein Esel", erwiderte Sir Ben nicht ohne Stolz. „Aber es war gar nicht so schwer. Einige unserer Eselinnen liefen einfach fort und kamen abends nicht wieder nach Hause. Das war natürlich schlimm für die Familie Sauls, und sein

Vater sagte: ‚He, Saul, unsere Eselinnen haben sich verirrt. Nimm noch einen Mann mit und suche nach ihnen.‘“

„Und dann?“, fragte ich.

„Saul und der andere Staubling machten sich also auf den Weg, uns zu suchen. Sie suchten ein großes Gebiet ab, tagelang. Natürlich ohne Erfolg. Denn wenn wir Esel uns nicht finden lassen wollen, findet uns auch niemand. Schließlich sagte Saul zu dem anderen Staubling: ‚Es ist zwecklos weiter zu suchen. Lass uns umkehren und nach Hause gehen!‘“

„Dann hat euer Plan also doch nicht funktioniert!“, stellte ich nicht ohne Genugtuung fest.

„Irrtum! Irrtum!“, rief Sir Ben triumphierend. „Es passierte nämlich genau das, was wir gewollt hatten. Der andere Staubling sagte zu Saul: ‚Da vorne in der Stadt wohnt doch der berühmte Samuel. Der weiß viel; vielleicht weiß er auch, wo wir unsere Eselinnen finden können. Lass uns einen letzten Versuch machen und ihn danach fragen.‘

So wanderten die beiden in die Stadt, und gerade, als sie das Stadttor durchschritten, kam ihnen Samuel entgegen. Samuel wollte zu einem Fest. Als er Saul erblickte, wusste er sofort: Das ist der richtige König für die Nachkommen Abrahams! – Der Vater im Himmel hatte ihm nämlich am Tag zuvor gesagt: ‚Morgen kommt ein junger Mann aus der Sippe Benjamin hier vorbei, der seine Eselinnen sucht. Ihn mache zum König. Er soll mein Volk von der Herrschaft der Philister befreien.‘

Samuel nahm Saul gleich mit und setzte ihn feierlich zum König über Israel ein. Bei der nächsten Zusammenkunft der Sippenältesten wurde Saul dann auch von den anderen als König anerkannt.“

„Und was geschah mit den Eselinnen, die weggelaufen waren?“, fragte ich.

„Nachdem unser Plan gelungen war, ließen sie sich finden und kehrten zufrieden nach Hause zurück“, meinte Sir Ben vergnügt.

„War das Ganze nun eigentlich euer Plan oder war es Gottes Plan?“, fragte ich misstrauisch.

„Nun, der Vater im Himmel weiß jedenfalls, auf wen er sich verlassen kann“, erwiderte Sir Ben und sah mich bedeutungsvoll an. Ich wusste

darauf nichts zu erwidern. „Hat Saul die Philister und die anderen Feinde denn tatsächlich besiegt?", fragte ich deshalb.

„Saul war ein wunderbarer König!", schwärmte Sir Ben. „Er war ein Draufgänger und dazu bescheiden und klug. Jedenfalls am Anfang. Nicht alle Sippenältesten mochten ihn. Sie hätten es wohl lieber gesehen, wenn der König aus ihrem eigenen Stamm gekommen wäre.

Trotzdem hatte Saul Erfolg. Es gelang ihm, die Macht der Philister zumindest im Bergland zu brechen. Und er konnte auch die anderen feindlichen Nachbarvölker besiegen.

Doch je mehr Erfolg Saul hatte, umso stärker zeigten sich gewisse schlechte Charaktereigenschaften, zu denen die Staublinge alle mehr oder weniger neigen: Er wurde stolz und hochmütig. Er hörte nicht mehr auf den Vater im Himmel und schon gar nicht auf Samuel. ‚Ich weiß das besser‘, sagte er immer häufiger. ‚Ich bin der König. Redet mir hier nicht rein!‘ Es wurde immer schlimmer mit Saul.

Schließlich sagte Gott zu Samuel: ‚Gehe zu Saul und sage ihm, dass er nicht länger König über mein Volk bleiben kann. Er hört nicht mehr auf mich. Deshalb werde ich einen anderen zum König machen.‘"

„Ich glaube, das mit dem Saul war doch eher die Idee von euch Eseln", sagte ich ziemlich enttäuscht.

Sir Ben schwieg einen Moment gekränkt. Doch dann fuhr er fort, ohne auf meinen Vorwurf einzugehen. „Samuel fürchtete sich, Saul zu sagen, was Gott ihm aufgetragen hatte. Es war gefährlich, denn Saul war mittlerweile jähzornig und gewalttätig geworden. Und Samuel tat es auch Leid um Saul. Aber dann fasste er sich ein Herz und sagte Saul alles.

Doch Saul dachte nicht im Traum daran, freiwillig zurückzutreten. Er wurde wütend. Von da an beobachtete Saul misstrauisch seine Mitmenschen. Gab es jemand, der ihm seine Königswürde streitig machen konnte? Saul saß immer öfter einfach da und grübelte vor sich hin. Dann fuhr er plötzlich auf und schrie die Leute an. Jeder begann sich vor Saul zu fürchten.

Schließlich kam einer seiner Diener auf die Idee: ‚Lasst uns jemand suchen, der auf einem Musikinstrument spielen kann. Wenn Saul schlechte Laune hat, soll er ihm etwas Schönes vorspielen. Das wird den König beruhigen.‘

Die anderen Staublinge fanden den Rat gut; sie hatten auch selbst keinen besseren. Und so suchten sie nach einem, der gut musizieren und singen konnte. Sie fanden schließlich David und brachten ihn an den Königshof zu Saul."

„David!", fuhr ich auf. „Etwa den König David?"

„Ja, später wurde David tatsächlich König", nickte Sir Ben mit seinem großen Schädel. „Aber vorher wäre er beinahe umgebracht worden, soviel ich weiß. Erst von Goliat und dann von Saul."

„Erzähle, erzähle!", rief ich. „Wer ist Goliat? Und was passierte mit David?"

„Nun, ja", druckste Sir Ben herum. „Wie ich eingangs schon erwähnte, kennen wir Esel die Geschichte von Saul ziemlich genau. Außerdem gibt es noch eine Geschichte in unserem Volk von einem anderen König, der uns als Reittier erwählte. Aber zwischen beiden Geschichten konnten wir bisher keinen Zusammenhang feststellen. Wie es mit David weiterging, wissen wir leider nicht. – Niemand kann alles wissen!", fügte er entschuldigend hinzu.

Dieses Eingeständnis war Sir Ben sehr peinlich und ich fragte nicht weiter nach, obwohl ich vor Neugierde fast platzte. Eigentlich hatte ich ja sowieso ein Schaf nach der Geschichte Davids fragen wollen, tröstete ich mich. Und das würde ich auch tun, gleich am nächsten Tag!

„Vielen Dank für die Geschichte von Saul", verabschiedete ich mich deshalb. „Es war wirklich ein großes Glück, deine Bekanntschaft machen zu können", fügte ich noch hinzu. Sir Ben richtete sich stolz auf und winkte mir zum Abschied mit seinen langen Ohren. Dann sah jeder von uns beiden zu, wie er noch etwas zu fressen bekam, bevor es Nacht wurde.

Was die Schafmutter über David und Goliat erzählt

Am nächsten Morgen waren wir Spatzen wie immer früh auf den Flügeln. Wir gehen zeitig schlafen, aber sobald der Himmel im Osten hell wird und der Tag sich ankündigt, sind wir wieder wach.

Allerdings ist es so früh am Morgen meistens noch ziemlich frisch. Ich flog also mit meinen Verwandten ein wenig herum, um mich aufzuwärmen. Wir frühstückten ausgiebig auf einem Abfallhaufen und dann huschte ich hinüber zu den Schaf- und Ziegenherden.

Ich hatte richtig vermutet: Die Tiere waren abends gekommen und jetzt am Morgen noch in ihren Gehegen. Sie lagen oder standen fröstelnd beieinander. Von den Staublingen war keiner zu sehen. Offenbar sind sie allesamt Langschläfer.

Ich suchte ziemlich lange nach Flecki, jener freundlichen Ziege, mit der ich mich beim letzten Besuch so nett unterhalten hatte, konnte sie aber nirgendwo entdecken. Vielleicht war sie größer geworden und sah jetzt anders aus?

Wie in der freien Steppe, so gab es in dieser Jahreszeit auch bei den Schafen viele Jungtiere. Sie kuschelten sich in der Kühle des Morgens zitternd an ihre Mütter. Eines der kleinen Schafe trank gerade bei seiner Mutter. So etwas gibt es bei uns Spatzen nicht und ich schaute interessiert zu.

Das kleine Schaf stand auf stakelig langen Beinen und stupste beim Trinken kräftig mit dem Kopf. Das sah witzig aus. Was mich aber am meisten verwunderte, war sein langer, noch ziemlich dünne Schwanz. Beim Trinken machte das kleine Schaf damit nämlich die reinsten Kunststücke. Der Schwanz hing nicht herab, pendelte auch nicht einfach hin und her, sondern verrenkte sich auf die verrückteste Weise.

Ich war sehr beeindruckt von diesem Spiel und versuchte mit meinem eignen Schwanz auch solche Kunststücke. Aber es gelang mir nicht.

Plötzlich vernahm ich ein gutmütiges Lachen und hörte sofort mit meinen Übungen auf. Die Schafmutter hatte mich beobachtet und konnte sich das Lachen nicht verkneifen, obwohl sie es versuchte, was ich sehr anständig fand.

„Du bist ein richtiger Spaßvogel, scheint mir!", schmunzelte die Schafmutter und versuchte ihre Fassung wiederzugewinnen. „Wohnst du hier? Ich habe dich noch nie gesehen."

„Nein, ich wohne draußen in der Steppe", sagte ich. „Da gibt es jetzt auch viele Tierkinder. Aber so ein Schwanzspiel habe ich noch nie gesehen", fügte ich entschuldigend hinzu.

„Aus der Steppe kommst du?", fragte die Schafmutter besorgt. „Ist es dort nicht viel zu gefährlich für so kleine Tiere wie dich? Es gibt da draußen doch wilde Tiere; sie kommen ja bis hierher. Und ganz ohne Hirten …!"

„Ach, das ist nicht so schlimm!", sagte ich und fühlte mich schon wieder ein bisschen besser. „Die meisten Huftiere können sehr schnell laufen. Sie sind stark und ausdauernd. Und wir Spatzen fliegen einfach weg, wenn es gefährlich wird."

„Nein, das wäre nichts für mich", schüttelte die Schafmutter den Kopf. „Wir Schafe brauchen einen Hirten. Ohne Hirten sind wir verloren."

„Da gab es doch einmal einen Hirten, der David hieß", platzte ich heraus. „Kennst du den vielleicht?"

„Aber ja", nickte die Schafmutter. „Das ist eine schöne Geschichte aus unserem Volk, die wir unseren Kindern gern erzählen. Hör mal zu, Lämmchen!", stupste sie dann ihr Junges an. „Die Geschichte musst du dir gut merken."

Ich war zufrieden und gespannt. „Was war mit diesem David?", fragte ich. „War er ein guter Hirte?"

„David war ein sehr guter Hirte, obwohl er noch ein bisschen jung war", begann die Schafmutter zu erzählen. „Wie die meisten Nachkommen Abrahams im verheißenen Land besaß auch die Familie Davids Schaf- und Ziegenherden. Wir lebten damals schon so ähnlich, wie wir es heute hier in der Steppe tun: Jemand aus der Familie musste auf uns aufpassen wegen der wilden Tiere. Es gab Löwen, Bären, Wölfe und Adler. Und außerdem natürlich Diebe und Räuber.

Das Schafehüten war keine leichte Arbeit und keiner der Menschen machte sie besonders gern, glaube ich. Die meiste Zeit passierte beim Hüten nämlich nichts. Und den Staublingen gefällt es merkwürdigerweise nicht, wenn nichts passiert. Deshalb bekam oft der Jüngste in der Familie den Auftrag, auf uns aufzupassen. Die Älteren hatten angeblich Wichtigeres zu tun. Als ob es etwas Besseres gäbe, als Schafe zu hüten! Am Anfang war uns das nicht recht – wegen der wilden Tiere. Was kann ein Knabe schon gegen wilde Tiere ausrichten!

Aber bald merkten wir, dass David der beste Hirte war, den wir haben konnten. Er kümmerte sich um jeden Einzelnen von uns. Wir kannten bald seine Stimme und folgten ihr. David war es auch nie langweilig. Er sang nämlich gern oder spielte auf seinem Instrument wunderschöne Melodien.

Aber David war auch geschickt und mutig. Viel Zeit verbrachte er damit zu üben, wie man mit einer Steinschleuder richtig treffen kann. Wie er es genau machte, weiß ich nicht. Davon verstehen wir Schafe nichts. Jedenfalls wirbelte er einen Strick irgendwie herum und dann flog der Stein weit und mit Wucht ziemlich genau dorthin, wohin er treffen sollte.

Nun, ich gebe zu: Manchmal schoss er damit auch nach uns Schafen, wenn wir uns zu weit von der Herde entfernten und er uns zurückholen wollte. Sein Vater sah das nicht gern. Aber er benutzte dann nur kleine Steine und schoss nur in unsere Nähe.

Wenn sich jedoch ein wildes Tier an die Herde heranschlich, dann wurde David zornig. Selbst vor Löwen und Bären fürchtete er sich nicht, sondern trieb sie in die Flucht.

Das Leben auf der Weide war schön …"

„Und später ist David dann König geworden?", fragte ich dazwischen. Wenn die Schafmutter erst einmal aufs Fressen zu sprechen kam, konnte es lange dauern, bis die Hauptsache erzählt war, befürchtete ich.

„Ja", nickte das Schaf. „Eines Tages wurde David von der Weide geholt. Er sollte nach Hause kommen. Es dauerte aber nicht lange, da kam er wieder. Wir erfuhren erst später, dass Samuel ihn hatte rufen lassen und dass er ihn zum neuen König über das Volk Gottes geweiht hatte.

David sagte nichts davon und hütete die Schafe wie immer, sang seine Lieder und versorgte uns. Für Staublinge ist das ganz ungewöhnlich. Sie geben nämlich gern an", fügte die Schafmutter hinzu. Dann seufzte sie. „Die schöne Zeit ging aber wenig später doch zu Ende. David wurde an den Königshof zu Saul geholt; nicht als der neue König, sondern als sein Hofmusiker."

„Der Esel Ben hat mir davon erzählt", nickte ich. „Aber dann wäre David beinahe umgebracht worden von einem Goliat oder so ähnlich? Stimmt das?", fragte ich gespannt.

„Ja, das stimmt", nickte das Schaf wieder. „Es lebten ja immer noch die Philister im Land. Und eines Tages gab es wieder einmal Krieg mit den Philistern. Die beiden Heere hatten sich auf zwei gegenüberliegenden Berghöhen verschanzt. Auf der einen lag Saul mit seinen Soldaten, auf der anderen lagen die Philister.

Sauls Soldaten hatten Angst. Die Philister waren gut ausgebildet und viel besser bewaffnet. Man sah es schon an diesem Goliat. Der war geradezu ein Riese. Mit Schild und Spieß trat er ganz alleine in das Tal zwischen den beiden Heeren und schrie zu den Soldaten Sauls hinüber: ‚Kommt aus euren Mauselöchern, ihr verdammten Feiglinge! Wenn einer Mut hat, soll er mit mir kämpfen.' Dabei lachte er ganz fürchterlich."

„O weh", stöhnte ich. „Wie bei den Nashörnern. Wenn die wütend werden, zerstampfen sie erst den Boden, dann rennen sie wild auf-

einander los, bis einer von beiden flüchtet. Wenn man dann nicht fliegen kann …"

„Jedenfalls wagte keiner der Soldaten Sauls sich aus seinem Versteck heraus", erzählte die Schafmutter weiter. „Goliat war ein zu gewaltiger Kämpfer. Er hatte ein Schuppenhemd übergezogen und auch seine Waffen waren aus hartem Eisen. Die Soldaten Sauls dagegen besaßen nur Schwerter aus Bronze, die leicht zerbrachen.

Jeden Tag stieg Goliat herab in das Tal, schrie, fluchte und verspottete die Nachkommen Abrahams und den Vater im Himmel. Und kein Soldat Sauls wagte sich zu mucken.

So ging das eine Zeit lang. Dann kam eines Tages unser David in das Heerlager und hörte Goliat schreien. ‚Ich werde gegen diesen Riesen kämpfen', sagte er empört. ‚Ich bin zwar kein geübter Soldat, aber ich habe schon gegen Löwen und Bären gekämpft. Wenn Gott mir hilft, werde ich diesen Goliat besiegen.'"

„Weiter, weiter!", flatterte ich aufgeregt. „Hat er es geschafft?"

„Dass ihr jungen Leute euch immer für Abenteuergeschichten interessiert!", schüttelte die Schafmutter den Kopf. „Viel lieber würde ich noch ein paar Weidegeschichten erzählen. – Nun, jedenfalls brachten die Offiziere Sauls dem David eine Rüstung und ein Schwert. ‚Zieh das an! Den Schild musst du so halten!', gaben sie ihm Ratschläge. Sie schüttelten dabei aber heimlich die Köpfe. David tat ihnen Leid. Wie konnte ein solches Kind gegen einen erfahrenen Soldaten vom Schlage Goliats kämpfen!

David zog die Rüstung an und lief ein paar Schritte auf und ab. ‚So geht das nicht!', sagte er dann. ‚Ich bin es nicht gewöhnt, eine Rüstung zu tragen. Sie ist zu schwer. Ich brauche Bewegungsfreiheit!'

Er zog die Rüstung wieder aus, nahm seinen Hirtenstab und die Steinschleuder und ging. Am Bach suchte er sich ein paar passende Kieselsteine. Die steckte er in die Tasche. Dann schritt er auf Goliat zu."

„Weiter, weiter!", piepste ich, und auch das kleine Schaf blickte ängstlich.

„Goliat traute seinen Augen nicht, als er den kleinen David kommen sah. Erst lachte er, dann begann er ärgerlich zu fluchen. ‚Du meinst wohl, ich sei ein Hund, den man mit dem Stecken davonjagen

kann?', brüllte er. ‚Wo hast du deine Waffen? Komm her, verfluchter Knirps. Ich werde dein Fleisch den Aasgeiern zu fressen geben!'"

Das kleine Schaf verkroch sich unter seiner Mutter. Es war auch zu schrecklich.

„Doch David hatte keine Angst", beruhigte uns das Schaf. „Er schritt auf den Riesen zu. ‚Du kommst mit Schild und Schwert; ich komme im Namen Gottes!', rief er kühn. Dann nahm er seine Steinschleuder, fasste in die Tasche, legte einen Stein ein und schleuderte ihn genau an Goliats Stirn. Der krachte zu Boden wie ein Baum und war besiegt."

„Wunderbar!", schrie ich. „Und du weißt wirklich nicht, wie so eine Steinschleuder funktioniert?", fragte ich gespannt.

„Nein, ich weiß es wirklich nicht!", sagte das Schaf streng. „Und außerdem, auch Spatzen können nicht alles, was andere können. Denk an deine Übungen mit dem Schwanz." Bei den letzten Worten erhellte sich die Miene der Schafmutter wieder und sie schmunzelte.

„Und wie ging es dann weiter?", fragte ich ein wenig kleinlaut.

„Als die Philister sahen, dass ihr stärkster Mann besiegt war, bekamen sie es mit der Angst zu tun und rannten davon. Und die Soldaten Sauls verfolgten sie.

David hatte den Kampf entschieden. Er wurde berühmt im ganzen Land, bewundert und als Held gefeiert. Und er bekam sogar Sauls Tochter zur Frau."

Wir schwiegen eine Weile.

„Dann stimmt es also nicht, was Sir Ben gesagt hat. Dass auch Saul den David umbringen wollte", stellte ich beruhigt fest.

„Doch, leider hat der Esel damit Recht", widersprach die Schafmutter. „Gerade weil David so beliebt war im ganzen Volk, begann Saul ihn zu hassen. ‚Sie wollen David zum König machen', murmelte er. ‚Aber das werde ich verhindern!'

Eines Tages saß Saul wieder einmal auf seinem Thron und stierte vor sich hin. Jeder fürchtete sich dann vor ihm und ging ihm aus dem Weg. Im Königspalast wurde nur geflüstert. ‚Holt David!', sagten die Diener. ‚Schnell! Saul hat wieder einmal fürchterliche Laune. David soll ihm etwas vorspielen.'

David wurde geholt, ging zu Saul hinein und spielte und sang ihm etwas vor. Saul erwachte aus seinem Grübeln und hörte eine Weile auf die schöne Musik. Er begann sich besser zu fühlen. Doch dann erkannte er David, den Liebling des Volkes, seinen Widersacher. In wildem Hass griff Saul nach einem Speer und schleuderte ihn nach David."

„Hat er ihn getroffen?", schrie ich auf.

„Nein, David wich zur Seite und der Speer krachte gegen die Wand. David flüchtete.

Von da an begann Saul ganz offen, David zu verfolgen. Wer zu David hielt, wurde umgebracht. Saul kümmerte sich nicht mehr um die Philister, sondern schickte seine Soldaten hinter David her. ‚Bringt ihn mir, tot oder lebendig!', tobte Saul.

David musste sich verstecken. Er hauste mit einigen Männern im Grenzgebiet und in wilden, unwegsamen Gegenden, und er stellte es so geschickt an, dass die Soldaten Sauls ihn nie zu fassen bekamen. Er selber kämpfte aber nicht gegen Saul und schonte dessen Leben zweimal. ‚Ich lege meine Hand nicht an ihn', sagte David. ‚Der Vater im Himmel wird mir zu meinem Recht verhelfen.'"

„Und wie ist David dann doch noch König geworden?", fragte ich ungeduldig.

„Weil Saul sich nicht um die Philister kümmerte, hatten die bald ihre Niederlage vergessen und begannen einen neuen Krieg", erzählte die Schafmutter. „In diesem Krieg kam Saul um. Und da holten die Sippenältesten David – heimlich hatten nämlich viele zu ihm gehalten und nicht zu Saul – und machten ihn zum König. Auch die Stämme, die eigentlich lieber einen Sohn Sauls zum neuen König haben wollten, stimmten schließlich zu. So wurde David der König der Kinder Abrahams. Er war der Berühmteste von allen. Er besiegte alle Feinde des Volkes, und sein Reich dehnte sich schließlich aus von der Wüste im Osten bis zum Meer im Westen und vom Euphratstrom im Norden bis zum Südmeer."

„Bekam er nicht diese gefährliche Krankheit der Staublinge, den Hochmut?", fragte ich ein wenig ängstlich.

„Nein, David blieb auch als König ein Hirte, obwohl er viele Heldentaten vollbrachte. Er holte das Zelt mit der goldenen Truhe in seine Hauptstadt, nach Jerusalem, weil Gott immer in seiner Nähe sein sollte. Er wollte für ihn sogar ein großes Haus bauen, statt des armseligen Zeltes, in dem die goldene Truhe immer noch stand.

Der Vater im Himmel freute sich darüber. Aber er sagte zu David: ‚Du sollst mir kein festes Haus bauen. Du hast viele Kriege geführt und Blut vergossen. Dein Sohn soll mir ein solches Haus bauen. Doch du gefällst mir, David. Aus deiner Familie wird der Held kommen, der mein Volk für immer von all seinen Feinden erlösen soll.'"

„Dann war David selber nicht jener Held, der den dunklen Herrscher besiegte?", fragte ich enttäuscht.

„Nein, das war er nicht", bestätigte die Schafmutter. „Leider nicht! Auch er hörte nicht immer auf Gottes Stimme. Einmal beging er sogar einen Mord. Davon werde ich aber nicht erzählen. Zu viele gruselige Geschichten sind nicht gut für Kinder!", fügte die Schafmutter gleich streng hinzu. „Aber David kehrte immer wieder zu Gott zurück und verheimlichte seine Schuld nicht. Deshalb vergab Gott ihm.

Am schlimmsten muss es für David gewesen sein, als einer seiner eigenen Söhne schließlich versuchte, ihn aus dem Weg zu räumen. Er hieß Abschalom."

Ich hatte schon gehofft, dass endlich einmal eine Geschichte der Staublinge gut enden würde – da folgte dieser Nachsatz der Schafmutter.

„Sein Sohn Abschalom wollte David töten?", fragte ich entsetzt. „Aber warum denn?"

Im selben Moment kam Bewegung in die Schafe und Ziegen. Ich hatte nicht bemerkt, wie die Zeit vergangen war. Ein Staubling trat eben an das Gatter und öffnete es mit lautem Lockruf. Die Tiere erhoben sich und drängten zum Ausgang. Sie hatten Hunger und wollten auf die frische Weide.

„Wir müssen jetzt ziehen!", rief die Schafmutter zum Abschied. „Mehr wissen wir aber ohnehin nicht. Frag mal bei diesen schrecklichen Geiern nach. Die kennen sich bei solchen Geschichten aus. – Mach,s gut! Und pass auf in deiner wilden Steppe!"

Damit verschwanden die beiden und ich flog zurück zu meinem dicken Verwandten. Es war auch für mich Zeit für ein zweites Frühstück.

Geiergeschichten vom Aufstand Abschaloms gegen David

Geier zählen zu den Tieren, denen ich am liebsten aus dem Weg gehe. Geier und Hyänen! Sie werden uns Spatzen zwar nicht direkt gefährlich. Aber ich traue diesen Geiern so ziemlich alles zu – von den Hyänen ganz zu schweigen. Mein Vater sagt, das seien Vorurteile und die Geier seien bei uns in der Steppe so etwas wie die Müllabfuhr und deshalb sehr wichtig.

Vielleicht hat er ja Recht. Geier sind Fleischfresser, das sieht man ihnen schon von weitem an. Sie haben scharfe Krallen und noch schärfere Schnäbel. Und ihre schrecklich langen Hälse! Trotzdem habe ich noch nie beobachtet, dass diese großen Vögel ein Tier töten. Bei den Hyänen ist das ganz anders, das weiß ich genau. Hyänen sind Jäger und Räuber! Aber die Geier beseitigen nur die Reste bereits toter Tiere. Dann aber kommen sie in Massen. Ich weiß nicht,

wie es sich bei ihnen so schnell herumspricht, wo ein totes Tier liegt. Wahrscheinlich haben sie sehr scharfe Augen.

Es ist kein schöner Anblick, wenn Geier sich mit Hyänen, Schakalen und manchmal auch mit Adlern um das Fressen streiten. Aber mein Vater lässt auch das nicht gelten. „Du zeterst doch auch gewaltig, wenn jemand dir einen Leckerbissen wegnehmen will!", meinte er lachend. Aber das ist doch etwas ganz anderes, finde ich.

Geier gibt es jedenfalls reichlich in unserer Gegend. Trotzdem dauerte es ein paar Tage, bis ich mir ein Herz fasste und einen von ihnen ansprach.

Er saß auf einem dürren Baum und glotzte ziemlich mürrisch in die Gegend. Ich kam mir ihm gegenüber sehr klein vor und brachte nur ein schüchternes „'n Tag!" hervor.

Der Geier sah mich scharf an. „Was ist?", fragte er grob. „Warum quatscht du mich an?! Siehst du nicht, dass ich im Dienst bin?"

Ich hatte keine Ahnung, was er damit meinte, fasste mich aber schnell. „Das habe ich nicht gewusst", sagte ich entschuldigend. „Ich bin noch ziemlich jung und muss noch vieles lernen." Den meisten Erwachsenen gefällt es, wenn ich so etwas sage, das wusste ich.

Auch diesmal hatte ich Erfolg damit. Der Geier wurde zugänglicher.

„Ich heiße Zack", sagte er etwas freundlicher, „und bin hier auf Posten. Sobald sich am Himmel mehrere Geier zeigen, ist es das Signal zum Mittagessen. Dann fliege ich auf und gebe das Zeichen weiter. Zusammenarbeit, verstehst du?"

„Aha!", sagte ich, obwohl ich nicht viel von dem verstanden hatte, was Zack mir zu erklären versuchte. „Ich heiße Tschilp", fügte ich hinzu. „Eigentlich suche ich jemand, der mich in einer verzwickten Geschichte beraten kann. – Jemand mit Übersicht", probierte ich es auf gut Glück.

Zack schien interessiert und geschmeichelt. „Also dann mal raus mit der Sprache!", krächzte er. „Um was geht es?"

„Es geht um einen Mordanschlag", begann ich, um Zack zu interessieren.

Doch Zack zuckte nur missbilligend mit dem langen Hals: „Für Mord und Totschlag sind wir nicht zuständig!", sagte er bestimmt.

„Im Gegenteil, wir kümmern uns um die Opfer. – Aber quatsch nicht rum. Sag, was du willst, oder hau ab!"

„Es geht um einen gewissen Abschalom, der seinen Vater aus dem Weg räumen wollte", begann ich daher ohne weitere Umschweife. Entweder Zack wusste etwas von der Sache oder eben nicht.

„Abschalom?", fragte Zack gedehnt und zog den Hals zwischen die Schultern. „Meinst du am Ende die alte Geschichte aus unserem Volk mit Abschalom und König David?"

„Genau die!", rief ich. „Kennst du sie?"

„Na klar!", sagte Zack und überlegte. „Es ist eine Geschichte, die wir Geier uns manchmal erzählen, wenn wir keinen Dienst haben … Dieser Abschalom war ein hinterhältiger Bursche. Aber das Ganze endete freundlich, mit einem Festmahl." Zacks Miene erhellte sich bei diesen letzten Worten.

„Kannst du mir die Geschichte erzählen?", fragte ich gespannt. „Ich meine, wenn dein Dienst es zulässt."

„Das geht, das geht", sagte Zack. „Ich kann dabei ja weiter den Himmel und die Steppe im Auge behalten."

„Warum wollte Abschalom denn seinen Vater umbringen?", fragte ich. „David war doch ein guter König und sehr beliebt."

„Na, weil er selbst König werden wollte. Ist doch klar!", sagte Zack. „Dieser Abschalom war der älteste Sohn Davids. Er war ein schöner junger Mann: groß und kräftig, mit wunderschönen langen Federn – ich meine natürlich Haaren", berichtigte sich Zack. „David liebte ihn und erlaubte ihm fast alles. Es wäre besser gewesen, diesem Bürschlein beizeiten ein paar kräftige Schnabelhiebe zu versetzen." Zack schüttelte missbilligend den Kopf. Ich schwieg wohlweislich zu diesem Thema.

„Abschalom wollte unbedingt König werden", erzählte Zack weiter. „Vielleicht hatte er gehört, dass David einen anderen seiner Söhne, Salomo nämlich, zu seinem Nachfolger machen wollte. Vielleicht wollte Abschalom auch einfach nicht länger warten. Jedenfalls beschloss er eines Tages, die Sache mit dem Königwerden selbst in die Hand zu nehmen. Er stellte das sehr geschickt an."

„Was hat er denn unternommen?", wollte ich wissen.

„Nun, zunächst beschaffte er sich einen Streitwagen, wie er damals gerade in Mode war, und fuhr damit immer in der Stadt herum, sodass

alle Leute ihn sehen und bewundern konnten. Ein Streitwagen ist ein Wagen, der von Pferden …"

„Ich weiß, was ein Streitwagen ist", unterbrach ich schnell. „Die Ägypter hatten schon welche."

Zack sah mit einem respektvollen Blick zu mir herüber.

„Wie ging es dann weiter?", fragte ich gut gelaunt.

„Als Nächstes hielt sich Abschalom so etwas wie eine Leibwache, bewaffnete Männer also, die ihn überallhin begleiteten. Alle sollten sehen, was für ein wichtiger Mann er doch war, der sogar bewacht werden musste", grinste Zack verächtlich. „Und dann kam ihm ein noch besserer Gedanke: Er ließ Leute, die wegen irgendwelcher Streitigkeiten mit ihren Nachbarn eigentlich seinen Vater sprechen wollten, zu sich führen, hörte ihnen lange und aufmerksam zu und sagte dann: ‚Ja, du bist im Recht. Das ist ganz klar. Aber hier bei Hof findest du niemanden, der sich Zeit für dich nimmt und dir zu deinem Recht verhilft. Mein Vater schon gar nicht! Tja, so ist das leider. Wenn ich König wäre, dann könnte ich mich um Leute wie dich kümmern. – Aber leider bin ich nicht König …'"

„Das war aber doch ziemlich hinterhältig!", meinte ich.

„Sag ich doch: Abschalom hätte beizeiten ein paar kräftige Schnabelhiebe kriegen müssen!", nickte Zack. „Aber als Abschalom noch ein Kind war, hatte David stattdessen immer gesagt: ‚Ach, lasst ihn doch, meinen Sohn. Er ist ja *so* süß!'

Die Leute gingen jedenfalls nach Hause und sagten: ‚Abschalom müsste König sein, das wäre besser für uns alle.'

Abschalom machte nicht nur bei den einfachen Leuten Reklame für sich selbst; er verschaffte sich auch Freunde unter den einflussreichen Beamten am Königshof in Jerusalem."

„Aber er hat doch nicht wirklich versucht, David umzubringen?", fragte ich.

„Warte ab!", erwiderte Zack, dem es Spaß zu machen begann, mich auf die Folter zu spannen. „Eines Tages fühlte sich Abschalom stark genug, seinen Vater zu verjagen. Er sagte scheinheilig zu ihm: ‚Ich muss in die Stadt Hebron reisen, um Gott ein Opfer zu bringen. Ich habe es vor langer Zeit versprochen und will mein Versprechen jetzt endlich einlösen.' Hebron war vor Jerusalem die Hauptstadt des Lan-

des gewesen, schon David selbst war dort zum König gekrönt worden. David ließ seinen Sohn nichts ahnend ziehen und wünschte ihm eine gute Reise.

Abschalom aber hatte allen seinen Freunden schon längst Bescheid gesagt: ‚Sobald ich in Hebron eintreffe, ruft überall aus: Ab heute ist Abschalom unser neuer König! Holt die Leute zusammen, die Soldaten vor allem. Alle sollen mir zujubeln. Und dann werden wir nach Jerusalem marschieren und ich werde König sein und keiner wird daran mehr etwas ändern.‘

Die Sache war gut vorbereitet. Zusammenarbeit, verstehst du? Die Freunde Abschaloms schrien wie befohlen: ‚Heil unserm neuen König Abschalom!‘ Und die andern, die keine Ahnung hatten, dachten: Es wird schon alles seine Richtigkeit haben, und schrien mit.“

„Und was machte David, als er von der Sache erfuhr?“, fragte ich.

„Als er schließlich merkte, was Abschalom vorhatte, war es schon fast zu spät. Die Soldaten rückten bereits gegen Jerusalem vor und nur wenige hielten treu zu David. ‚Wir müssen fliehen. Sofort!‘, befahl David erschrocken. ‚Abschalom wird uns alle umbringen.‘

So flüchtete David mit wenigen Getreuen und ein paar hundert Soldaten aus Jerusalem. Er ging barfuß, hatte sein Haupt verhüllt und weinte.“

„Aber hatten die Staublinge denn vergessen, was sie David alles verdankten?“, fragte ich erschrocken. „Davids Sieg über Goliat und dass er sie auch von all den anderen Feinden befreit hatte?“

„Die meisten hatten das vergessen“, nickte Zack und schüttelte seine Federn. „Andere freuten sich an dem Elend Davids. Sie hatten sich schon immer darüber geärgert, dass David an Stelle von Saul König geworden war. Einer von ihnen rannte neben dem flüchtenden David her. Er verspottete und verfluchte ihn und bewarf ihn mit Erdklumpen und Steinen.“

„Aber David hatte doch seine Steinschleuder“, meinte ich empört. „Hat er diesem Frechling einen Stein an den Kopf geschleudert wie bei Goliat damals?“

„Nein, hat er nicht“, sagte Zack. „Er hinderte auch seine Soldaten daran, dem Mann mit dem Schwert den Kopf abzuschlagen. ‚Alles steht in Gottes Hand‘, sagte David nur. ‚Wenn mein eigener

Sohn mich umbringen will, wie könnte ich es einem Freund Sauls übelnehmen, dass er mich verflucht? Lasst ihn!'

Aber viele waren auch traurig darüber, dass es David so schlecht erging. Sie hielten weiter zu ihm. Außer den kampferprobten Männern, die schon bei ihm waren, als er sich noch vor Saul verstecken musste, gab es noch andere, die ihn auf der Flucht begleiten wollten. Der Priester Zadok zum Beispiel und sein alter Freund und Ratgeber Huschai.

Doch David sagte zu ihnen: ,Auf der Flucht könnt ihr mir nicht helfen. Bleibt hier in Jerusalem und gebt mir Nachricht, was Abschalom im Schilde führt. Schickt mir heimlich einen Boten an die Furt über den Jordan. Dort werde ich mit meinen wenigen Leuten auf Nachricht warten.'"

„Und Abschalom?", fragte ich. „Eroberte er wirklich die Hauptstadt Jerusalem, wie er es vorhatte?"

„Das war gar nicht nötig. Nachdem David geflohen war, standen die Tore der Stadt weit offen. Abschalom zog ein und ließ sich als König feiern. Auch Huschai jubelte ihm zu.

,Was machst du denn hier?', fragte Abschalom ärgerlich. ,Bist du nicht seit jeher ein Freund und Berater meines Vaters gewesen? Warum bist du nicht mit ihm geflüchtet?' Huschai erwiderte: ,Ich diene dem König. Also diene ich jetzt König Abschalom, so wie ich früher König David gedient habe. Hoch lebe König Abschalom!'"

„So ein gemeiner Kerl!", rief ich empört. „Einfach David zu verraten."

„Das hat er nicht!", widersprach Zack. „Er wollte nur das Vertrauen Abschaloms gewinnen. Und wie gut das war, zeigte sich schon bald. Die Freunde Abschaloms sagten nämlich: ,Abschalom, du darfst keine Zeit verlieren. Schicke sofort einige der besten Soldaten hinter David und seinen Leuten her, verfolge sie und töte David, solange er noch erschöpft und verzweifelt ist. Warte nicht, bis David sich von seinem Schrecken erholt hat!'

Aber Huschai widersprach: ,Das ist kein guter Rat, Abschalom. Dein Vater ist stark und listig, wie jeder weiß. Wenn nur wenige deiner Soldaten ihn verfolgen und sie zum Beispiel in einen Hinterhalt geraten und geschlagen werden, wird sich das Volk schnell wieder von dir

abwenden. Nein, du selbst musst mit dem gesamten Heer die Verfolgung aufnehmen, auch wenn es einige Zeit dauert, bis alle Soldaten abmarschbereit sind.'"

„Auf wessen Rat hat Abschalom gehört?", wollte ich wissen.

„‚Huschai hat Recht', entschied Abschalom. ‚Wir dürfen nichts aufs Spiel setzen. Auch wenn es ein paar Tage dauert: Ruft das gesamte Heer zusammen! David darf uns nicht entkommen!'

Noch am selben Tag schickte Huschai heimlich seinen Sohn zu David an die Jordanfurt. ‚Sag ihm, er soll sich beeilen und sofort den Jordan überschreiten und sich mit seinen Leuten in Sicherheit bringen, solange Abschalom das ganze Heer zusammenzieht.'

Fast wäre die Sache aber noch schief gegangen. Der Sohn Huschais wurde nämlich von Abschaloms Leuten entdeckt, als er zurückschlich. Beinahe hätten sie ihn geschnappt. Er konnte sich gerade noch in einem Brunnenloch verstecken."

„Aber was hat das alles David genützt?", fragte ich.

„Zunächst einmal gewann David dadurch Zeit. Er zog mit seinen Leuten über den Jordan und weiter nach Norden bis in eine wilde und zerklüftete Gegend. Hier kannte er sich aus – noch von der Zeit her, als er vor Saul flüchten musste. Und die Leute, die bei ihm waren, kannten diese Gegend auch wie ihre eigene Hosentasche. Sie kämpften am liebsten im dichten Wald und in wild zerklüftetem, weglosem Gelände. Ja, darin waren sie Meister. Zusammenarbeit, verstehst du?"

„Kam es denn wirklich zum Kampf?", fragte ich besorgt.

„Ja, natürlich. Ich sagte doch, dass die Geschichte mit einem Festmahl endete", grinste Zack. „Es kam zur Schlacht und Abschaloms Heer wurde vernichtend geschlagen." Zack lüftete die Flügel und schmatzte vor Vergnügen, als er an die vielen Toten dachte. „Eins ist aber schade", sagte er dann. „Abschalom selbst bekamen wir nicht zu schmecken."

„Was geschah mit ihm?", fragte ich schaudernd.

„Nun, David hatte seinen Leuten eingeschärft: ‚Schont meinen Sohn Abschalom! Ihr wisst, wie lieb ich ihn trotz allem habe.'

Als Abschalom wenig später erkannte, dass er die Schlacht verloren hatte, sprang er auf sein Pferd und flüchtete in wilder Hast. Das war nicht klug. Abschalom passte nicht auf. Er blieb mit dem Kopf in den

unteren Ästen eines Baumes hängen. Sein Tier rannte weiter und er baumelte – halb bewusstlos – dort im Geäst. Einer der Anführer von Davids Heer schlug ihn – zack – tot. ‚Der verdiente Lohn für einen Verräter‘, dachte er und kümmerte sich nicht um Davids Befehl, Abschalom zu schonen. Dann nahm er den Leichnam, warf ihn in ein Loch und ließ ihn mit Steinen bedecken. – Schade! Wir kamen nicht an ihn ran. Aber es war auch so genug da", schloss Zack seinen Bericht.

„Zog David dann wieder nach Jerusalem zurück?", fragte ich.

Zack fuhr aus seinen Gedanken auf. „Was? Ach so, ich glaube ja. Aber das ist alles nicht mehr so gut wie die Geschichte mit Abschalom. Später, als David alt war, bestimmte er, dass sein Sohn Salomo König werden sollte."

Zack gähnte. „Aber die Geschichte von Salomo ist eher langweilig: keine Kriege mehr, nur noch Handel und Politik, Gold und Silber und so weiter – alles nichts zum Fressen!"

Zack schüttelte wieder sein Gefieder. „Du musst mal die Elefanten fragen, wenn du über Salomo mehr wissen willst. Lohnt sich aber nicht! Doch jetzt muss ich meinen Wachposten hier aufgeben und weiter nach Osten fliegen. Diese Geschichte hat mich richtig hungrig gemacht. Also, mach’s gut. – Zusammenarbeit, verstehst du? Zack, zack!"

Damit erhob sich der große Vogel mit schwerem Flügelschlag. Er erwischte einen Aufwind und segelte davon. Mir war ganz schwindelig von der schrecklichen Geschichte. Aber was Zack ganz zum Schluss gesagt hatte, machte mich neugierig. War vielleicht dieser Salomo der versprochene Held, der endlich Frieden brachte? „Kein Krieg mehr", hatte Zack gesagt. Das klang gut. Ich musste unbedingt die Elefanten danach fragen.

Die Elefanten und der König Salomo

Obwohl Elefanten riesengroße Tiere sind, muss sich keiner in unserem Grasland vor ihnen fürchten. Sie sind bei uns Spatzen sogar sehr beliebt, ganz im Gegensatz zu Geiern oder Hyänen. Das hat sicher auch damit zu tun, dass sie als Grasfresser herrlich große Dunghaufen hinterlassen.

Einer Elefantenherde kann man stundenlang zuschauen, ohne dass es einem langweilig wird, ausgenommen natürlich in der Mittagshitze. Dann stehen auch sie am liebsten reglos irgendwo im Schatten und fächeln sich mit ihren großen Ohren Kühlung zu.

In regelmäßigen Abständen kommen die Elefanten an den Fluss, um zu trinken und zu baden. Baden ist eine ihrer Lieblingsbeschäftigungen, glaube ich. Sie saugen mit ihrer Rüsselnase eine große Menge Wasser ein und spritzen sich damit ab. Das ist sehr praktisch. Oder

sie benutzen den Rüssel wie einen Schnorchel und tauchen sonst ganz im Wasser unter. Mit dem Rüssel können sie aber auch Gras und Blätter abreißen oder etwas vom Boden aufheben. So eine Rüsselnase ist also sehr praktisch. Manchmal habe ich die Elefanten schon darum beneidet.

Elefanten sind auch sehr gesellige Tiere. Die Herde wird von einer erfahrenen Elefantenkuh angeführt und auf die Elefantenkinder passen alle gemeinsam auf. Wehe, wenn jemand die Kinder bedroht! Da verstehen sie keinen Spaß. Dann werden die gemütlichen Riesen zu Furcht erregenden Furien.

Aber so etwas passiert selten. Denn Feinde haben die Elefanten nicht. Weil sie so groß, stark und klug sind, wagen sich Räuber erst gar nicht an die Herde heran. Elefanten können sogar ganz gemütlich durch eine Löwengruppe stolzieren. Auch die wildesten Löwen machen ihnen respektvoll Platz.

Die Elefantenbullen leben die meiste Zeit für sich oder in einer eigenen kleinen Herde. Es gibt richtige Freundschaften unter ihnen. Nur wenn einer Lust zu heiraten bekommt, macht er sich auf den Weg, um sich eine Frau zu suchen. Manchmal kommt es dabei auch zu Streit unter den Bullen. Doch obwohl die großen Bullen mächtige Stoßzähne haben, geht es selbst dann bei ihnen viel friedlicher zu als zum Beispiel bei den Nashörnern. Nashörner sind hitzköpfig und verletzen sich bei ihren Kämpfen oft schwer. Wenn dagegen die Elefanten beim Ringkampf festgestellt haben, wer der Stärkere ist, zieht der Unterlegene seiner Wege und braucht nichts weiter zu befürchten.

Der Rat des Geiers, bei den Elefanten nach Salomo zu fragen, war also nicht besonders aufregend oder gefährlich. Merkwürdig war nur, dass ausgerechnet diese Dickhäuter etwas über Salomo wissen sollten.

Ich musste nicht lange herumsuchen, um Elefanten zu finden. Sie sind so riesig, dass sie selbst im hohen Gras auffallen. Außerdem hört man ihren Trompetenruf kilometerweit.

Als eine der Herden gegen Abend an den Fluss kam, war ich aber doch ein wenig aufgeregt. *So* groß hatte ich die Elefanten nicht in Erinnerung gehabt. Der Boden dröhnte unter ihren Schritten, und wenn eines der erwachsenen Tiere sich an einem Baum scheuerte,

zitterte der bis in die obersten Äste, und Blätter und Rindenstücke taumelten zu Boden.

Am Fluss stürzten sich die Tiere ins Wasser und vergnügten sich mit viel Lärm beim ausgiebigen Baden und Schlammwälzen. Einige Krokodile, die in der Nähe gedöst hatten, machten sich schleunigst davon.

Ich musste warten. Jetzt hatten die Elefanten nur Baden und Hautpflege im Sinn. Doch nach dem Duschen sind sie meistens gut gelaunt und gesprächig.

Ich blieb also in sicherer Entfernung. Eine der kleineren Elefantenkühe hatte nach einiger Zeit offenbar genug vom Baden. Sie scheuerte sich gerade genüsslich an einem Baum und naschte dabei ein paar Blätter. Ihre Lederhaut, die vorher grau und stumpf ausgesehen hatte, glänzte jetzt fast schwarz.

Ich flog zu ihr hinüber, landete auf ihrem Rücken und pickte dort ein wenig herum, wie es sonst die Madenhacker machen. Elefanten lassen sich das gern gefallen.

„Hallo!", piepste ich und kletterte auf das mächtige Ohr der Elefantenkuh, musste diesen Platz aber gleich wieder räumen, weil sie das Ohr hin und her bewegte und ich fast das Gleichgewicht verloren hätte. Ich huschte also hinüber und rettete mich auf den breiten Kopf des großen Tieres. Dort saß ich gut und bequem.

„Alles in Ordnung da oben?", fragte die Elefantenkuh, woran ich merkte, dass sie einem Schwätzchen nicht abgeneigt war.

„Nichts passiert!", sagte ich. „Ich heiße Tschilp und wohne hier in der Nähe. Aber ihr kommt von weit her?"

„Nun, wir Elefanten haben kein festes Zuhause. Wir ziehen unsere alten Wanderwege", sagte die Elefantenkuh. „Wo es um welche Zeit das beste Futter gibt und wo die schönsten Wasserlöcher sind, das wird bei uns Elefanten von Generation zu Generation weitergegeben. Und danach richten wir uns. Ich heiße übrigens Wanda und bin noch nicht sehr alt. Aber unsere Anführerin dort drüben weiß alles über die Steppe. Wir Elefanten haben ein gutes Gedächtnis."

Das war für mich natürlich ein willkommenes Stichwort. „Dann kennst du sicher auch die alte Geschichte mit einem Staubling namens Salomo?", sagte ich.

Bei der Erwähnung der Staublinge runzelte Wanda die Stirn. Sie stampfte auf und schien beunruhigt. „Von Staublingen gibt es nur wenige gute Geschichten!", schnaufte die Elefantenkuh aufgebracht. „Hüte dich vor ihnen, Tschilp! Sie sind klein, aber heimtückisch, und sie sind hinter unseren Stoßzähnen her. Wenn es hier in der Gegend Staublinge gibt, muss ich es sofort unserer Anführerin melden."

„Nein, hier gibt es weit und breit keine!", versuchte ich die Elefantenkuh zu beruhigen. „Es muss auch eine sehr alte Geschichte sein, die in einem fernen Land spielt. Dort lebten die Kinder Abrahams. Salomo muss ihr König gewesen sein. So hat es jedenfalls der Geier erzählt."

Wanda hatte mit erhobenem Rüssel misstrauisch nach allen Seiten gewittert. Danach schien sie wieder beruhigt. „Eine solche Geschichte gibt es tatsächlich in unserem Volk", brummte Wanda. „Wir erzählen sie unseren Kindern, um sie vor den Staublingen und deren Torheiten zu warnen."

„War dieser Salomo denn tatsächlich so dumm?", fragte ich.

„Nein, dumm war er nicht. Im Gegenteil, er war berühmt wegen seiner Klugheit – wenigstens bei den Staublingen", erwiderte Wanda, was mich natürlich noch neugieriger machte.

„Könntest du mir nicht ein bisschen mehr erzählen von Salomo?", fragte ich deshalb.

„Nun, was die Staublinge an dieser Geschichte wichtig finden, ist ziemlich schnell erzählt", begann Wanda. „Bevor David starb, bestimmte er seinen Sohn Salomo zu seinem Nachfolger. Salomo sollte jetzt König sein, aber er war noch jung und er fürchtete sich vor dieser großen Aufgabe. Es war so, als ob ich plötzlich unsere Herde führen sollte.

Deshalb bat Salomo den Vater im Himmel um Rat. ‚Gib mir Weisheit, damit ich dieses Volk richtig führen kann', betete er. Gott gefiel dieses Gebet. ‚Weil du nicht um Macht und Reichtum oder um ein langes Leben gebeten hast, werde ich dir Weisheit schenken', sprach er zu Salomo. ‚Und Macht, Reichtum und ein langes Leben gebe ich dir noch dazu.'"

„Aber das war doch alles in Ordnung, oder?", fragte ich.

Wanda nickte. „Am Anfang schon. Mutig begann Salomo seine Arbeit. Und wie klug er war, das merkten die Leute schon bald. Einmal kamen zwei Mütter zu ihm gelaufen. Jede hatte ein kleines Kind dabei, doch eins der Kinder war tot. Es war in der Nacht gestorben. ‚Das lebende Kind ist mein Kind‘, behaupteten beide, ‚und das tote Kind gehört der anderen Frau!‘

Eine der beiden Mütter sagte nicht die Wahrheit, das war klar. Aber welche?"

Ich klappte den Schnabel auf und zu. Eine so knifflige Sache hatte ich noch nie zu entscheiden gehabt. „Was hat Salomo gemacht?", brachte ich schließlich heraus.

„Er befahl: ‚Nehmt ein Schwert und teilt das lebende Kind in zwei Teile und gebt jeder Frau die Hälfte. Dann sind beide zufrieden‘", erzählte Wanda.

„Aber das kann er doch nicht machen!", piepste ich erschrocken.

Wanda schmunzelte. „Es wurde ein Schwert geholt. Doch als der Henker es hob, schrie die eine der Mütter: ‚Nein, gebt der anderen Frau das Kind! Lieber soll *sie* mein Kind haben, als dass es getötet wird.‘ Da setzte sich Salomo auf den Richterstuhl und sprach: ‚Dies ist die richtige Mutter. Gebt ihr das Kind lebend und lasst sie gehen.‘"

„Wie schlau!", rief ich begeistert.

„Ja, so dachten auch die anderen im Volk der Staublinge. Und sie rühmten die Klugheit Salomos", erzählte Wanda weiter. „Auch sonst ging Salomo sehr geschickt vor. Er teilte sein großes Reich in zwölf Bezirke ein, ungefähr so, wie es den alten Sippenverbänden entsprach. Jeder Bezirk musste für einen Monat lang den Königshof mit allem versorgen, was dort benötigt wurde. Und das war eine ganze Menge.

Außerdem schloss Salomo Freundschaft mit den Königreichen ringsum. Er kaufte Pferde, Streitwagen und seltene Tiere und verkaufte sie an andere weiter. Er baute Schiffe und trieb Handel und wurde dabei reich und immer reicher."

„Was ist das, ‚reich‘?", fragte ich.

Wanda kratzte sich mit dem Rüssel an der Seite und suchte nach einer Erklärung. „‚Reich‘ nennt man bei den Staublingen jemanden, der mehr hat, als er für einen Tag braucht."

125

„Aber wozu braucht jemand mehr, als er für einen Tag braucht?", fragte ich verständnislos. „Was will er damit?"

„Die meisten Tiere wollen nicht reich sein", nickte Wanda. „Und ihr Vögel schon gar nicht. Ihr vertraut dem Vater im Himmel, dass er euch an jedem Tag gibt, was ihr nötig habt. Aber den Staublingen ist das zu unsicher. Deshalb wollen sie reich sein."

Ich verstand die Staublinge wieder einmal nicht. „Und wie ging es weiter?", fragte ich, um auf die eigentliche Sache zurückzukommen.

„Weil Salomo so reich war, baute er sich ein prächtiges Haus. Er ließ sich dafür das teuerste Holz bringen, beschäftigte die besten Handwerker und sparte nicht an Gold und Silber. Danach baute er auch ein Haus für Gott. In ihm sollte auch die goldene Truhe mit den zehn Regeln stehen, die immer noch in einem einfachen Zelt aufbewahrt wurde. Dieser Tempel wurde auch sehr schön, aber nicht ganz so schön wie Salomos eigener Palast."

„Bestimmt war Salomo nicht der mächtige Held, der die Macht des bösen Herrschers brechen konnte?", fragte ich. Nach allem, was ich bis jetzt gehört hatte, schien mir das ziemlich unwahrscheinlich.

„Da hast du leider Recht, Tschilp", nickte Wanda. „Es zeigten sich immer mehr Anzeichen jener gefährlichen Krankheit, an der Staublinge oft leiden. Wir Elefanten bemerkten vor anderen, dass er diese Krankheit haben musste … Salomo ließ sich für seinen prächtigen Palast nämlich einen Stuhl machen, auf den er sich bei feierlichen Anlässen setzte."

„Ist das sehr schlimm?", fragte ich kleinlaut. „Ich habe auch einen Lieblingsast zu Hause."

Wanda lachte. „Nein, nein, dein Lieblingsast ist ganz in Ordnung. Dass Salomo sich einen Thronstuhl machen ließ, war ja auch nicht schlimm. Aber das Material, das er dazu benutzte …"

„Woraus wurde der Thronstuhl denn gemacht?", fragte ich neugierig.

„Aus Elfenbein!", schnaubte Wanda empört. „Aus den Stoßzähnen unseres Volkes, das damals auch im Gebiet des oberen Euphratflusses lebte. Damals fing es an. Heute gibt es dort keinen mehr der

Unsrigen. – Salomo ließ das Elfenbein mit Gold überziehen. Reine Angeberei, ohne jeden Sinn!"

Es entstand eine Pause, die ich nicht zu unterbrechen wagte. Wanda trauerte, das merkte ich deutlich. Nach einer Weile begann sie aber von selbst weiter zu erzählen:

„Weil Salomo so unermesslich reich geworden war, wollten alle anderen Könige ringsum sich gut mit ihm stellen. Sie versprachen ihm ewige Freundschaft und gaben Salomo ihre Prinzessinnen zur Frau. Salomo gefiel das. Bald hatte er tausend Frauen, und die brachten natürlich ihre Götzen mit, an die sie von zu Hause gewöhnt waren. Auch Salomo musste mit diesen Götzen Freundschaft schließen, versteht sich."

„Aber das geht doch nicht!", schimpfte ich. „Das gefiel dem Vater im Himmel bestimmt nicht!"

„Bei den Staublingen geht so etwas leider doch", sagte Wanda ernst. „Sie vergessen Gott schnell, wenn etwas anderes ihnen mehr Nutzen verspricht.

Der Vater im Himmel war sehr traurig darüber. Und so begann der Niedergang. Als Salomo schließlich starb, gab es Streit und sein Reich zerfiel. Fortan lebten die Nachkommen Abrahams in zwei verschiedenen Königreichen, die sogar Kriege gegeneinander führten. Und die meisten späteren Könige wussten überhaupt nicht mehr, dass es einen Vater im Himmel gibt. Sie hatten die zehn Regeln vergessen, sie verehrten Götzen aus Holz und Stein. Sie schlachteten sogar ihre eigenen Kinder und brachten sie ihren Gottheiten als Opfer dar. Es war aus mit den Kindern Abrahams.

Und deshalb erzählen wir die Geschichte von Salomo unseren eigenen Kindern, um sie vor der Torheit der Staublinge zu warnen."

Ich war entsetzt. Was Wanda erzählt hatte, übertraf meine schlimmsten Befürchtungen. „Aber das kann doch nicht alles sein", schluchzte ich. „Gott hat doch selbst versprochen, dass ein Retter kommen wird. Schon den ersten Menschen im Paradies und Abraham und auch König David ..."

Wanda versuchte mich zu trösten. „Du hast Recht, kleiner Tschilp. Und der Vater im Himmel wird sein Versprechen auch wahr machen.

Darauf kannst du dich verlassen. Aber wie er es mit den Staublingen schaffen will, das ist ein Geheimnis, das auch wir Elefanten nicht kennen, obwohl wir so viel herumkommen.

Er war bestimmt noch viel trauriger als du, das kannst du mir glauben. Aber auch in den finstersten Zeiten der Nachkommen Abrahams ließ er es doch nicht ganz dunkel werden. Er schickte immer mal wieder einen Boten, um auf sich aufmerksam zu machen und die Staublinge zu warnen. Den meisten der Boten ging es allerdings übel. Manche von ihnen wurden mutlos oder wollten selbst die Hoffnung aufgeben. Einer von ihnen war der berühmte Elija. Man nennt ihn den ‚Propheten‘ Elija."

„Was ist ein Prophet?", wollte ich wissen und gewann ein bisschen Zuversicht. „Und wer war dieser Elija? War er auch ein Staubling?"

„Propheten nennt man Staublinge, die sagen, was Gottes Wille ist, ob es den anderen Staublingen nun passt oder nicht. Elija war einer von ihnen. Er muss sehr mutig gewesen sein, aber ohne die Hilfe der Raben wäre er verhungert."

„Die Raben haben ihm das Leben gerettet?", frage ich erstaunt. „Erzähle! Wie war das damals?"

„Da musst du die Raben schon selber fragen", winkte Wanda mit ihren großen Ohren ab. „Davon wissen wir Elefanten nichts Genaues. – Und jetzt musst du den Platz da oben räumen. Ich will mich noch ein bisschen einpudern, bevor ich ganz trocken bin."

Damit nahm Wanda einen Rüssel voll Erde und Staub auf und bewarf sich damit geschickt und mit viel Schwung. Es war gut, dass ich auf den Baum geflogen war, denn manche der Steine hatten eine beträchtliche Größe. Ich bekam Lust, auch selbst noch ein Staubbad zu nehmen, verabschiedete mich und flog zu unserer Burg zurück.

Als ich wenig später gemütlich in meiner Staubwanne saß und mich einpuderte, sah die Welt schon wieder etwas heller aus. Die Raben hatten also den Propheten Elija gerettet. Das musste eine merkwürdige Geschichte sein.

Wenn Elija die Raben nicht gehabt hätte!

Ich gebe zu, dass ich über Raben wenig wusste, obwohl es doch Vögel sind. Vor allem wusste ich nicht, ob sie gefährlich sind oder nicht. Nicht alle Vögel sind nämlich so nett und freundlich wie wir Spatzen. Von den Geiern habe ich ja schon erzählt, und die Rabenvögel hatte ich so oft in Gesellschaft der Geier gesehen, dass ich ein wenig misstrauisch war ihnen gegenüber.

Ich fragte also bei nächster Gelegenheit meinen Vater ein wenig aus. Am besten erkundigt man sich nach so etwas, wenn er an unserem Nest baut. Er werkelt nämlich ganz gern daran herum und ist dabei dann stolz und glücklich und gesprächig. Außerdem hat er bei dieser Beschäftigung nicht viel Zeit für ausgiebige Vorträge. Seine Vorträge sind nämlich in der Regel mit allerlei nützlichen Ratschlägen gespickt, die er mir mit auf den Lebensweg geben will und auf die ich nun wirklich nicht scharf bin.

„Raben?", fragte mein Vater zurück und stopfte geschickt einen sperrigen Grashalm in die Lücke, wo er ihn festzuzurren begann. „Eher unangenehme Gesellen. Sie machen nicht direkt Jagd auf kleinere Vögel, aber sie fressen so ziemlich alles, was sie überwältigen oder kriegen können. Deshalb findest du sie oft in der Gesellschaft der Geier. Nicht dass die Aasfresser sich gegenseitig mögen. Ganz und gar nicht! Beide sind streitsüchtig und jeder versucht, dem anderen den besten Bissen wegzuschnappen. – Weshalb fragst du eigentlich danach?", wollte mein Vater wissen.

„Och, die Elefanten haben neulich mal Raben erwähnt", gab ich ausweichend Auskunft.

„Ich finde, du könntest dich häufiger hier beim Nestbau blicken lassen", meinte mein Vater. „In letzter Zeit bist du ziemlich häufig unterwegs, stimmt's?"

Das Gespräch nahm eine unerfreuliche Richtung. „Bauen Raben eigentlich auch Nester?", versuchte ich das Thema zu wechseln.

„Ja", brummte mein Vater und zerrte an dem losen Ende des Halms. „Es gibt aber verschiedene Sorten von Rabenvögeln. Nicht alle wohnen hier bei uns und nicht alle sehen sich ähnlich, obwohl sie zur selben Familie gehören. Aber Nester bauen sie alle; meistens auf Bäumen, wie wir. Doch was sie dabei zu Wege bringen, sind kümmerliche Gebilde, ein Gewirr von unordentlich zusammengetragenen Ästen. Nicht zu vergleichen mit unserer Burg! – Sieh doch mal, ob du draußen noch ein paar trockene Halme findest, nicht zu kurze!", gab er mir einen Auftrag.

„Mach ich, Papa!", rief ich und flog davon, um nach geeignetem Material Ausschau zu halten. Ich fand auch ziemlich viel und schleppte es heran.

„Gut, sehr gut!", lobte mich mein Vater. „Die breiten Halme hier nehmen wir am besten für das Dach. Da gab es beim letzten Regen ein paar undichte Stellen."

Wir flogen hinauf.

„Raben sind sehr klug", kam mein Vater von sich aus auf unser Gespräch zurück. „Auch wenn sie keine ordentlichen Nester bauen. Sie kommen überall zurecht und halten zusammen. Das ist sehr wichtig! – Außerdem können sie Tierstimmen nachahmen …"

„Tierstimmen nachahmen? Weshalb machen sie das? Wozu ist das gut?", fragte ich verblüfft.

„Zu nichts. Es ist nur ein unsinniges Spiel", brummte mein Vater. Ich hatte aber doch den Eindruck, er bedauerte es, dass wir Spatzen so etwas nicht können. „Also keine Freundschaften mit Raben!", empfahl mir Vater abschließend. „Und wenn einer hier in der Nähe auftaucht, schlag Alarm! Was Gutes führt er bestimmt nicht im Schilde."

Ich wusste genug und machte mir meine Gedanken: Wie ohne Gefahr an diese Vögel herankommen? Ein Rabe musste es sein, denn nur ein Rabe konnte mir etwas von diesem geheimnisvollen Elija erzählen.

Was ich vorhatte, war nicht einfach. Wenn Raben sich mit den Geiern um die besten Bissen an einem Aas balgen, bleibt man besser in sicherer Entfernung. Ein Nest der Raben zu suchen, schien mir auch zu gefährlich. Die meisten Tiere werden ziemlich ungemütlich, wenn man ihrem Nest zu nahe kommt.

Einige der größeren Jungspatzen aus unserer Sippe halfen mir schließlich, ohne dass sie es wollten. Eigentlich mag ich diese wilden, angeberischen jungen Kerle nicht. Aber sie nahmen mich eines Tages mit zu einer ihrer „Mutproben", wie sie es nennen. Einer von ihnen hatte in der Steppe Geier entdeckt. Dort musste also ein totes Tier liegen und bald würden alle möglichen Aasfresser sich an dieser Stelle zum Mahl treffen.

Die Mutprobe bestand darin, sich unter die Aasfresser zu mischen und zu versuchen, selbst ein Stück Fleisch zu erhaschen. „Es ist nicht so gefährlich, wie du denkst", beruhigte mich einer der Vernünftigeren. „Die Aasfresser wollen nur eins: So viel wie möglich fressen. Sie nehmen sich nicht Zeit für Kämpfe oder die Verfolgung von anderen. Du musst nur aufpassen, dass du nicht eingeklemmt wirst oder unverhofft von einem Zahn, einer Klaue oder einer Geierschwinge getroffen wirst. – Besser, du machst noch nicht mit. Schau erst mal zu, wie es geht."

Ich zog es tatsächlich vor, aus sicherer Entfernung zuzusehen. Als wir ankamen, waren nämlich schon zahlreiche Geier versammelt. Sie

hockten mit geöffneten Flügeln und gereckten Hälsen rund um den Fressplatz und machten einen Höllenlärm, kamen aber nicht zum Fressen. Ein kleiner Schakal versuchte nämlich wütend, sie zu vertreiben. Er selbst bekam aber auch keinen Bissen zwischen die Zähne, denn sobald er sich der Beute zuwandte, rückten die Geier vor. Der Schakal war mutig, zerrte hier an einem Geierflügel und sprang dort einem der langhalsigen Angreifer knurrend entgegen. Doch dann musste er das Feld räumen. Die Geier waren inzwischen in der Übermacht.

Aber es dauerte nicht lange, da trafen ein paar Hyänen ein, jagten die Geier auseinander und stürzten sich selbst auf die Beute. Das war die Gelegenheit für den Schakal, selbst vorsichtig einen erneuten Vorstoß zu wagen, um ein Stück Fleisch zu stehlen. Und auch die Spatzen warfen sich jetzt in das Gewühl.

Dann sah ich einige Raben. Sie kamen herangesegelt, um sich ihren Anteil an der Beute zu ergattern. Ihnen blieb wie dem Schakal allerdings nichts anderes übrig, als in der zweiten Reihe darauf zu lauern, ein Stück der Beute zu erhaschen. Doch selbst wenn sie etwas erwischt hatten, konnte es ihnen passieren, dass ihnen der Bissen von einem Stärkeren sofort wieder weggeschnappt wurde. Es war ein tolles Durcheinander.

Einer der Raben war auffallend groß. Trotzdem hielt er sich vorsichtig zurück. Er war wohl schon alt und nicht mehr wendig genug für solche Auseinandersetzungen. Schließlich gelang es ihm doch, einen Fetzen Fleisch zu erwischen, den eine Hyäne hatte fallen lassen. Er erhob sich sofort und flog mit seiner Beute davon. Ich folgte ihm vorsichtig.

Der große Vogel flog ziemlich weit. Erst als er sich sicher war, von keinem verfolgt zu werden, der ihm sein Fressen streitig machen konnte, landete er auf einem Baum. Er warf mir aus seinen pechschwarzen Augen einen drohenden Blick zu und begann sofort, seine Beute zu verschlingen. Schließlich blieb er mit halb geöffnetem Schnabel sitzen. Er war offensichtlich satt und ich versuchte mein Glück.

„Hat es geschmeckt?", fragte ich höflich. „Und fliegst du jetzt zurück, um dir noch was zu holen?"

Ich hatte mich nicht getäuscht. Bei den meisten Tieren ist Fressen ein beliebtes Thema und auch der Rabe ging darauf ein. „Nein, mir reicht's", sagte er zufrieden und mit knarrender Stimme. „Die Sache ist mir auch zu hektisch. In meinem Alter nimmt man seine Mahlzeiten gern etwas ruhiger ein." Er lachte. Dann wurde seine Stimme unfreundlich und streng: „Aber warum bist du hinter mir her geflogen? Wolltest wohl betteln, was?"

„Nein, nein!", beeilte ich mich zu sagen. „Ich wollte eigentlich nur etwas fragen."

„Nur etwas fragen …", wiederholte der große Vogel in meiner eigenen Stimme. Das war ja unheimlich!

Der Rabe lachte über mein entsetztes Gesicht und ich erinnerte mich daran, dass Raben gut fremde Stimmen nachahmen können.

„Und was wolltest du wissen, junger Spatz?", fragte der Rabe jetzt wieder in seiner eigenen Knarrstimme.

„Ich wollte fragen, wie es kam, dass ihr Raben dem Propheten Elija das Leben gerettet habt", brachte ich noch ziemlich verwirrt heraus.

Der große Vogel sah mich lauernd an. „Von wem hast du das gehört? Und warum willst du es wissen?"

„Die Elefanten haben mir davon erzählt", sagte ich. „Und ich möchte es wissen wegen der Staublinge … Weil ich gern hätte, dass das Paradies endlich wiederkehrt …"

Das war bestimmt keine besonders gute Antwort. Der Rabe ging auch nicht darauf ein. Er rückte seine Flügel zurecht und schwieg lange Zeit. Doch dann begann er zu erzählen.

„Die Geschichte beginnt eigentlich nicht mit Elija, sondern mit einem der Könige der Kinder Abrahams. So wird es jedenfalls im Volk der Raben erzählt."

„Mit König Salomo?", fragte ich rasch dazwischen.

Der Rabe schüttelte missbilligend den Kopf. „Nein, später, als sich die Stämme schon zerstritten hatten und aus dem einen Königreich zwei geworden waren, eines im Süden des verheißenen Landes, das andere im Norden.

Der König des Nordreichs war zu jener Zeit Ahab. – Ein schöner Name, der auch zu einem Raben passen würde." Der schwarze Vogel

machte eine kleine Pause. Ich hielt meinen Schnabel und schwieg, was mir nicht leicht fiel.

Endlich erzählte der Rabe weiter. „Ahab war weitsichtig und klug. Im Osten seines Reiches gab es ein mächtiges feindliches Königreich, die Aramäer. Der König der Aramäer versuchte immer wieder, besonders die schlecht zu verteidigenden Grenzgebiete des verheißenen Landes unter seine Herrschaft zu bringen. Das machte Ahab Sorgen. Doch er blickte noch weiter und erkannte, dass sich in der Ferne eine weit größere Gefahr zusammenbraute: das Großreich der Assyrer.

Die Assyrer waren hoch im Norden in raschem Vorstoß schon bis ans westliche Meer vorgedrungen und hatten zahlreiche kleinere Königreiche erobert. Ahab saß oft vor seinen Landkarten und dachte nach."

„Was ist eine Landkarte?", wollte ich wissen.

Der Rabe blickte mich einen Moment verdutzt an. „Die Staublinge können nicht fliegen, wie du weißt", sagte er dann. „Deshalb können sie das Land mit seinen Bergen, Seen und Flüssen nicht als Ganzes überblicken wie wir Vögel. Sie helfen sich, indem sie ein Bild aufmalen, eine Landkarte. Das sieht dann so ähnlich aus, als wenn du beim Fliegen von sehr hoch oben auf das Land hinunterblickst."

Ich konnte mir das ungefähr vorstellen, auch wenn wir Spatzen nie sehr hoch fliegen. Das wäre wegen der Falken und anderer Feinde nämlich sehr unvernünftig.

„Verstehe", sagte ich und der Rabe fuhr fort:

„Ahab grübelte also über seinen Landkarten. ‚Es ist Unsinn, dass unser Land in zwei Königreiche geteilt ist, die sich auch noch gegenseitig bekämpfen‘, dachte er. ‚Es macht uns beide schwächer. Und ich muss mich auch mit meinen Nachbarkönigreichen im Osten und im Norden irgendwie einigen, bevor die Assyrer kommen und uns alle überrennen.‘"

„Aha!", sagte ich, auch wenn ich so gut wie nichts von dem verstand, was der Rabe erzählte. Irgendwann wird er schon noch auf Elija zu sprechen kommen, hoffte ich. Tatsächlich erzählte der Rabe weiter: „König Ahab schloss also alle möglichen Freundschaftspakte: mit dem Brudervolk im Süden, mit dem König der Aramäer im

Osten und mit dem benachbarten Königreich im Norden. Von dort nahm er sich auch seine Frau. Sie hieß Isebel und war eine Prinzessin. ‚Wenn ich seine Tochter heirate, wird der König des Nordens mich nicht betrügen‘, hatte Ahab sich schlau gedacht.“

Mir wurde mulmig zu Mute. „Hat der König Salomo das nicht auch irgendwie so gemacht?“, fragte ich und rutschte auf meinem Ast herum. „Das war doch nicht gut, oder?“

Der Rabe nickte schwer mit dem Kopf. „Ja“, krächzte er. „Das war nicht gut. Es passierte nämlich genau das, was auch bei Salomo geschehen war. Nur noch schlimmer. Die Königin Isebel war eine glühende Verehrerin eines Götzen, den sie ‚Baal‘ nannten. Das heißt so viel wie ‚Herr‘ oder ‚Herrscher‘. Sie brachte bei ihrer Heirat diesen Götzen mit ins verheißene Land und sorgte dafür, dass Ahab ihrem Götzen in der Hauptstadt ein prächtiges Heiligtum errichten ließ. Sie brachte auch ihre Götzenpriester mit und ließ sie aus der königlichen Kasse bezahlen.

Als die Priester des wahren Gottes im Himmel sich ihr widersetzten, sorgte Isebel dafür, dass jene Priester verfolgt und umgebracht wurden. Einem treuen Beamten am Königshof gelang es unter Lebensgefahr, ein paar von ihnen zu retten und sie zu verstecken.“

„Aber Ahab gehörte doch zu den Nachkommen Abrahams“, wunderte ich mich. „Hat er sich denn nicht daran erinnert, dass es nur einen Gott gibt?“

„Religion war Ahab egal“, krächzte der Rabe. „Er wusste nichts vom Vater im Himmel und er wollte auch nichts von ihm wissen. ‚Ob ein Gott im Himmel angebetet wird oder Baal auf Erden oder sonst was, das ist mir egal‘, dachte er. ‚Mich interessiert die Sicherheit meines Landes. Und deshalb soll Isebel ihren Willen haben.‘

Die meisten der Nachkommen Abrahams aus dem einfachen Volk dachten ähnlich. ‚Der Herr Baal und der Herr im Himmel, das ist doch ein und dasselbe‘, sagten sie. ‚Bei diesen modernen Baalsfeiern geht es aber viel lustiger zu als früher. Da gibt es ausgelassene Feste. Der Wein fließt in Strömen. Wo bekommen wir einfachen Leute sonst so guten und billigen Wein! Und erst die vielen hübschen Mädchen, mit denen man sich vergnügen kann!

Und außerdem: Baal ist ja nur ein anderer Name für den Herrn, der uns aus Ägypten geführt hat. Der Herr im Himmel, das ist Baal. Baal verdanken wir die Fruchtbarkeit des Landes, der Felder und der Herden, so wie es Mose versprochen hat: ein Land des Reichtums, in dem Milch und Honig fließen.'"

„Aber, aber ...", piepste ich. Irgendetwas stimmte da nicht, das spürte ich deutlich. Aber was? In meinem Kopf ging alles drunter und drüber.

Der Rabe lachte. „Ja, so ging es vielen damals. Sie ahnten, dass irgendetwas nicht stimmte. Aber sie wussten nicht, was – oder sie hatten nicht den Mut, es laut zu sagen. Alle – außer einem!"

„Elija?", fragte ich gespannt.

Der Rabe nickte. „Wie es kam, dass Elija zum Propheten Gottes wurde, wissen wir nicht; er stammte irgendwo aus dem Norden des Landes. Der Name Elija bedeutet ‚Der Vater im Himmel ist Gott'. Und das sagte Elija auch, öffentlich und ohne ein Blatt vor den Mund zu nehmen: ‚Der Vater im Himmel ist Gott, er allein. Er duldet keinen Baal neben sich. Ihr müsst wählen: Entweder ihr folgt dem Vater im Himmel oder ihr folgt dem Götzen Baal.'"

„Haben die Staublinge Elija geglaubt?", fragte ich gespannt.

„Darauf hat Elija nicht lange gewartet", erklärte der Rabe. „Er ging direkt in den Königspalast und zu König Ahab und forderte von ihm eine Entscheidung für Gott oder für Baal.

Als Ahab zögerte, sagte Elija: ‚Gut. Ihr sagt: Baal verdanken wir die Fruchtbarkeit des Landes. Ich sage: Gott allein verdanken wir die Fruchtbarkeit des Landes und alles andere. In seinem Auftrag sage ich dir: Ab heute wird es im ganzen Land nicht einen Tropfen mehr regnen, bis ihr bekennt: Gott ist der Herr, er allein! Wenn dann die Ernte verdorrt und das Vieh verdurstet, könnt ihr ja euren Gott Baal um Regen bitten. Es wird keinen Regen geben; denn euer Baal ist ein Nichts.'"

„Das war aber ganz schön mutig von Elija", sagte ich. „Hat Isebel ihn denn nicht gleich gefangen nehmen lassen?"

„Nein. Als sie davon erfuhr, war Elija schon wieder gegangen", schmunzelte der Rabe zufrieden. „Elija versteckte sich. Und später gaben Ahab und Isebel die Suche nach ihm auf. Sie hatten andere Sorgen: Es regnete nämlich nicht mehr seit diesem Tag.

Die Bauern warteten lange mit der Aussaat, dann säten sie in staubtrockenen Boden. Der Frühregen blieb aus und der Spätregen. Die Bäche versiegten, das Vieh verdurstete, das Laub fiel verdorrt von den Bäumen.

Jeden Morgen schauten die Menschen besorgt zum Himmel hinauf: blauer Himmel, keine Regenwolke, nicht die kleinste … Monate vergingen, ein Jahr, zwei …"

„Und Elija?", fragte ich. „Was wurde mit ihm? Er hatte doch auch nichts zu essen und zu trinken."

„Darum kümmerten wir uns", sagte der Rabe nicht ohne Stolz. „Elija war nämlich zu uns gekommen. Einige der Unsrigen hatten ihre Nester in einer einsamen, zerklüfteten Gegend am Bach Krit. – Wir Raben meiden nämlich mit gutem Grund die Nähe der Staublinge.

Wir gaben dem Elija etwas von unserem Futter ab; nun ja, gelegentlich nahm er sich auch etwas ungefragt. Und getrunken hat er aus dem Bach. Später, als auch dieser Bach vertrocknete, wanderte Elija weiter. Wir verloren ihn eine Zeit lang aus den Augen. Doch eines Tages, drei Jahre später, war er wieder da."

„Bei den Raben, am Bach Krit?", fragte ich gespannt.

„Mittlerweile war die Not im Lande so groß geworden, dass auch der König Ahab selbst und alle seine vornehmen Berater im Land herumzogen in der verzweifelten Hoffnung, irgendwo noch ein bisschen grünes Gras für das Vieh zu finden oder ein wenig Wasser zum Trinken", erzählte der Rabe. „Und in einer solchen einsamen Gegend trafen sie wieder aufeinander: Ahab und Elija. Elija hatte dort auf den König gewartet.

,Da bist du ja, der mein Land ins Unglück gestürzt hat!', fauchte Ahab den Propheten an. Doch Elija erwiderte: ,Nein, du selbst mit deinem Götzendienst bringst das Unglück über die Kinder Abrahams. – Doch bevor das Elend noch größer wird: Rufe das ganze Volk zusammen auf den Berg Karmel und auch all die vielen hundert Baalspriester, die von der Staatskasse leben, sollen kommen. Ich werde auch da sein und dann wird sich zeigen, wer der wahre Gott ist: der Vater im Himmel oder dein Baal.'"

„Was hatte Elija vor?", fragte ich gespannt.

„Das wusste Ahab auch nicht", krächzte der Rabe. „Er berief aber tatsächlich eine Volksversammlung auf dem Karmel ein und befahl auch alle Baalspriester dorthin. Niemand wusste genau, um was es eigentlich ging, nur, dass so etwas wie ein Wettstreit stattfinden sollte zwischen Elija und den Baalspriestern oder zwischen dem Gott im Himmel und dem Baal. Alle waren sehr gespannt.

Dann trat Elija auf und rief mit donnernder Stimme vor allem Volk: ‚Wie lange wollt ihr noch auf beiden Seiten hinken? Ist der Herr im Himmel Gott, dann folgt ihm; ist es Baal, dann entscheidet euch für ihn!'

Als keiner etwas erwiderte, fuhr Elija fort: ‚Dort stehen die vierhundertfünfzig Priester des Baal, und hier stehe ich, der einzige noch übrig gebliebene Priester Gottes. – Holt zwei Opfertiere herbei! Jede der beiden Parteien wird nun seinem Gott ein Brandopfer darbringen. Doch das Feuer dazu soll kein Mensch entzünden. Welcher Gott Feuer vom Himmel fallen lässt und das Holz unter dem Brandopfer selbst entzündet, der ist der wahre Gott.'

Den Leuten wurde es unheimlich, aber sie nickten und waren einverstanden. Opfertiere wurden gebracht und dann begannen die Priester des Baal, feierlich um den Altar zu tanzen und zu Baal zu beten: ‚Baal, du Herr über Sturm und Wetter, erhöre uns, schleudere deinen Blitz herab und entzünde dieses Opfer!' – Nichts passierte.

‚Baal, Baal, erhöre uns …!' Stundenlang tanzten die Priester um den Altar.

Dann begann Elija, sie zu verspotten: ‚Euer Baal macht vielleicht gerade seinen Mittagsschlaf. Er hört euch nicht! Ihr müsst lauter schreien! Vielleicht ist er auch gerade verreist und kann nicht kommen. Ruft lauter!'

Die Baalspriester gerieten außer sich, sie ritzten sich mit Messern, bis das Blut herabfloss, sie schrien und lallten: ‚Baal, erhöre uns …!' Doch nichts geschah.

‚Genug damit!', rief Elija schließlich. ‚Alles Volk her zu mir!'

Auf dem Berg gab es einen alten Altar. Früher hatten die Kinder Abrahams auf diesem Altar dem Vater im Himmel Opfer dargebracht, doch die Baalspriester hatten ihn umgestürzt.

Elija nahm die Steine und richtete den alten Altar wieder auf. Dann legte er Holz und das Opfertier darauf. Und dann machte er noch etwas sehr Merkwürdiges: Er grub eine Rinne um den Altar und ließ Wasser herbeibringen. ‚Gießt es über das Opfer und das Holz!', befahl Elija.

Als alles völlig durchnässt war und das herabfließende Wasser sich schon in der Rinne um den Altar sammelte, betete Elija mit lauter Stimme: ‚Du Gott Abrahams, zeige heute, dass du allein der wahre Gott bist. Erhöre mich, damit dieses Volk erkennt, dass du der einzige Herr deines Volkes bist, damit sie umkehren zu dir und erkennen, dass ich in deinem Auftrag gesprochen habe.'

Da zuckte krachend ein Blitz vom Himmel, entzündete das Holz, fraß das Opfer, die Steine des Altars und leckte das Wasser auf im Graben."

Ich hatte atemlos zugehört und saß jetzt wie benommen da. „Und das Volk?", fragte ich schließlich. „Was machten sie?"

„Sie erschraken zu Tode", sagte der Rabe. „Sie warfen sich voller Furcht zu Boden und stammelten: ‚Der Herr ist Gott, der Herr ist Gott!'

‚Greift die Priester Baals!', rief Elija in die Menge. ‚Keiner von ihnen soll am Leben bleiben.' Und so geschah es."

Der Rabe klapperte zufrieden mit seinen mächtigen Schnabeldolchen. „Vielleicht hätte ich mir doch noch etwas von dem Aas holen sollen", meinte er dann.

„Wie ging es weiter?", fragte ich rasch.

„Stimmt", sagte der Rabe, „es ging ja noch weiter. Elija rief zu Ahab hinüber, der das Ganze miterlebt hatte und ziemlich blass aussah: ‚He, Ahab! Lass deinen Wagen anspannen und sieh zu, dass du nach Hause kommst, bevor dich der Regen überrascht!'

Dann betete Elija zum Vater im Himmel und bald darauf zogen die ersten Wolken heran und es begann zu regnen. Endlich wieder – nach drei Jahren Trockenheit."

„Dieser Elija", sagte ich und rückte ein wenig näher. „Er hat eigentlich doch den bösen Herrscher besiegt?"

„Nun, eigentlich mehr die Isebel, seine Frau", sagte der Rabe.

„Elija hat also nicht das Böse aus der Welt vertrieben?", fragte ich enttäuscht. Der Rabe schwieg einen Moment. „Nein, das hat er nicht", sagte er dann. „Oben auf dem Berg war Elija noch voller Zuversicht. ‚Nun wird alles gut', dachte er.

Aber Isebel war nicht so leicht zu besiegen. Sie schickte eine Nachricht an Elija: ‚Morgen wird es dir so ergehen, wie es meinen Baalspriestern ergangen ist. Das schwöre ich dir.'

Der Kampf war also noch nicht zu Ende, doch Elija hatte keine Kraft mehr zum Weiterkämpfen. Er verlor allen Mut und flüchtete. Er rannte in die Wüste hinaus. Dort wollte er sterben.

Aber der Vater im Himmel sah ihn erschöpft unter einem Strauch liegen und kümmerte sich um ihn. – Wir Raben hätten es auf unsere Weise natürlich auch getan."

Ich warf dem Raben einen scharfen Blick zu, konnte aber nicht erkennen, was er mit seinen letzten Worten gemeint hatte. „Und Ahab und diese Isebel: Was wurde aus ihnen?", fragte ich.

„Ahab und Isebel fanden später ihr verdientes Ende", erklärte der Rabe. „Ahab wurde bei einem Kriegszug von einem Pfeil getroffen und starb, und auch die Königin Isebel kam schmählich ums Leben."

„Dann ist die Geschichte ja doch noch halbwegs gut ausgegangen", versuchte ich mich zu trösten.

„Na, wie man's nimmt", krächzte der Rabe. „Soviel wir Raben wissen, dauerte es nicht lange, bis die Kinder Abrahams sich wieder vom Vater im Himmel abwandten.

Und manchen der Propheten, die Gott zu seinem Volk schickte, um es auf den richtigen Weg zurückzubringen, erging es noch schlechter als Elija: Man glaubte ihnen nicht, sie wurden ausgelacht oder verfolgt.

Schließlich beschloss Gott: ‚Ich werde dieses Volk wieder aus dem Land wegführen, in das ich sie gebracht habe. Vielleicht merken sie dann, welchen Jammer und Herzeleid es bringt, mich zu vergessen.'

Und so geschah es: Die Assyrer, vor denen sich Ahab so gefürchtet hatte, eroberten das Nordreich der Kinder Abrahams und verschleppten alle seine Bewohner. Von ihnen hat man nie wieder etwas gehört. Und später traf ein ähnliches Schicksal auch das Südreich.

Die Städte zerfielen. Schakale und Eulen hausten in den zerstörten Häusern und alle Feinde der Kinder Abrahams jubelten. Auch die Stadt Jerusalem, in der König David regiert hatte, zerfiel zu einem Schutthaufen."

„Aber das kann nicht sein!", rief ich aufgebracht. „Einer der Nachkommen Davids soll doch jener mächtige König sein, der den dunklen Herrscher besiegt. Das hat Gott selbst versprochen!"

Vielleicht war mein fast zorniges Schreien ein Fehler. Der Rabe hatte lange erzählt. Jetzt machte es ihm wohl keinen Spaß mehr, einem Sperling Geschichten aus seinem Volk zu erzählen. Oder er hatte wieder Hunger bekommen. „Wenn du mir nicht glaubst, dann frage doch die Schakale!", krächzte er ärgerlich. Dann reckte er sich und flog ohne ein weiteres Wort mit rauschendem Flügelschlag davon.

Ich selber saß noch eine Weile da und versuchte, meine Gedanken zu ordnen. Dann machte ich mich auch davon. Mein Magen knurrte und auf einen Schakal konnte ich hier nicht warten.

Vom Fest der Schakale
in den Trümmern Jerusalems

Während der nächsten Tage hockte ich häufig niedergeschlagen und schweigsam auf meinem Lieblingsast. Das kommt bei uns Spatzen sehr selten vor und es dauerte nicht lange, bis mein Vater ein paar blöde Bemerkungen machte von wegen Liebeskummer und so weiter.

Nein, was mir der Rabe über die Zerstörung der Stadt Jerusalem erzählt hatte, bedrückte mich. Erst ein ausgiebiges Staubbad weckte meine Lebensgeister wieder und ich beschloss, der Sache auf den Grund zu gehen. Die Schakale mussten mir sagen, ob die berühmte Stadt des Königs David wirklich von Feinden zerstört worden war.

Belogen hatte mich der Rabe bestimmt nicht. Wir Tiere wenden zwar mancherlei Listen an, um uns etwas zu fressen zu verschaffen oder Feinde in die Irre zu führen, aber wir lügen nicht. Doch vielleicht kannten diese großen Vögel das Ende der Geschichte nicht genau. Der Rabe hatte ja selbst gesagt, ich sollte bei den Schakalen nachfragen. Warum also nicht! Schakale zu finden, war schließlich kein Kunststück.

Schakale gehören zu den Wildhunden, auch wenn der Wildhund Hatz das nie und nimmer zugeben würde. Das Rudel von Hatz ist eine starke und gefährliche Räuberbande. Die Schakale treiben sich dagegen eher wie kleine Gelegenheitsdiebe in der Steppe herum, am liebsten nachts oder bei Anbruch der Dunkelheit. Schakale versuchen, kleine Beutetiere zu überlisten. Aber die meiste Zeit leben sie von Aas, wobei sie sich in der Auseinandersetzung mit den anderen Aasfressern mehr auf ihre Geschicklichkeit und Schlauheit verlassen müssen als auf Kraft.

Ich flog also noch einmal zu jener Stelle, wo ich vor ein paar Tagen den kleinen Schakal und schließlich die Raben bei ihrer Beute getroffen hatte. Das Glück kam mir zur Hilfe. Zwar hätte ich die genaue Stelle bestimmt nicht mehr gefunden, denn von dem Aas war so gut wie nichts mehr zu sehen. Selbst die Knochen waren verschwunden. Aber der kleine Schakal, den ich damals gesehen und in seinem Kampf gegen die Geier bewundert hatte, schnüffelte dort herum. Er wollte wohl sicher gehen, dass nicht doch noch ein kleiner Happen nutzlos verkam.

Er unterbrach augenblicklich seine Suche, als ich heranflog und in seiner Nähe auf einem hohen Stängel landete. Er hob den Kopf und drehte seine spitzen Ohren in meine Richtung. Sein buschiger Schwanz zuckte. Dem Burschen war nicht zu trauen, das sah ich sofort.

Aber so dumm war ich nicht, dass ich mich in seine Reichweite begeben hätte. Und als der kleine Schakal einsah, dass ich auf der Hut war, setzte er ein gelangweiltes Gesicht auf, gähnte, warf sich schließlich auf die Seite und döste ein wenig in der Sonne.

„Hallo!", sagte ich. „Ich bin Tschilp. Neulich habe ich hier gesehen, wie du mit den Geiern gekämpft hast. Du bist ganz schön mutig und stark!"

Der kleine Schakal entblößte die Zähne, um mit dem Gebiss sein juckendes Hinterbein kräftg zu bearbeiten. „Besser geduldig als stark", sagte er dann mit auffallend heller Stimme. „Und besser klug als mutig! – Das ist die Weisheit unseres Volkes, wenn du als Vogel damit etwas anfangen kannst."

Obwohl seine letzten Worte verächtlich klangen, ließ ich mich nicht beirren.

„Was hältst du von den Raben?", versuchte ich mich an meine eigentliche Frage heranzupirschen.

„Lästig!", sagte der kleine Schakal. „Raben sind lästig, aber ohne große Mühe zu verscheuchen. Die Geier sind wesentlich unangenehmere Gesellen. Doch was soll die Fragerei?"

„Ich habe kürzlich mit einem Raben gesprochen, der viel von euch Schakalen hält", erklärte ich. „Jedenfalls meinte er, ich sollte bei eurem Volk nachfragen, wenn ich in der Sache etwas Genaues wissen wollte."

Meine Antwort war ein Volltreffer, wie ich sofort feststellen konnte. Schmeicheln lassen sich Schakale zwar nicht, dazu sind sie zu klug. Aber sie sind neugierig. Meine Andeutungen weckten jedenfalls das größte Interesse. Der Schakal spitzte die Ohren. „Um welche Sache ging es denn?", fragte er interessiert.

„Wie heißt du eigentlich?", ließ ich den Schakal noch einen Moment zappeln.

„Ich bin Canis", sagte er ungeduldig. „Also, was war mit dem Raben?"

Ich berichtete also von Elija und den Raben und fragte schließlich gespannt: „Wurde die Stadt Jerusalem tatsächlich von Feinden erobert und das Königreich Davids zerstört, wie der Rabe erzählt hat? Wisst ihr Schakale etwas davon?"

Canis hatte aufmerksam zugehört. Ihm war meine aufgeregte Gespanntheit natürlich nicht entgangen. Jetzt grinste er breit und ließ nun mich ein wenig zappeln.

„In unserem Volk gibt es tatsächlich eine Geschichte, die dazu passen könnte", sagte er dann. „Aber seit wann interessieren sich Spatzen für Geschichten aus unserem Volk? Du bist doch nicht etwa neugierig?"

„Um ehrlich zu sein: Ich platze fast vor Neugierde!", flatterte ich aufgeregt auf meinem Stängel herum. Dann mussten wir beide lachen.

„Nun, die Zeit damals wird in unserem Volk ‚die gute Zeit' genannt. In jenen alten Tagen wurde uns Schakalen die Ehre zuteil, in Häusern zu wohnen, die von Menschen erbaut worden waren", begann Canis

dann seine Geschichte. „Du musst wissen, dass wir Schakale die Nähe der Menschen nicht fürchten. Wir kennen die Gewohnheiten der Staublinge ziemlich genau, auch die unangenehmen, und können uns darauf einstellen. Mit Klugheit und Geduld findest du bei den Staublingen immer etwas zu fressen. Sie werfen vieles weg und lassen vieles achtlos liegen."

„Ihr habt tatsächlich mit den Staublingen in ein und denselben Häusern gewohnt?", fragte ich überrascht.

„Nicht mit ihnen", lachte der kleine Schakal. „Sondern an ihrer Stelle."

„Habt ihr sie etwa vertrieben?", fragte ich verwundert.

„Wieder falsch!", berichtigte mich Canis. „Vertrieben haben sie sich gegenseitig. Damals zog ein mächtiges Heer vom Euphratstrom heran in das Land der Kinder Abrahams. Man nannte jenes Volk die Babylonier und niemand konnte ihnen widerstehen, denn der Vater im Himmel hatte sie ausgesandt, die Stadt Jerusalem und das alte Königreich Davids zu erobern, die Nachkommen Abrahams gefangen zu nehmen und aus dem verheißenen Land wegzuführen.

Die fremden Soldaten verwüsteten das Land, rissen die Mauern Jerusalems nieder und verbrannten den Tempel."

Ich blickte fassungslos auf Canis hinunter. „Aber", stammelte ich, „im Tempel wohnte doch Gott selbst. Jedenfalls war es sein Haus. Und er hatte doch selber versprochen, dass einer aus der Familie Davids für immer in Jerusalem König sein sollte … Er kann doch nicht Krieg gegen sich selbst führen! – Ich verstehe das nicht!"

Canis hielt in seiner begeisterten Rede verwundert inne, als er meine Verzweiflung bemerkte. Dann sah er mich ernst an: „Genauso dachten auch die Nachkommen Abrahams und vor allem ihre Könige und Priester damals: Gott kann das nicht tun. Sie meinten, ihnen könnte nichts passieren, Gott würde ja im Tempel wohnen, das Königtum Davids bliebe für ewig bestehen, die Stadt Jerusalem sei von keinem Feind zu erobern.

Aber der Vater im Himmel hatte immer hinzugefügt: ‚So wird es sein, wenn ihr mir vertraut und meinem Rat folgt.'

Doch Gottes gute Regeln waren bei den Nachkommen Abrahams längst vergessen und keiner hörte auf die Warnrufe von Gottes Propheten. Denk nur an Ahab und an Elija!

Um dem bösen Treiben ein Ende zu machen, vertrieb Gott die Nachkommen Abrahams aus seinem Land, so wie schon die ersten Staublinge das schöne Paradies wieder verlassen mussten."

„Es geht nicht", flüsterte ich enttäuscht. „Ich habe es geahnt! Die Staublinge können es nicht. Sie sind zu schwach. Wie soll jemals das Paradies wiederkehren?" Ich war verzweifelt.

„Nun, wir Schakale dachten damals jedenfalls, das Paradies sei bereits zurückgekehrt", versuchte Canis mich zu beruhigen. „Als die Staublinge mit ihren Geschäften fertig waren und fortzogen, blieben wir Schakale in den Tümmern Jerusalems wohnen, in den zerstörten Palästen und Häusern der Menschen. Wir hielten dort mit allen Aasfressern ein Festmahl nach dem anderen. Und auch andere Tiere siedelten sich an: Eulen, Schlangen und Ratten. Die Ruinen boten uns sicheren Schutz, und zu fressen gab es reichlich und ohne Mühe. Es war, wie gesagt, ‚die gute Zeit‘." Canis seufzte voller Wehmut.

„Und warum seid ihr nicht dort geblieben?", fragte ich matt.

„Siebzig Jahre später, nach vielen Jahren des schönen Lebens, änderte sich etwas", erzählte Canis weiter. „Irgendwann erfuhren wir, dass nicht mehr die Babylonier, sondern das Volk der Perser die Herren über alle Staublinge geworden waren.

Jene Perser erlaubten den verschleppten Nachkommen Abrahams die Rückkehr in ihr eigenes Land und in die Stadt Jerusalem. Das gewohnte Leben in der Stadt wurde für uns zunehmend unsicherer. Immer mehr Staublinge kehrten zurück und machten sich an den Ruinen zu schaffen. Sie bauten sogar den Tempel wieder auf und fingen an, ihre Felder neu zu bestellen.

Doch bald wurde es wieder ruhiger. Für einen richtigen Aufbau der Stadt fehlte den Leuten die Kraft oder die Lust. Sobald sie ihre Behausungen notdürftig zusammengeflickt hatten, hörten sie auf zu bauen. Die Stadtmauer sah noch immer aus wie ein vermoderter Gnuschädel, dem die meisten Zähne fehlen. Und wenn sich einer der Staublinge in den Trümmern zu schaffen machte, dann um heimlich Steine zu stehlen für den Bau seines eigenen Hauses. So blieb es viele Jahre.

Doch dann änderte sich wieder etwas. Eines Tages kam eine ziemlich große Karawane an. Wir Schakale beschlossen, nichts weiter zu

unternehmen und abzuwarten, bis die Karawane wieder abzog und das ruhige Leben weiterging. Aber wir hatten uns verrechnet. Mit der Karawane war ein Mann gekommen, der sich Nehemia und Statthalter von Jerusalem nannte und der ein Freund des persischen Großkönigs war.

Schon drei Tage nach der Ankunft kletterte dieser Nehemia nachts in den Trümmern herum, was uns ziemlich beunruhigte und wegen der Schlangen, die dort hausten, auch nicht ganz ungefährlich war."

„Was suchte er denn?", fragte ich.

„Das stellte sich ein paar Tage später heraus. Dieser Nehemia erwies sich als tatkräftiger Mann. Bald schon rief er nämlich die Bewohner Jerusalems zusammen und erklärte ihnen einen genauen Plan zum Wiederaufbau der Stadtmauer. Er hatte alles gründlich bedacht und sehr genau überlegt und widerlegte jeden Einwand. Es gab nämlich genug Leute, denen das alles nicht passte und die hofften, Nehemia würde lieber heute als morgen wieder verschwinden. Ich gebe zu, wir Schakale gehörten auch zu ihnen. Denn nun mussten wir die Stadt tatsächlich verlassen.

Die Leute waren plötzlich wie verwandelt. So etwas wie Begeisterung machte sich breit. Sie fingen an, Schutt wegzuräumen, Steine zu säubern, Kalk zu mischen. Bald sah man von weitem, dass etwas im Gange war. Die Lücken in der Stadtmauer wurden kleiner. Es roch überall nach frischem Mörtel. Es wurde gehämmert und gesägt …"

„Wurde Nehemia zum König gewählt?", fragte ich mit neuem Eifer.

Canis lachte. „Nein, nein. So schnell ging es auch wieder nicht. Nein, eigentlich ging es überhaupt nicht schnell. Es gab bald wieder jede Menge Schwierigkeiten mit dem Bauen.

Im Land gab es einflussreiche Leute, denen überhaupt nicht gefiel, dass Jerusalem wieder zu einer festen Stadt werden sollte. Erst beließen sie es bei Hohn und Spott. ‚Wenn ein Schakal gegen eure Mauer springt, fällt sie ein', lachten sie. – Als wären wir so töricht, unsere Kraft derart nutzlos zu verschwenden!

Weil sich Nehemia nicht beirren ließ, versuchten sie, ihn aus der Stadt zu locken und umzubringen. Aber Nehmia blieb in der Stadt und baute.

Dann planten sie einen offenen Angriff auf die Stadt. Nehemia bewaffnete die Bewohner Jerusalems, und sie bauten weiter.

147

Aber das war noch nicht alles. Weil die Leute Tag für Tag an der Mauer arbeiteten, konnten die kleinen Bauern ihre gepachteten Äcker nicht mehr bestellen, also auch nicht ihre Pacht bezahlen. Sie mussten ihre Söhne und Töchter den reichen Einwohnern von Jerusalem als Sklaven überlassen, um ihre Schulden zu begleichen. Als Nehemia davon erfuhr, wurde er zornig. Er berief sofort eine Ratsversammlung ein und verpflichtete alle reichen Leute, den Armen auf der Stelle ihre Schulden zu erlassen. Und weil Nehemia selbst keinerlei Steuern erhob – obwohl er doch Statthalter war – und alle seine Ausgaben aus eigener Tasche bezahlte, willigten sie schließlich ein.

So bauten die Leute mit neuem Schwung und fröhlichem Herzen weiter und nach nur 52 Tagen wurde das letzte neue Stadttor eingehängt, und Jerusalem war wieder eine richtige Stadt mit einer festen Mauer."

„Und dann machten sie Nehemia zum König von Jerusalem", vermutete ich ungeduldig.

„Nein, machten sie nicht", schüttelte der Schakal den Kopf. „Dann nicht und auch später nicht und überhaupt gab es nie mehr einen König in Jerusalem und ein Königreich Davids gab es auch niemals mehr."

„Aber warum haben sie dann überhaupt die Mauer gebaut?", fragte ich fast trotzig. „Welchen Zweck hatte das Ganze, wenn es keinen König und kein Königreich mehr gab?"

Der kleine Schakal legte seine Stirn in Falten und gab zögernd Antwort. „Sie bauten die Mauer, weil der Vater im Himmel das so wollte. Die Nachkommen Abrahams sollten in ihr Land zurückkehren und wir Schakale wieder in die Steppe. Das war für uns beide am besten. Wenn sie noch länger in der Fremde geblieben wären, hätte es sie bald überhaupt nicht mehr gegeben. Das steht fest.

Auch die Einwohner Jerusalems und der umliegenden Dörfer hatten sich schon vermischt mit anderen Völkern. Aber Gott hatte sein Versprechen nicht vergessen, dass aus den Nachkommen Davids der Retter kommen soll. Und deshalb sollten die Nachkommen Abrahams, von denen David abstammte, nicht ganz und gar verschwinden.

Doch einen König bekamen sie nicht mehr und auch kein Königreich, so sehr die Nachkommen Abrahams sich auch danach sehnten

und darum beteten. Das Land gehörte nach wie vor den Persern und später den Griechen und später den Römern – gewaltige Völker, obwohl sie von Gott nicht viel wussten."

„Aber wie soll der mächtige Retter der Welt aus einem so jämmerlich schwachen Volk kommen?", fragte ich.

Canis ließ meine Frage nicht gelten. „Besser geduldig als stark", wiederholte er seinen Spruch. „Und besser klug als mutig! Das ist die Weisheit unseres Volkes, wenn du als Vogel damit etwas anfangen kannst. – Wer weiß, vielleicht sollten die Nachkommen Abrahams genau das lernen: Sich *nicht* auf ihre Macht und Stärke zu verlassen.

Eines war ihnen allerdings geblieben, was nur dieses eine Volk der Staublinge besaß: Sie wussten um den einen wahren Gott, den Vater im Himmel. Und sie hatten seine guten Regeln."

Canis sah es meinem Gesicht an, dass mich die Antwort nicht recht zufrieden stellte. Es war so wenig nach all den großartigen Geschichten und Heldentaten, die ich von den Tieren gehört hatte!

„Jedenfalls haben sie diese eine Lektion gelernt", fuhr Canis unbeirrt fort. „Niemals mehr seit dieser Zeit erlagen die Kinder Abrahams der Versuchung, andere Götter anzubeten. Zu deutlich hatten sie in Erinnerung, welches Elend das mit sich bringt.

Sie verwendeten stattdessen viel Zeit und Fleiß darauf, die guten Regeln Gottes zu erforschen. Um nichts zu übersehen oder zu vergessen, begannen sie, alles zu sammeln oder aufzuschreiben, was die Staublinge seit der Zeit des Paradieses mit Gott erlebt hatten. Bald gab es kluge Leute unter ihnen, die den weniger klugen ganz genau erklären konnten, was Gottes Wille ist, auch in den kompliziertesten Sachen."

Das klang gut, und ich schöpfte wieder ein bisschen Hoffnung. „Könnte es denn sein, dass alle diese weisen Männer zusammen den dunklen Herrscher besiegen und das Paradies wiederbringen?", fragte ich. Der Gedanke gefiel mir. „Einer allein kann nicht viel ausrichten. Aber wenn alle zusammenhalten. Wir Spatzen sind der beste Beweis …"

Canis sah mich mit schräg gestelltem Kopf voller Zweifel an. Ich verstummte. „Mag sein, dass so etwas bei euch Spatzen gelingt; bei

den Staublingen gelingt es nicht. Die klugen Schriftgelehrten bekamen jedenfalls schon bald Streit miteinander, wer von ihnen am genauesten Gottes Willen kannte und wer am meisten Recht hatte. Streit muss manchmal ja sein. Aber das Streiten wurde zu einer ihrer Lieblingsbeschäftigungen.

Und es dauerte nicht lange, da regte sich in ihnen das alte Gift und es brach diese Krankheit der Staublinge aus: der Hochmut. Sie begannen, stolz auf ihr Wissen über Gott zu werden und andere zu verachten, die weniger von ihm wussten. Sie ließen sich gern bewundern, und insgeheim waren sie sogar sicher: Auch Gott muss uns bewundern. Schließlich hat seit Erschaffung der Welt noch nie jemand so genau seinen Willen erforscht und erfüllt wie wir.“

Canis schwieg. Selbst für einen Schakal hatte er viel geredet. Ich schwieg aus Enttäuschung. So etwas wie Zorn auf diese erbärmlichen Staublinge erwachte in mir, jene elenden Gestalten, die weder Federn noch Felle haben und nichts richtig können, weder fliegen noch schnell rennen, und die trotzdem immer und immer wieder alles Gute zerstören und jede Hoffnung zunichte machen.

„He, Tschilp!“, riss mich die Stimme des kleinen Schakals aus meinen düsteren Gedanken. „So, wie du eben geguckt hast, so ähnlich stelle ich mir diese Schriftgelehrten vor. Wirklich! Die Kralle leicht erhoben, als wolltest du andere belehren, und der Blick etwas hochmütig nach innen gekehrt. – Woran hast du gedacht?“

Ich fühlte mich ertappt und schämte mich. „Sag mal, Canis“, fragte ich, „glaubst du, dass es noch etwas wird mit dem Paradies? Ich meine, mit dem richtigen; nicht das in den Trümmern Jerusalems. Können es die Staublinge schaffen?“

Canis sah mich überrascht an. „War je die Rede davon, dass die Staublinge es ‚schaffen‘ können, wie du dich ausdrückst?“, fragte er streng. „Gott hat viel Mühe aufgewendet, um den Staublingen eben das klarzumachen: Dass sie es *nicht* schaffen können; auch die Besten und Stärksten unter ihnen nicht.

Das Paradies wird wiederkehren, ja. Aber nicht wegen der Staublinge, sondern trotz der Staublinge. Der einzige Grund dafür ist: Weil der Vater im Himmel es versprochen hat.“

Canis schwieg eine Weile. Dann dämpfte er seine Stimme zu einem Flüstern. „Ich sage dir ein Geheimnis, Tschilp. Wir wissen es nicht genau, aber es gibt ein Gerücht unter unserem Volk, dass der Retter bereits gekommen ist. – Wie gesagt, es ist ein Gerücht. Hier in der Steppe sieht man noch nichts davon. Bei den frechen Geiern ist davon jedenfalls nicht das Mindeste zu erkennen. Aber es wäre denkbar, dass Er zunächst bei den Staublingen beginnen muss, um den gröbsten Schaden zu beheben."

Mein Herz begann wie wild zu klopfen. „Du meinst wirklich diesen Einen, den von Gott versprochenen Retter?", fragte ich ebenfalls flüsternd. Canis nickte. „Ihn!", sagte er. „Er soll ein Nachkomme Davids sein und kam in einem Stall der Staublinge als Kind zur Welt. Ein Ochse ist dabei gewesen, heißt es."

„In einem Stall bei einem Ochsen? Bist du sicher?", fragte ich.

„Es ist ein Gerücht, das habe ich betont", stellte Canis sachlich fest. „Ochsen und Büffel würde ich auch nicht gerade zu den klügsten Tieren rechnen. Vielleicht wollen sie sich damit nur wieder einmal wichtig machen. Immerhin haben wir Schakale feine Ohren und eine gute Witterung und irren uns nur selten. Mir jedenfalls genügt das fürs Erste. Wir werden ja sehen."

„Ausgerechnet die Ochsen sollen darüber etwas wissen?", fragte ich zweifelnd.

„Sie wissen in Wirklichkeit wahrscheinlich nichts", nickte Canis. „Und ich rate dir auch nicht, sie danach zu fragen. Es sind plumpe, unfreundliche Gesellen. – Außerdem ist es ohnehin besser, nicht mehr wissen zu wollen, als einem zusteht. Das gilt sogar für Spatzen. – Und jetzt Schluss damit! Ich muss weiter. Mein Magen knurrt und hier ist tatsächlich nichts mehr zu holen."

Damit verschwand Canis, die Nase dicht am Boden, im leichten, raumgreifenden Trott seines Volkes. Auch ich gab meinen Platz am schwankenden Grasstängel auf, um ein Staubbad zu nehmen. Ich musste vor allem erst einmal meine Gedanken ordnen. Wenn es stimmte, was Canis vermutete …!

151

Büffel Bubalus erzählt von der Geburt im Stall

Der kleine Schakal hatte Recht: Büffel sind nicht gerade die klügsten Tiere der Steppe. „Kaffernbüffel haben viel am Kopf, aber wenig drin", sagt mein Vater manchmal. Tatsächlich besitzen diese mächtigen Tiere breite, weit ausladende Hörner mit messerscharfen Enden. Außerdem sind Büffel schrecklich stark, schnell und leicht reizbar. Selbst Löwen wagen sich nicht an die erwachsenen Bullen heran.

Gute Augen haben die Kaffernbüffel aber nicht. Oder sie denken zu wenig nach. Jedenfalls halten sie es eher mit der Regel: Erst umrennen und dann nachsehen, was es war.

Weil sie so wild und stark sind, haben Kaffernbüffel nur wenige Feinde. Was ihnen das Leben schwer macht, sind die kleinen Plagegeister. In der Nähe der Tiere versammeln sich ganze Wolken von Mücken und Stechfliegen. Sie umschwirren zu hunderten vor allem die feuchten Nasenöffnungen und Augen der Tiere. Büffel sind Wiederkäuer. Sie suchen auch tagsüber immer wieder ein ruhiges Plätz-

chen, um sich niederzulegen und das Gras, das sie rasch abgeweidet haben, noch einmal gründlich zu kauen. Aber diese Plagegeister lassen sie keinen Moment in Ruhe.

Einen der schwarzen Büffel entdeckte ich, als ich in einem Buschwerk nach Naschereien suchte. Das Tier hatte sich auf der Flucht vor den Mückenschwärmen unter einem stachligen Gesträuch eine flache Mulde gegraben, um in der feuchten Erde Kühlung und Erleichterung zu finden.

Aber seinen Feinden entkommen war es auch hier nicht. Immer wieder schüttelte der Büffel seinen mächtigen Schädel, um die Plagegeister abzuwehren. Und Geduld ist bekanntlich nicht die Stärke dieser Tiere.

„He, Spatz!", murrte der Büffel mit seiner rauen Stimme. „Komm mal her und fang dir ein paar Fliegen. Ich bleib auch ganz ruhig liegen."

Madenhacker und wir anderen Vögel sind vielleicht die einzigen Tiere, die von den Büffeln gern geduldet werden. Ich flog also ohne Furcht hinunter und setzte mich auf den breiten Rücken des schwarzen Riesen. Dann turnte ich den muskulösen Nacken hinauf bis auf die Schnauze, um dort nach Mücken und Zecken zu suchen. Der Büffel hielt den Kopf auch wirklich ganz still; nur mit den Ohren musste er gelegentlich zucken, um allzu lästige Fliegen zu verscheuchen.

Der Büffel genoss es, dass ich durch mein Herumturnen und -schwirren seine kleinen Feinde auf Trab hielt. Er grunzte zufrieden und ich wagte es, ein kleines Schwätzchen zu beginnen.

„Ich heiße Bubalus", brummte der Büffel mit geschlossenen Augen. „Und alles in allem ist die Steppe der beste Ort der Welt. Nur Feiglinge suchen irgendwo anders nach dem Paradies. Es will mir nicht in den Schädel, dass selbst einige entfernte Verwandte von uns Büffeln die Steppe verlassen haben, um sich ausgerechnet den Staublingen anzuschließen. So was kann mich aufregen!"

„Vielleicht wegen der Löwen", vermutete ich. „Manche Ziegen und Schafe haben es jedenfalls wegen der Löwen getan", fuhr ich fort.

Doch der Büffel schnaufte nur verächtlich. „Ich bin Bubalus und kenne keinen Unterschied zwischen Löwen, Ziegen und sonstigen

Schwächlingen. – Nein, es ist und bleibt eine Schande, wenn ein Büffel die Steppe verlässt!"

„Reg dich nicht auf!", versuchte ich Bubalus zu beruhigen. Er schnaufte nämlich schon ganz aufgebracht. „Ich hörte, dass ihr Büffel die Geschichte kennt von dem mächtigen Retter, der in einem Stall geboren wurde", wechselte ich das Thema.

Tatsächlich vergaß Bubalus die Löwen. Er hörte einem Moment auf zu kauen, lag ganz still, und ich sah förmlich, wie es in seinem mächtigen Schädel arbeitete.

„Ja, stimmt", sagte er dann gedehnt. „Es soll bei unseren Verwandten passiert sein. – Wenn ich an diese schwachköpfige Sippschaft auch nur denke, regt mich das auf …"

„Ich hüpfe mal zu deinem linken Ohr hinüber", versuchte ich ihn abzulenken. „Da sitzen ein paar dicke Brummer."

„Ja, gut!", beruhigte sich der Büffel. „Ich wollte doch was erzählen. Wo war ich stehen geblieben?"

„In einem Stall soll dieser eine Staubling zur Welt gekommen sein", lenkte ich das Gespräch in die richtige Bahn.

„Genau!", nickte Bubalus. „Und einer der zahmen Ochsen soll dabei gewesen sein. Aber es würde mich nicht wundern, wenn der sich nur wichtig machen wollte mit seiner Geschichte! Diese Zahmlinge halten sich nämlich für was Besonderes – weil sie in Höhlen der Staublinge wohnen! Ein zahmer Ochse …!"

„Alles in allem ist die Steppe doch der beste Ort der Welt", sagte ich, um Bubalus zu besänftigen. „Aber erzähl doch mal der Reihe nach!"

„Nun, es soll jedenfalls ein mächtiger Anführer der Staublinge gewesen sein damals. Er herrschte über die ganze Welt. Er sorgte für Frieden zwischen den Menschen. Sie nannten ihn ‚den Erhabenen'", schnaufte Bubalus.

„Dann ist er vielleicht tatsächlich jener mächtige Retter, der den dunklen Herrscher vertreiben wird!", rief ich aufgeregt. „Aber weshalb wurde er in einem Stall geboren?"

„Moment. Da stimmt was nicht. Lass mich nachdenken!", brummte der Büffel. „Nein, was du sagst, ist nicht richtig", schnaufte er nach einer Weile. „Bring nicht alles durcheinander, Spatz! Nicht ‚der Erhabene' wurde im Stall geboren, sondern ein anderer Staubling. Und das

geschah zu der Zeit, als jener ‚Erhabene' schon über die ganze Welt regierte. So ist es richtig."

„Und ich dachte …", piepste ich enttäuscht.

„Denken ist schädlich", brummte Bubalus. „Wo war ich stehen geblieben? Richtig, bei diesem berühmten Herrscher. Er wurde nicht nur ‚der Erhabene' genannt, sondern auch ‚Kaiser'. Kaiser Augustus. Er gehörte nicht zu den Kindern Abrahams, sondern zum Volk der Römer."

„Und der im Stall?", fragte ich.

„Der Reihe nach und nicht so hastig!", murrte der Büffel, dem das Erzählen allmählich Spaß zu machen begann. „Dieser Kaiser Augustus war ein kluger Mann. Er befahl, dass die Staublinge auf Wanderschaft gehen sollten, gerade so, wie wir Huftiere es seit Urzeiten tun, um unsere fernen Weidegründe zu erreichen."

Ich verstand nicht, was Bubalus damit meinte, schwieg aber, um den Büffel nicht mit meiner Fragerei aufzuregen. Nach einer Weile fügte er hinzu: „Meine zahmen Verwandten behaupten, die Staublinge hätten nur deshalb an den Ort ihrer Geburt wandern müssen, weil der Kaiser mehr Steuern von ihnen verlangen wollte. Was aber Steuern sein sollen, das konnten diese Zahmen und Neunmalklugen auch nicht erklären."

„Wie war das aber mit der Geburt im Stall?", versuchte ich Bubalus vorsichtig auf das zurückzubringen, was ich wirklich wissen wollte.

„Nun, damals wanderten auch Maria und Josef, zwei der Staublinge, nach dem Dorf Betlehem, wie der Kaiser es befohlen hatte. Dort stammte Josef nämlich her. Er war übrigens ein Nachkomme des berühmten Leitbullen … äh, ich vergesse immer seinen Namen. Wie hieß er noch gleich …?"

„David?", sagte ich aufgeregt. „Hieß er vielleicht David? Der war aber König und kein Leitbulle."

„Richtig", brummte der Ochse. „Er hieß David. Aber wieso soll er kein Büffel gewesen sein, wo er doch so berühmt war?"

„Weiter", sagte ich. „Wie ging es weiter?"

„Na gut", meinte der Büffel. „Betlehem war weit entfernt. Und in diesem kleinen Ort wurde das Kind von Maria und Josef geboren, in einem Stall. Sonst war nämlich kein Platz mehr frei."

„Und dann? Was geschah dann?", drängte ich.

„Was willst du denn sonst noch wissen?", fragte der Büffel verständnislos.

„Was geschah mit dem Kind? Und wie hieß es? Haben deine Verwandten sonst nichts von ihm erzählt?!", rief ich ungeduldig.

„Reg dich bloß nicht auf!", sagte Bubalus. „Warte, ich muss nachdenken. Namen kann ich mir nämlich so schlecht behalten … Ich hab's! Das Kind bekam den Namen ‚Der Vater im Himmel ist der Retter'. Ziemlich umständlich. Deshalb nannten sie ihn auch einfach Jesus. Es bedeutet dasselbe."

„Merkst du was, Bubalus!", rief ich aufgeregt.

„Ja, diese Mücken werden immer dreister!", seufzte er.

„Nein, das meine ich nicht!", piepste ich. „Der mächtige Retter, der den dunklen Herrscher besiegen wird, soll ein Nachkomme Davids sein! So hat es Gott versprochen. Und dieses Kind im Stall *war* ein Nachkomme Davids. Merkst du was? – Und der Name des Kindes passt auch: Jesus bedeutet ‚Retter', hast du gesagt! – Ob er es wirklich ist, Bubalus? Weißt du sonst noch was? Denk nach!"

„Die Sache ist ziemlich verzwickt, oder?", brummte Bubalus mürrisch. „Was sonst noch war? Nun, das Kind wurde nachts geboren und noch in derselben Nacht kamen ein paar Leute zum Stall, um sich das Kind anzusehen. Es waren Hirten. – Das ist in Ordnung, das tun wir Büffel auch. Wenn in der Herde ein junger Büffel geboren worden ist, dann schaun wir uns den Nachwuchs an; das ist in Ordnung.

Aber irgendwas war auch wieder nicht in Ordnung. Die Hirten sagten nämlich, draußen in der Steppe hätten sie mitten in der Nacht ein helles Licht gesehen. Es sei kein Steppenfeuer gewesen und auch kein Blitz, obwohl es vom Himmel her leuchtete. Sie bekamen es mit der Angst zu tun. – Besonders mutig scheinen sie nicht gewesen zu sein. – Und dann sprach ein Bote Gottes, ein Engel, aus dem Licht zu ihnen: ‚Habt keine Angst', sagte er, ‚der Retter ist geboren. Geht nach Betlehem. Dort findet ihr das Kind in einer Krippe im Stall.' Und dann sangen die Engel schön, ungefähr so …"

Bubalus holt Luft. Von seinem Gebrüll erzitterten die Äste. „Oder so ähnlich", beendete der Büffel dann befriedigt seinen Gesang.

„Er muss es sein!", flüsterte ich, als ich mich von meinem Schrecken erholt hatte. Mir wurde ganz unheimlich zu Mute.

„Eines ist aber doch seltsam", wunderte ich mich. „Bist du ganz sicher, Bubalus, dass dieses Kind in einem Stall geboren wurde und nicht im Palast des Kaisers oder im Haus eines Königs oder sonst bei vornehmen Leuten?"

„So haben es die Zahmlinge erzählt", schnaufte Bubalus. „Später kamen auch berühmte Leute und suchten nach dem Kind, nicht nur diese einfachen Hirten. Sie kamen von weit her, aus dem Osten. In Jerusalem erkundigten sie sich, wo der neugeborene König der Kinder Abrahams zu finden sei. Die Leute in Jerusalem bestaunten die fremde Karawane und ihre reichen Besitzer, aber von einem neuen König wussten sie nichts.

Damals gab es in Jerusalem nämlich schon einen König. Er hieß Herodes und hatte selbst als König nicht viel zu sagen. Er musste tun, was der Kaiser Augustus in Rom ihm befahl.

Auch Herodes wusste nichts von einem neuen König.

‚Wir haben weit im Osten seinen Stern gesehen‘, sagten die vornehmen Fremden, die sich nicht beirren ließen. ‚Der neue König muss hier ganz in der Nähe zur Welt gekommen sein, und er wird ein mächtiger Herrscher werden. Du weißt wirklich nichts von ihm?‘"

„Dann wurde er jedenfalls nicht im Palast des Herodes geboren", überlegte ich. „Sonst hätte Herodes es ja wohl mitbekommen."

Bubalus stierte einen Moment vor sich hin. „Da hast du eigentlich Recht", sagte er dann.

„Sind die vornehmen Männer weitergezogen?", fragte ich.

„Lass mich überlegen. Die Sache ist kompliziert." Bubalus dachte einen Moment nach, während ich ein paar weitere Fliegen schnappte, ohne ganz bei der Sache zu sein.

„Dieser Herodes war heimtückisch!", sagte Bubalus dann unvermittelt. „Er suchte nicht den ehrlichen Zweikampf Stirn gegen Stirn und Horn gegen Horn, wie das bei uns Büffeln Ehrensache ist. Er hatte Angst, der Feigling.

‚Wenn ein mächtiger König zur Welt gekommen ist, dann wird er mich früher oder später davonjagen‘, dachte er. ‚Das muss ich verhindern.‘

157

Er ließ also seine klugen Ratgeber kommen. ‚In welchem Ort soll jener Mensch geboren werden, von dem es in den alten Schriften heißt, er sei der Retter und der wahre König der Kinder Abrahams?‘ fragte er sie.

‚Aus Betlehem wird er kommen‘, antworteten sie ihm. ‚So hat Gott es den Nachkommen Abrahams versprochen.‘“

„Aus Betlehem!“, rief ich. „Merkst du was, Bubalus? Dieses Kind im Stall wurde in Betlehem geboren. Und denk an seinen Namen! Und an das, was der Engel den Hirten gesagt hat! Es muss der versprochene Retter sein, Bubalus!“

„Jetzt, wo du es sagst, fällt es mir auch auf“, wunderte sich Bubalus. „Obwohl so verzwickte Sachen mich eher aufregen … Hüpf nicht so auf mir rum!“

„Erzähl weiter, bitte!“, versuchte ich mich zu beruhigen.

„Wo war ich stehen geblieben?“, brummte Bubalus nach einer Weile. „Bei Herodes, genau. Der schickte also voller List die vornehmen Männer nach Betlehem. ‚Erkundigt euch dort nach dem Kind‘, sagte er. ‚Und wenn ihr es gefunden habt‘, fügte er scheinheilig hinzu, ‚dann gebt mir Nachricht. Ich will dann auch kommen und den neuen König ehren.‘ In Wirklichkeit wollte er das Kind aber töten.“

Mir wurde heiß. „Er hat doch nicht etwa …“

„Die fremden Männer verließen Jerusalem. Und dann sahen sie den Stern wieder. Sie folgten ihm und fanden das Kind und seine Eltern. Sie fielen vor ihm auf die Knie, wie man es vor einem Mächtigeren tut, und machten ihm Geschenke.“

„Und Herodes?“, fragte ich beklommen.

„Die fremden Männer ahnten nichts Gutes. Sie erzählten Herodes nichts und zogen auf einem anderen Weg in ihre Heimat zurück. Herodes entdeckte das zu spät und war wütend. Er ließ kurzerhand alle kleinen Kinder in Betlehem umbringen. ‚Dieser neue König wird schon darunter sein‘, dachte er böse.

Aber er hatte sich verrechnet. Gott hatte die Eltern des Kindes gewarnt und sie waren rechtzeitig geflohen – nach Ägypten. Es wäre freilich besser gewesen, diesem Herodes mal zu zeigen, was ein ehrlicher Zweikampf ist“, schnaufte Bubalus.

„Ägypten!", dachte ich und musste an die Nachkommen Abrahams denken, die in Ägypten Zuflucht gesucht hatten vor der großen Hungersnot. Josef fiel mir wieder ein und natürlich Mose und der böse König von Ägypten. Und dann der Zug durch die Wüste.

„Blieben sie lange in Ägypten?", fragte ich.

„Nein. Sie blieben dort nur, bis dieser Feigling Herodes gestorben war. Dann kehrten sie zurück in ihr Land."

„Und was geschah dann?", fragte ich. „Wenn Herodes tot war, hätte Jesus an seiner Stelle König werden können."

Bubalus schüttelte den mächtigen Kopf. „Es passierte fast gar nichts mehr. Die Römer waren immer noch die Herren der Welt. Nachdem Herodes tot war, regierten seine Söhne in jenem kleinen Land, wo die wenigen Nachkommen Abrahams lebten. Einer von ihnen hieß Herodes wie sein Vater und war auch nicht besser als er.

Von Jesus haben die zahmen Ochsen nicht mehr erzählt. Jedenfalls wurde er nie König, sondern war ein einfacher Zimmermann. Sie haben aber ein großes Getue gemacht um einen anderen Staubling. Wie hieß er noch? Richtig, Johannes. Sie nannten ihn auch ‚Johannes den Täufer'; keine Ahnung, weshalb."

Die Stimme von Bubalus wurde wieder munterer. „Dieser Johannes war jedenfalls nicht so ein Zahmling wie meine Verwandten. Er hatte keine Furcht und ging mit dem Kopf durch die Wand, wenn es sein musste. Und er lebte in der Wildnis. Alles sehr vernünftig, wenn du mich fragst.

Und weißt du, was meine zahmen Verwandten noch erzählt haben, diese Zehnmalklugen? Du wirst es nicht glauben: Dieser Johannes soll saftiges Futter verschmäht und stattdessen Heuschrecken gegessen haben, Heuschrecken und Honig!" Bubalus schüttelte sich. „Da siehst du wieder einmal, dass man diesen zahmen Ochsen nicht trauen kann!"

„Warum lebte dieser Johannes denn in der Wildnis und nicht bei seinen Leuten?", wollte ich wissen. „Und was hatte er mit Jesus zu tun?"

„Da fragst du mich zu viel", murrte Bubalus. „Ich bekomme schon Kopfschmerzen von diesen komplizierten Geschichten. – Danke fürs

Mückenfangen. Jetzt muss ich aber zur Herde zurück, um nach dem Rechten zu schauen. Hier in der Gegend treiben sich Löwen herum."

„Kannst du mir wenigstens noch sagen, welches Tier mehr über Johannes weiß oder über Jesus?", fragte ich rasch. Bubalus wuchtete seinen schweren Körper schon aus dem Schlammloch.

„Einen Rat? Der beste Rat, den ich dir geben kann, lautet: Frag nicht viel, sondern renn drauflos!" Damit durchbrach Bubalus rücksichtslos das dornige Gehölz und galoppierte in die Steppe hinaus.

Ich war auf einen niedrigen Zweig geflattert. Was Bubalus mir erzählt hatte, waren aufregende Neuigkeiten und rätselhafte noch dazu. Doch zugleich saß ich so ratlos wie selten auf einem Ast: Welches Tier um alles in der Steppe wusste mehr davon?

Bienen, Heuschrecken und
Johannes der Täufer

Vielleicht war der Retter gekommen und ich wusste es nicht! Dieser Gedanke machte mich ganz zappelig. In der Steppe hatte ich jedenfalls noch nie etwas von ihm gehört oder bemerkt. Aber bestimmt hatte der kleine Schakal Recht: Bestimmt musste der mächtige Retter sich zuerst um die Staublinge kümmern. Von denen war ja das ganze Elend ausgegangen.

Ich wollte unbedingt mehr von diesem Jesus hören. Oder war vielleicht Johannes, den sie den Täufer nannten, der versprochene Retter? Bubalus hatte die Furchtlosigkeit dieses Johannes gerühmt. Aber ist alles richtig, was Büffeln gefällt?

Was half mir alles Nachdenken, ich musste jemanden finden, der tatsächlich etwas wusste von diesen Geschichten.

Eine Zeit lang hoffte ich, Bubalus noch einmal zu treffen. Aber der schwarze Büffel war wie vom Erdboden verschwunden. Wahrscheinlich waren die Grasfresser schon weitergezogen zu entfernten Weidegründen.

Ich fragte auch sonst herum – bei meinem Vater und bei den anderen Sperlingen. Vergeblich. Niemand hatte jemals etwas von Jesus gehört oder von Johannes.

Erst nach mehreren Tagen erinnerte ich mich plötzlich wieder daran, dass Johannes Heuschrecken gegessen hatte und Bienenhonig; beides nicht gerade Leckerbissen für Spatzenmägen. Aber wenn es stimmte, mussten die Heuschrecken oder die Bienen doch etwas wissen von diesen Geschichten. Dass ich nicht schon früher darauf gekommen war!

Aber so sehr ich auch die Augen offen hielt, ich fand keine Heuschrecke, nicht die kleinste. Entweder gab es diese Hüpfer nicht in unserer Gegend oder sie hielten sich versteckt. Mein Vater meinte, diese Tiere würden manchmal in großen Schwärmen auftreten und zu anderen Zeiten so gut wie überhaupt nicht.

Nektarsammler gab es hingegen reichlich. Sie schwirrten und krochen an jedem blühenden Strauch herum oder hockten an feuchten Stellen am Fluss, um zu trinken. Bienen aus all dem Gesumme herauszufinden, war allerdings nicht einfach. Es gibt nämlich auch ganz gewöhnliche Fliegen, die den Bienen täuschend ähnlich sehen. Sie haben sich als Bienen verkleidet, um sich mehr Respekt zu verschaffen. Bienen haben nämlich einen Giftstachel und vor dem hütet sich jeder in der Steppe.

Ich war also sehr vorsichtig und höflich, als ich schließlich ein paar echte Bienen aufindig gemacht hatte und mich ihnen vorstellte. Aber welch eine Enttäuschung! Die Tierchen beachteten mich überhaupt nicht, antworteten auch nicht, sondern wühlten weiter emsig in ihren Blüten herum, um dann sofort hastig weiterzufliegen. Nur eine brummte mir im Vorbeifliegen ein verächtliches „Schaff was, du Faulenzer!" zu.

Das war nicht gerade höflich. Aber wir Spatzen sind nicht empfindlich und immerhin wusste ich jetzt, dass ich ihre Sprache verstand.

Ich beschloss, den Bienen bis zu ihrem Bienenstock zu folgen. Irgendwann mussten sich doch auch diese Rastlosen einmal ausruhen. Vielleicht waren sie dann für ein Schwätzchen zu haben.

Ein paar Mal verlor ich die Biene, die ich verfolgte, aus den Augen, als sie schwer beladen mit gelben Pollenpaketen an ihren Hinterbeinen auf dem Weg nach Hause war. Doch schließlich entdeckte ich den Eingang zum Bienenstock. Es war ein dunkles Loch im Stamm eines hohlen Baumes.

Aus sicherer Entfernung konnte ich deutlich beobachten, wie die Bienen angesaust kamen, landeten und rasch in jenem Loch verschwanden. Andere kamen aus dem Innern des hohlen Baumes herausgekrochen und flogen hastig davon. Mehrere Bienen bewachten den Eingang. Sie kontrollierten die heranfliegenden Tiere kurz, bevor diese eintreten durften. Sonst hatten diese Wächterbienen offenbar nichts zu tun.

Ich flog also näher heran und rief hinüber: „He, kann ich euch mal eine Frage stellen?"

Sie hatten mich verstanden, das war deutlich zu erkennen. Sie spreizten nämlich ihre Flügel etwas und bewegten sich plötzlich, als wären ihre Beine steif geworden. Ihr Summen wurde lauter. Ich überlegte noch, was ich davon halten sollte, als mehrere der Bienen sich erhoben und pfeilgerade auf mich zugeflogen kamen.

Gut, dass ich mich sofort davonmachte. Hinter mir hörte ich deutlich ihr drohendes: „Hau bloß ab, sonst …!"

Glücklicherweise gaben diese unfreundlichen Insekten ihre Verfolgung nach wenigen Metern auf. Aber erfahren hatte ich nichts, und das war wirklich ärgerlich. Was tun?

Der Zufall kam mir wieder einmal zur Hilfe. Ganz in der Nähe des Bienenstocks stieß ich auf eine einzelne Biene, die ich zuerst für eine jener getarnten Fliegen hielt. Sie sah nämlich ein klein wenig anders aus als die anderen Bienen. Ihre Facettenaugen waren besonders groß. Und, was noch auffälliger war: Sie saß ganz ruhig

da und ließ sich auf ihrem Halm vom Steppenwind hin und her wiegen. Bei den anderen Bienen hatte ich so etwas nie beobachtet. Die waren stets rastlos herumgeschwirrt. War die Biene krank?

„Entschuldige", sagte ich sehr höflich und fluchtbereit. „Bist du vielleicht eine Biene?"

Das braune Insekt wendete sich mir langsam zu. „Ich bin eine Biene und bin es auch wieder nicht", sprach es dann mit sanfter Stimme. „Wir gehören dazu und bleiben doch Fremde."

Ich kratzte mich mit der Zehe am Kopf. Die schwermütige Stimme der Biene verwirrte mich noch mehr als ihre seltsamen Worte. „Aber eine Fliege bist du nicht!", sagte ich, nur um das Gespräch irgendwie fortzusetzen.

„Aber nein", antwortete das braune Insekt sanft. „Ich bin eine Drohne, eine männliche Biene. Unsere Berufung ist es, dem Volk der Bienen, das nur Arbeit kennt, dadurch zu dienen, dass wir uns ganz der Dichtung und dem Denken hingeben."

„Was dichtet ihr denn so?", wollte ich wissen. Eine klügere Frage fiel mir leider nicht ein. Der Drohne schien das aber nichts auszumachen. Vielleicht war sie froh, sich mit jemandem unterhalten zu können.

„Wir dichten hauptsächlich von der Liebe und wir sammeln alte Geschichten aus unserem Volk und denken darüber nach", sagte die Drohne.

„Ich höre sehr gern Geschichten!", rief ich eifrig. „Und mein Vater erzählt abends auch immer welche."

„Oh, glückliches Geschöpf!", rief die Drohne wehmütig. „Nicht eine einzige Biene aus meinem Volk will meine Geschichten hören. Auch abends nicht. ‚Brotlose Kunst' nennen sie es. Ich gelte als unnützer Esser, weil ich nicht mit ihnen hinausfliege, um Nektar zu sammeln. Und eines Tages werfen sie uns Drohnen hinaus und wir müssen sterben."

„Aber warum lasst ihr euch das gefallen!?", rief ich empört. „Ihr könntet euch doch wehren; ihr habt doch einen Stachel …"

„Oh, junger Freund", lächelte die Drohne mild. „Krieg zu führen ist gegen unsere Berufung. Erst die Erfüllung unseres schweren Schicksals gibt unserer Dichtung jene unvergleichliche Tiefe. – Außerdem

164

haben wir Drohnen keinen Giftstachel wie die weiblichen Bienen", fügte das Insekt dann sachlich hinzu.

„Aber du kennst Geschichten!", stellte ich fest und wechselte so das Thema. „Kennst du vielleicht auch die Geschichte von einem Staubling, der Jesus hieß und in einem Stall zur Welt kam? Oder von Johannes? Man nannte ihn auch den Täufer. Es geht darum, dass der dunkle Herrscher vertrieben wird und das Paradies wiederkommt, wie der Vater im Himmel es versprochen hat. – Mehr weiß ich leider nicht."

Die Drohne antwortete nicht gleich, sondern dachte ziemlich lange nach. Ich merkte es am leichten Zittern ihrer Flügel. Es fiel mir schwer zu schweigen und abzuwarten.

„Ja, da gibt es eine Geschichte", sagte die Drohne endlich. „Eine alte und zum Teil rätselhafte Geschichte."

„Erzähl sie mir, auch wenn sie noch so rätselhaft ist!", bettelte ich.

Der Drohne bereitete es sichtlich Vergnügen, einen so bereitwilligen Zuhörer zu haben.

„Die Geschichte begab sich in jenem Land, wo die Kinder Abrahams leben", begann sie. „Es war damals ein armes, ausgeplündertes Stück Erde. Die meisten Wälder waren im Lauf der Jahrhunderte von Feinden abgeholzt worden, die Sümpfe und Urwälder entlang des Jordanflusses waren fast gänzlich ausgetrocknet, der Regen hatte den Ackerboden hinweggeschwemmt. Der Boden war in den meisten Teilen des Landes steinig und karg. Frisches Wasser galt als seltene Kostbarkeit bei den Staublingen und den Tieren. Nur hoch oben im Norden des Landes, wo im Sommer auf den Bergen der Schnee schmilzt, gab es einen größeren, fischreichen See. Harfensee wurde er genannt oder See Genezareth. Der Jordan, der dort entspringt, mündet im Süden des Landes in ein Meer. Das Wasser dieses Meeres ist so salzig, dass kein Tier darin leben oder auch nur sein Wasser trinken kann. Totes Meer wird es deshalb genannt.

Doch wir Bienen sind genügsam. Besonders in den kargen Steppen und an den felsigen Hängen jenes Landes wuchsen wunderbare Blumen mit duftenden Blüten. Nur wenige Staublinge kamen in jene Gegend; ein einsamer Wanderer vielleicht einmal oder ein Hirte mit seinen Ziegenherden.

165

Es war seltsam, dass sich einer der Staublinge, eben jener Johannes, in dieser Einöde längere Zeit aufhielt. Wasser zum Trinken fand er zwar am Jordan, aber zu essen gab es nur wenig für Staublinge."

„Hat Johannes wirklich Heuschrecken gegessen und Honig?", wollte ich wissen. „Und habt ihr ihm davon abgegeben?"

„Honig ist eine köstliche Speise", nickte die Drohne. „Die Überlieferungen in unserem Volk unterscheiden sich in diesem Punkt allerdings. Die einen sagen, die Bienen hätten Johannes freiwillig Honig gebracht. Wir Drohnen meinen jedoch, dass er sich den Honig einfach genommen hat. Es wäre ein zu großes Wunder, wenn Bienen freiwillig von ihrem Honig abgeben würden." Die Drohne seufzte und schwieg eine Weile.

„Warum ist Johannes denn in diese Einöde gezogen?", fragte ich schließlich.

„Johannes war ein Prophet, wie Elija lange vor ihm einer gewesen war", sagte die Drohne. „Ein Prophet ist ein Staubling, der …"

„Ich weiß, was ein Prophet ist", unterbrach ich rasch. „Und ich weiß auch, wer Elija war. Ein Rabe hat mir von ihm erzählt und wie Elija von den Kindern Abrahams verlangt hat: ‚Entscheidet euch! Wem wollt ihr vertrauen: dem Vater im Himmel oder dem Götzen Baal?'"

„Und genau das war auch die Aufgabe des Johannes", nickte die Drohne. „‚Ihr seid auf dem falschen Weg!', rief er. ‚Kehrt um zu Gott. Und entscheidet euch rasch, denn ihr habt wenig Zeit. Bald kommt Gottes mächtiger Held. Ich bin nicht würdig, ihm auch nur die Schuhriemen aufzulösen. Er wird wie ein Sturmwind alles hinwegfegen, was sich Gott widersetzt.'"

„Ja! Ja!", rief ich begeistert. „Aber zu wem hat Johannes eigentlich gesprochen? Dort in der Einöde war doch sonst niemand", fragte ich dann.

„Zuerst hatte Johannes nur einige Freunde bei sich. Dann kamen zufällig ein paar Ziegenhirten vorbei. Die erzählten es weiter und dann wollten immer mehr Leute Johannes hören. Es kamen schließlich ganze Pilgerscharen von weit her in die Einöde.

Manche waren nur neugierig. Andere erschraken über Johannes' Worte. ‚Was sollen wir denn tun, damit Gott uns nicht hinwegfegt?',

fragten sie ängstlich. ‚Ihr müsst ein ganz neues Leben beginnen‘, erwiderte Johannes. ‚Lebt nach den guten Regeln, die Gott damals Mose gegeben hat. Und als Zeichen dafür, dass es euch ernst damit ist und ihr ab heute auf Gottes Seite treten wollt, lasst euch von mir im Jordan taufen.‘“

„Was ist das, taufen?“, fragte ich unsicher. „Sollten sie im Fluss baden, wie die Elefanten es tun?“

„Ja, vielleicht so ähnlich“, schmunzelte die Drohne. „Johannes tauchte die Leute im Wasser unter. Aber nicht der Staub der Wüste sollte von ihnen abgewaschen werden, sondern der Schmutz der Schuld vor Gott. Und danach sollten sie ein neues Leben beginnen.

‚Wenn der Retter kommt, wird er nicht wie ich mit Wasser taufen, sondern mit Feuer. Alles, was sich ihm entgegenstellt, wird verbrennen wie dürres Holz!‘, rief Johannes.

Die meisten seiner Zuhörer nahmen das sehr ernst. Sie wollten bereit sein. Aber nicht allen gefiel, was Johannes sagte und tat.“

„Die Philister?“, fragte ich auf gut Glück.

„Nein, nein!“, kicherte die Drohne belustigt. „Die Philister lebten zu jener Zeit schon lange nicht mehr im Lande. Wer sich ärgerte, waren ausgerechnet jene Leute, die Gottes Worte studiert hatten und meinten, sie wüssten ganz genau, was Gott will. Viele dieser Schriftgelehrten und Priester ärgerten sich über Johannes. ‚Warum kommen die Leute nicht zu uns nach Jerusalem in den Tempel? Warum fragen sie nicht uns, was Gott will?‘, schimpften sie. ‚Stattdessen rennen sie zu diesem Johannes in die Wüste und lassen sich taufen wie Leute, die nicht zu den Kindern Abrahams gehören!‘

Johannes war in ihren Augen ein gefährlicher Verführer und Dummkopf.“

„Und dann?“, fragte ich ein wenig beunruhigt.

„Eines Tages kam Jesus zu Johannes und wollte sich taufen lassen“, erzählte die Drohne weiter. „Johannes wollte erst nicht. ‚Du solltest besser mich taufen‘, sagte er. Aber dann fügte er sich.

Als Jesus aus dem Wasser stieg, fiel helles Licht wie eine weiße Taube vom Himmel herab auf ihn. Und dann sprach Gott: ‚Dies ist mein lieber Sohn. Ihn habe ich erwählt.‘ Da wusste Johannes, dass der von Gott gesandte Retter endlich gekommen war.“

Endlich! Ich war begeistert. – Dass der Vater im Himmel einen Staubling seinen Sohn nannte, war aber auch seltsam. Ich hatte das schon einmal irgendwo gehört. Genau! Der Frosch hatte mir von Ägypten erzählt und wie Gott dem Mose damals befahl: ‚Sage dem Pharao: Die Nachkommen Abrahams sind mein eigener Sohn, den ich besonders lieb habe. Lass dieses Volk frei oder dein ältester Sohn wird sterben.‘

Eine andere Frage brannte mir aber viel mehr auf den Krallen: „Sind Jesus und Johannes dann gleich losgezogen, um die Bösen zu verjagen?“, fagte ich gespannt. „Und wie haben sie es gemacht? Mit einer Steinschleuder wie David? Oder haben sie das Feuer angezündet?“

Die Drohne sah mich verwundert an. „Eine Steinschleuder?“, fragte sie verständnislos. „Nein, davon weiß ich nichts. Und welches Feuer meinst du?“

„Na, das Feuer, von dem Johannes gesprochen hat!“, rief ich. „Das Steppenfeuer, das alles Dürre und Abgestorbene vernichtet. – Du hast doch eben selbst davon erzählt.“

Die Drohne schüttelte den Kopf. „Nein. So weit war es noch nicht. Johannes wusste jetzt, dass Jesus der Retter ist. Aber er blieb, wo er war. Doch er verkündigte umso eindringlicher, dass die Menschen von ihren bösen Wegen umkehren sollten. ‚Der Retter lebt schon mitten unter euch, auch wenn ihr ihn noch nicht kennt!‘, rief er.

Johannes wurde später von König Herodes verhaftet und ins Gefängnis geworfen. Johannes hatte nämlich zu ihm gesagt: ‚Was du tust, gefällt Gott nicht.‘ Vielleicht hatte Herodes auch Angst, Johannes würde die Leute gegen ihn aufwiegeln. Davor fürchtete Herodes sich nämlich am allermeisten. – Später ließ er Johannes hinrichten“, berichtete die Drohne weiter. „Wie ich hörte, sollen zwei Frauen dahinter gesteckt haben.“ Die Drohne seufzte.

„Und Jesus?“, fragte ich erschrocken. „Was hat Jesus gemacht?“

„Jesus ging ganz allein in eine einsame Gegend“, erklärte die Drohne. „Es wusste zu dieser Zeit nämlich noch jemand, wer Jesus war und wozu er im Stall geboren worden war: der dunkle Herrscher.“

Ich zuckte zusammen. Mir wurde kalt. „Weiter!“, piepste ich.

„Der dunkle Herrscher beschloss: Ich werde Jesus verführen, wie ich die ersten Staublinge verführt habe. Die Wüste ist ein noch besserer Ort dazu als das Paradies. Wenn einer großen Hunger und Durst hat, kann man alles mit ihm machen. Und wenn ich erst diesen einen habe, wird keiner mir je wieder gefährlich werden." So erzählte die Drohne.

„Aber weil Jesus Gottes Sohn war, ist der Vater im Himmel gekommen und hat den dunklen Herrscher verjagt", fügte ich rasch hinzu. „So machen es zum Beispiel die Löwenväter, wenn Hyänen ihren Kindern zu nahe kommen."

Ich hoffte sehr, die Drohne würde mir zustimmen. „Nein", sagte sie zu meinem Entsetzen. „Der Vater im Himmel wollte, dass sein Sohn auf die Probe gestellt wurde."

„Aber …!" Mehr brachte ich nicht heraus.

„Der dunkle Herrscher ließ sich Zeit, viel Zeit", erzählte die Drohne weiter. „Und das mit List. Erst nach vierzig Tagen, als Jesus sehr hungrig und schwach war, schlich er sich an ihn heran.

‚Du bist doch Gottes Sohn', flüsterte er. ‚Und vor dir liegt eine große Aufgabe. Wenn du jetzt nichts isst, kommst du aus dieser Wüste nicht mehr lebend heraus. Und was wird dann mit dem Auftrag, den du erfüllen sollst? Gott hat dich doch nicht zu seinem Sohn erklärt, damit du hier in der Wüste verhungerst? Du darfst jetzt nicht länger warten: Tue ein Wunder, verwandle diese Steine in Brot und iss!'

Doch Jesus erwiderte: ‚Mein Vater im Himmel hat gesagt: Der Mensch lebt nicht nur von Brot, sondern Gottes Wort erhält sein Leben.'"

„Das war gut!", sagte ich, ohne viel verstanden zu haben. Jedenfalls hatte Jesus dem schwarzen Licht nicht geglaubt. Und das war ganz bestimmt richtig.

„Da nahm der dunkle Herrscher Jesus mit nach Jerusalem und stellte ihn auf die höchste Spitze des Tempels", berichtete die Drohne weiter. „Dort sagte er zu Jesus: ‚Dies ist eine Probe, ob du Gott wirklich vertraust. Er hat gesagt: Meine Engel werden dich auf Händen tragen, sodass du dir nicht wehtust. Wenn du also Gottes Sohn bist und seinem Wort glaubst, dann spring von hier hinunter!'

Jesus erwiderte: ‚Gott hat aber auch gesagt: Versuche nicht, dem Vater im Himmel deinen eigenen Willen aufzuzwingen.‘“

„Gut!“, rief ich wieder begeistert, auch wenn ich nicht verstand, weshalb der dunkle Herrscher um das Fliegen ein solches Getue gemacht hatte.

„Dann wurde Jesus vom Bösen auf einen hohen Berg gebracht“, erzählte die Drohne weiter. „Dort zeigte er ihm in einem Augenblick alle Königreiche der ganzen Welt. ‚Ich helfe dir, deinen großen Auftrag zu erfüllen‘, lockte der dunkle Herrscher. ‚Gebrauche all diese Macht und Herrlichkeit, wie du es willst. Alle Königreiche gehören dir, sobald du niederkniest und mich als deinen Herrn darum bittest.‘

Doch Jesus erwiderte: ‚Weg mit dir, Versucher! Der Vater im Himmel hat gesagt: Bete nur Gott an, deinen Herrn, und gehorche ihm allein.‘

Da machte sich der dunkle Herrscher davon. Jesus hatte die Probe bestanden.“

Ich hopste begeistert auf meinem Ast herum. – Doch dann kam mir ein Gedanke und ich blieb still hocken. „Warum hat Jesus den dunklen Herrscher entkommen lassen?“, fragte ich. „Warum hat er ihn nicht gleich geschnappt und mit Gewalt aus dem Paradies vertrieben?“

„Mit Gewalt?“, fragte die Drohne ungewohnt scharf zurück. „Und aus welchem Paradies? – Gott ist gerecht. Er tut nicht einmal dem dunklen Herrscher Unrecht. Wo denkst du hin! Die Staublinge sind freiwillig dem schwarzen Licht gefolgt. Sie sind ihm deshalb verfallen, so ist es Recht seit uralten Zeiten. Solange die Staublinge nicht geheilt sind, wird mit ihnen auch das dunkle Licht in jedes Paradies einziehen und es im selben Augenblick zerstören, in dem sie es betreten.“

Die Drohne schwieg.

„Wie ging es dann weiter?“, fragte ich kleinlaut.

„Jesus verließ die Wüste und ging in die Dörfer und Städte der Staublinge“, begann die Drohne nach einer Weile erneut. „Er sprach mit den Menschen. Wie Johannes rief er: ‚Kehrt um von eurem falschen Weg, denn Gottes Herrschaft auf Erden beginnt.‘

Aber er war nicht so streng wie Johannes. Er erzählte wunderbare Geschichten vom Vater im Himmel und von Gottes guter Herrschaft.

Wer traurig war oder keine Freunde hatte, den tröstete er. Die Staublinge kamen von weit her, um ihn zu hören, und gingen am Abend nachdenklich und froh nach Hause. Denn Jesus redete ganz anders, als sie es von ihren Schriftgelehrten gewöhnt waren; nicht so langweilig und nicht so rechthaberisch und hart. ‚Gott ist euer lieber Vater‘, sagte Jesus. ‚Er weiß, was ihr nötig habt, noch ehe ihr ihn darum bittet. Und er gibt es euch gern. Vertraut ihm und macht euch keine Sorgen. Auch nicht um solche Dinge wie Essen und Trinken oder was ihr anziehen sollt.‘

Aber nicht immer war es angenehm, was Jesus den Staublingen sagte. Manche mussten ganz schön schlucken und kämpfen. Von Petrus zum Beispiel soll er verlangt haben, dass er ihm sein Boot gab, obwohl Petrus gar keine Lust dazu hatte.“

„Sein Boot?“, fragte ich erstaunt.

„Ja“, nickte die Drohne. „Es war oben am See Genezareth. Petrus war Fischer und hatte ein Boot.“

„Und warum sollte er es hergeben?“

„So genau weiß ich das auch nicht“, erwiderte die Drohne etwas mürrisch. „Du wolltest die Geschichte von Johannes hören und die habe ich dir erzählt. – Ein Boot? Wozu braucht man ein Boot? Woher soll ich als Drohne das wissen?

Vielleicht wollte Jesus auf die andere Seite des Sees rudern. Ich kann‚s dir nicht sagen. Frage meinetwegen bei den Eisvögeln nach. Die wissen doch sonst alles über Fische und Fischen. – Doch nun entschuldige mich. Mir kam beim Erzählen gerade ein Vers in den Sinn, der sich vielleicht für ein Gedicht oder Lied eignet. Und beim Dichten muss ich allein sein. Ein Gedicht muss in der Stille reifen.“

Die Drohne summte etwas vor sich hin, das ihr zu gefallen schien. Dann erhob sie sich und flog davon.

Ich rief ihr rasch ein „Dankeschön!“ nach. Dann holte ich erst einmal tief Luft. Was die Drohne mir erzählt hatte, war das Beste seit langem: Jesus war der Retter, er hatte die Probe bestanden; eine Geschichte ohne trauriges Ende. – Ich musste noch mehr herausbekommen, das stand fest. Da war zunächst die Sache mit dem Boot. Merkwürdig, sehr merkwürdig!

Was der Eisvogel vom Fischer Petrus erzählt

Wir Spatzen sind keine Trauerklöße. Während der nächsten Tage war ich aber so fröhlich und ausgelassen, dass es selbst den anderen Spatzen auffiel. Ich saß mehr als einmal auf meinem Lieblingsast und pfiff laut vor Freude. Was der Büffel Bubalus und dann die Drohne mir erzählt hatten, waren einfach zu frohe Nachrichten, um nicht laut zu pfeifen. – Petrus und das Boot! Ich kratzte mich ausgiebig.

Eisvögel leben am Fluss. Ich hatte sie dort schon gesehen, war ihnen aber immer aus dem Weg gegangen. Sie dulden niemanden gern in ihrem Jagdgebiet. Außerdem sind Eisvögel prächtige Vögel. In ihrer Nähe schäme ich mich immer ein wenig meiner braunen Federn, auch wenn die noch so praktisch sind.

Die Brust der Eisvögel leuchtet rostrot. Nun, das ist noch nichts Besonderes. Aber auf Rücken und Schwingen schillern ihre Federn in allen nur denkbaren blaugrünen Schattierungen. Es glitzert, als wenn sich die helle Sonne in Diamanten oder Eiskristallen bricht.

Diese Pracht ist zugleich eine sehr gute Tarnung. Eisvögel lieben nämlich klares, blaugrün schimmerndes Gewässer. Sie machen dort Jagd auf kleine Fische. Wenn sie mit ihren scharfen Augen einen Fisch erspäht haben, stürzen sie sich ins Wasser, den scharfen Schnabel wie eine Speerspitze voran. Mühelos tauchen sie nach ein paar Sekunden wieder auf und fliegen zurück auf ihren Ast. Den erbeuteten Fisch wenden sie geschickt im Schnabel, bis sie ihn – Kopf voran – am Stück verschlingen.

Ein solches Kunststück habe ich nie gewagt. Bestimmt würde ich mir alle Knochen brechen, und schwimmen können wir Spatzen leider auch nicht. – Aber immer nur Fisch, das würde mir nicht schmecken. Und unsere Spatzenburg ist zehn Mal gemütlicher als die langen, kalten Röhren in den steilen Uferwänden, wo Eisvögel wohnen. Jedenfalls tröste ich mich damit, so gut es geht, wenn ich einen der prächtigen Vögel sehe.

Sonnenklar, dass Eisvögel etwas von Fischfang verstehen. Aber ob sie auch die Geschichte kannten vom Fischer Petrus und seinem Boot?

Ich wollte es wissen und trieb mich ziemlich häufig am Fluss herum, besonders dort, wo ich bereits früher Eisvögel gesehen hatte.

Schon bald entdeckte ich einen dieser prächtigen Jäger. Er hockte auf einem Ast über dem Fluss. Ich wartete, bis er einen Fisch erbeutet und verzehrt hatte. Die meisten Tiere sind friedlich, wenn sie satt sind. Und darauf hoffte ich auch jetzt. Der dolchartige Schnabel des Vogels riet zur Vorsicht.

Ich hielt also respektvoll Abstand. „Wie machst du das eigentlich?", begann ich vorsichtig ein Gespräch. „Die Fische sind im Wasser doch kaum zu erkennen und flitzen außerdem ziemlich schnell herum."

Der Eisvogel warf mir einen ungnädigen Blick zu. Er war zum Glück ein wenig eitel, wie ich vermutet hatte. Meine Bewunderung gefiel ihm, auch wenn er es natürlich nicht zugab. „Begabung und Übung", sagte er knapp. „Schon als Kinder haben wir das gelernt."

„Ist es nicht gefährlich, sich so kopfüber ins Wasser zu stürzen?", fragte ich.

„Nicht wenn man es kann", gab der Eisvogel gelassen zurück und schüttelte seine Federn. „Es ist jedenfalls mit Abstand die beste Methode, Fische zu fangen."

„Hast du es denn schon einmal anders versucht – mit einem Boot vielleicht?", fragte ich ziemlich direkt. Ich musste zur Sache kommen, bevor der Eisvogel die Lust an unserem Gespräch verlor.

„Mit einem Boot!?", zischte der Eisvogel aufgebracht. „Willst du dich über mich lustig machen?"

„Nein, nein!", lenkte ich rasch ein. „Ich habe nur gehört, dass die Staublinge Boote benutzen, um Fische zu fangen; jedenfalls der Staubling Petrus. Meinst du, das geht und die Geschichte stimmt?"

Dass ich den Eisvogel um sein fachmännisches Urteil bat, versöhnte ihn wieder. Er dachte einen Moment nach.

„Merkwürdig!", sagte er dann. „Man erzählt in unserem Volk tatsächlich eine Geschichte von einem Fischer Petrus. Ja, richtig! Dieser Petrus soll ein Boot benutzt haben, um damit hinauszufahren. So eine Art Nussschale aus Holz, aber viel größer und mit allerlei Geräten darin.

Wir Eisvögel konnten ihn nie davon überzeugen, dass unsere Jagdmethode viel besser ist. Und dabei wimmelte es in Ufernähe nur so von Fischen. Nein, er wollte unbedingt weit hinaus und am liebsten große Fische fangen, die keiner mehr schlucken kann. Dummheit!"

„War das hier am Fluss?", fragte ich gespannt.

„Nein, nicht hier bei uns, sondern in einem fernen Land", schüttelte der Eisvogel den Kopf. „Es war das Land der Kinder Abrahams. Der Fischer Petrus lebte dort am Ufer eines großen Sees. Wie hieß der See noch gleich …?"

„See Genezareth vielleicht?", fragte ich vorsichtig.

„Richtig!", nickte der Eisvogel. „Es war ein wunderbarer See; sehr groß und von Höhenzügen umgeben. Am westlichen Ufer wohnten die Staublinge in Dörfern und Städten, das Ostufer war karg und einsam.

Die Wasser warmer Quellen flossen auf der Westseite in den See. Dichtes Schilf und Röhricht wuchsen dort. Angelockt durch das schöne warme Wasser gab es unzählige Fische, was die Sache noch besser machte. Es war ein Paradies für uns Wasservögel."

„Es war wirklich das Paradies?", fragte ich aufgeregt. „Das richtige?"

Der Eisvogel sah mich überrascht an. „Nein, nein. Es ist nur so eine Redewendung von mir. Zwar waren viele der Staublinge am See

Fischer wie wir Eisvögel. Sie konnten gut davon leben. Aber glücklich waren sie trotzdem nicht. Fremde Soldaten hielten das Land besetzt. Es waren die Römer. Und die Römer verlangten Steuern für fast alles, auch für jeden gefangenen Fisch.

Das Paradies? Ganz und gar nicht! Die Menschen ballten die Faust in der Tasche und verfluchten die Fremden. Andere wollten die Römer mit Gewalt aus dem Land vertreiben. Sie schreckten auch nicht vor Gewalt und Mord zurück. Aber es half alles nichts. Die Römer blieben.

Die meisten Staublinge sehnten sich deshalb nach einem starken Mann, der die Feinde aus dem Land vertreiben sollte. Andere halfen den Römern, auch wenn sie dafür von ihren eigenen Landsleuten gehasst wurden.“

„Aber was war mit diesem Petrus und mit seinem Boot?“, wollte ich wissen.

„Auch Petrus wünschte sich bessere Tage“, wiegte der Eisvogel nachdenklich den Kopf. „Er war bei Johannes dem Täufer gewesen. Seitdem hoffte er – vielleicht mehr noch als andere – auf den Retter, von dem Johannes gesprochen hatte. Manche munkelten: ‚Jesus ist der von Gott gesandte Erretter. Wartet ab, ihr werdet sehen!‘

Jesus war jedenfalls sehr berühmt. Er wohnte in dem Ort Kapernaum am See, wo auch Petrus sein Haus hatte.“

„Aber was war mit dem Boot?“, wollte ich wissen.

„Verschluck nicht zwei Fische gleichzeitig!“, tadelte mich der Eisvogel wegen meiner ungeduldigen Fragerei. „Eins nach dem anderen!

Als Fischer musste Petrus natürlich noch an andere Dinge denken als an die Römer. Er musste vor allem genug Fische fangen, um seine Familie zu ernähren. Deshalb fuhren er und seine Freunde in Booten nachts auf den See hinaus und legten ihre Netze aus. Das war eine sehr umständliche Methode!“

„Sollte Petrus sein Boot hergeben, weil es so umständlich war?“, fragte ich.

Der Eisvogel sah mich missbilligend an und überhörte meine Zwischenfrage.

„Einmal hatten sie die ganze Nacht gearbeitet. Aber das Einzige, was sich im Netz verfangen hatte, war fauliges Schilf und stinkender Schlamm. Nicht einen einzigen Fisch hatten sie erbeutet!

Müde und enttäuscht zogen sie am Morgen ihr Boot auf das Ufer und begannen, die schweren Netze zu säubern. Das war eine unangenehme Arbeit. Doch Petrus wollte ja nicht auf uns Eisvögel hören. Unsere Federn sind rasch geputzt, aber säubere einmal Netze!

Jedenfalls war Petrus nicht nur müde, sondern auch schlecht gelaunt. Er ärgerte sich über die vielen Leute, die am Ufer herumlungerten und die er nicht kannte. Ständig wurde er nach dem berühmten Jesus gefragt und wo der zu finden sei. – Ich sage dir, es gibt nichts Schlimmeres als Zuschauer, wenn man fischen will …"

„War Jesus denn auch am See?", fragte ich, bevor der Eisvogel sich auf lange Erklärungen zum Fischen einlassen konnte.

„Jesus stand nicht weit entfernt am Ufer, umringt von Zuhörern", erzählte der Eisvogel weiter. „Und noch immer kamen welche hinzu, die ihn sehen und ihm zuhören wollten. Es gab ein ziemliches Gedränge. Schließlich kam Jesus zu Petrus herüber. ‚Kann ich dein Boot haben?', fragte er. ‚Rudere mich ein paar Meter vom Ufer weg. Dann kann ich vom Boot aus zu den Leuten sprechen, und sie verstehen mich besser.'

Was sollte Petrus machen? Lust dazu hatte er nicht. Aber Jesus wohnte im selben Dorf. Sie waren sozusagen Nachbarn und all die Leute sahen Petrus erwartungsvoll an und fanden die Idee gut. Petrus holte das Boot; Jesus stieg ein und sie ruderten ein kurzes Stück vom Ufer weg. Dann musste Petrus wohl oder übel dasitzen und zuhören, was Jesus den Menschen erzählte."

„Warum ist er nicht einfach ans Ufer zurückgeflogen?", fragte ich.

Der Eisvogel sah mich kopfschüttelnd an und ich bemerkte meinen Irrtum. „Staublinge können nicht fliegen", belehrte mich der Eisvogel trotzdem überflüssigerweise. „Aber er hätte sich auf den Bootsrand setzen und unsere Jagdmethode üben können", fügte er ein wenig gekränkt hinzu. „Stattdessen saß er nur da. Das Boot schaukelte leicht auf den Wellen. Petrus sah Jesus von der Seite an, betrachtete dessen Gesicht mit den weit blickenden Augen und hörte, wie er von Gott erzählte. Der Ärger des Petrus verflog, je länger er zuhörte. In ihm wuchs die Sehnsucht, dass Gott doch bald seinen Retter schicken möge, damit alles gut würde auf der Erde.

Plötzlich wurde Petrus aus seinen Gedanken gerissen. ‚Nun fahre auf den See hinaus und wirf das Netz aus!', sagte Jesus zu ihm.

Jesus hatte seine Rede beendet, die meisten Leute waren gegangen, ohne dass Petrus es bemerkt hatte. Er fuhr zusammen. Was Jesus vorschlug, war Unsinn. Das war Petrus sofort klar. ‚Vom Vater im Himmel kann Jesus erzählen wie kein anderer. Davon versteht er etwas. Aber von Fischfang versteht er nichts.' So dachte Petrus. Bei Tage war es zwecklos, mit dem großen Netz zu fischen. Das wusste jeder am See. Und selbst in der Nacht hatten sie es vergeblich versucht. Die Netze waren noch nicht richtig sauber und er sollte sie gleich wieder durch den Dreck ziehen?"

„Und da hat Jesus das Boot genommen und ist selbst hinausgerudert?", wollte ich wissen.

„Nein." Der Eisvogel schüttelte sich wieder. „Jesus sah Petrus nur an.

‚Aber wir haben die ganze Nacht gefischt und nichts gefangen', erklärte Petrus.

Jesus sah ihn an.

‚Aber …', schnaufte Petrus. Dann schlug er mit der Faust in die flache Hand. ‚Aber weil du es sagst, Herr, fahre ich hinaus!'

Petrus holte die Netze, warf sie ins Boot, griff fast zornig nach den Rudern und fuhr hinaus auf den See. Dort ließ er das Netz über Bord gleiten.

Gleich darauf gab es einen Ruck und das Netz wurde schwer. Es füllte sich mit zappelnden Fischen – mit großen! Petrus rief die anderen Fischer. Hastig ruderten die mit einem zweiten Boot hinaus. Dann kehrten beide Boote schwer beladen zurück in den Hafen, voll mit Fischen."

„Und dann haben sie ein Fest gefeiert und sich über den saftigen Fang gefreut!", schlug ich vor.

„Nein", sagte der Eisvogel wieder. „Es passierte etwas, was ich nicht verstehe: Petrus sah auf die Fische und auf die Boote. Dann sah er Jesus an, der am Ufer stand. Und er erschrak. ‚Dies ist kein gewöhnlicher Mensch!', durchfuhr es ihn heiß. Er erzählt nicht nur von Gott, er ist …

‚Herr, gehe weg von mir!', stammelte Petrus und verbarg sein Gesicht in den Händen. ‚Ich bin ein sündiger Mensch …'

Doch Jesus sagte: ‚Hab keine Angst, Petrus! Du sollst mit mir gehen. Ich werde dich zu einem Fischer machen für Gottes Reich.‘ Von da an ging Petrus mit Jesus und er wurde sein Freund.“

Ich war sprachlos. Viele Fragen schossen mir durch den Kopf, aber ich brachte keine heraus.

„Petrus hat dann noch am selben Tag den See verlassen, sein Boot und seine Freunde und ist mit Jesus gegangen“, sprach der Eisvogel jetzt wie zu sich selbst. „Wenn ich mir das vorstelle! Nicht mehr das Rauschen der Wellen hören, nicht mehr mit dem Boot über das Wasser gleiten … Stattdessen zu Fuß unterwegs auf staubigen Straßen … Die Kühle des Sees und seine Einsamkeit zurücklassen und ins Gedränge der Staublinge gehen und in ihren Lärm!“

Der Eisvogel schüttelte sich. „Doch Petrus ging trotzdem mit. Und Jesus rief noch andere Männer, die alles zurückließen und immer bei ihm blieben.“

„Noch andere?“, fragte ich überrascht und begeistert. „Alles Fischer? Oder richtige Soldaten, Hauptleute – ein ganzes Heer …?“

„Es waren nur zwölf Männer“, berichtigte mich der Eisvogel. „Manche waren Fischer wie Petrus. Einer hatte für die Römer Steuern einkassiert und ein anderer mit Gewalt gegen die Römer gekämpft. Aber alle wollten sie von Jesus lernen. Sie sollten ihm helfen, wenn er in Stadt und Land von Gottes kommender Herrschaft sprach. Aber auch sonst begleiteten ihn viele der Staublinge für kürzere oder längere Zeit. Es waren auch Kinder und Frauen dabei. ‚Er ist der von Gott versprochene Retter‘, sagten sie. – Nein, ein Kriegsheer war das ganz und gar nicht!“

„Aber die Führer des Volkes!“, rief ich aufgeregt. „Die hätten doch wie Mose oder König David alle zusammentrommeln können, das ganze Volk. Und dann nichts wie losgezogen und den dunklen Herrscher vertrieben und die Römer noch dazu meinetwegen!“

Der Eisvogel lachte auf. „Du träumst, Körnerfresser! Die Oberen und Schriftgelehrten dachten nicht daran, Jesus zu helfen. Sie wollten am allerwenigsten von ihm wissen. Die meisten schüttelten erbost den Kopf, wenn von Jesus die Rede war. ‚Johannes der Täufer war schon ein Übel‘, schimpften sie. ‚Aber dieser Jesus ist noch viel gefährlicher. Wir müssen etwas gegen ihn unternehmen.‘“

„Was hatten sie denn an Jesus auszusetzen?", fragte ich enttäuscht.

„Sie waren neidisch und sie machten sich Sorgen", erwiderte der Eisvogel.

„Sie waren nur neidisch, weil die Leute zu Jesus kamen und nicht zu ihnen. Bei Johannes war das auch schon so!", schimpfte ich los.

„Ja", nickte der Eisvogel. „Aber sie hatten auch Angst wegen der Römer. ‚Wenn immer mehr Leute herumposaunen: Jesus ist der Retter! Jesus wird uns befreien! Jesus ist unser wahrer König!', dann werden die Römer sich das nicht lange ruhig anhören. Sie werden ihre Soldaten schicken und alles kurz und klein schlagen. Und dann ist es ganz aus mit uns und den Kindern Abrahams."

Wir saßen eine Weile und dachten nach.

„Warteten sie denn nicht auf den versprochenen König?", fragte ich schließlich.

„Doch, schon", sagte der Eisvogel. „Aber Jesus konnte es ihrer Meinung nach nicht sein. ‚Wenn der Retter kommt, dann wird er so ähnlich sein wie wir', dachten sie. ‚Aber Jesus hält sich ja nicht einmal an die zehn guten Regeln, die Gott uns gegeben hat', empörten sie sich. ‚Gott hat zum Beispiel mehr als einmal gesagt, dass seine Kinder an einem bestimmten Tag in der Woche nicht arbeiten sollen, am Sabbat nämlich. Und Jesus arbeitet trotzdem. Deshalb kann er unmöglich von Gott geschickt sein.'"

„Das war doch gelogen!", rief ich aufgebracht. „Wenn der Vater im Himmel das gesagt hat, dann hat Jesus an diesem Tag auch nicht gearbeitet!"

„Na, ja", gab der Eisvogel ausweichend Antwort. „Kurze Zeit später passierte es zum Beispiel, dass Jesus an einem Sabbat in ein Haus in Kapernaum ging. Viele Leute waren an diesem besonderen Tag zu einem Gottesdienst zusammengekommen. Jesus predigte.

Unter den Zuhörern war auch ein Mann, der von alledem nichts mitbekam. Der dunkle Herrscher hatte nämlich ganz und gar Besitz von ihm ergriffen. Manchmal konnte der Mann nicht einmal sagen, was er selbst wollte, sondern der dunkle Herrscher sprach aus ihm. Das war schrecklich.

Dieser Mann sprang mitten in der Predigt auf und schrie mit

schauerlicher Stimme: ‚Warum quälst du uns, Jesus? Ich kenne dich. Du bist von Gott gesandt, um uns zu verderben!‘

Es war der dunkle Herrscher, der aus dem Mann sprach. Doch Jesus befahl ihm: ‚Sei still und verlasse diesen Menschen!‘ Der Mann schrie und fiel zu Boden. Doch gleich darauf stand er wieder auf, frei und gesund.

Die Staublinge waren fassungslos. ‚So etwas haben wir noch nie erlebt!‘, riefen sie. ‚Jesus hat sogar Macht über den Teufel!‘

Am Abend nach dem Gottesdienst versammelte sich fast die ganze Stadt vor dem Haus, in dem Jesus wohnte. Sie brachten ihre Kranken zu ihm und Jesus heilte sie.“

Ich war begeistert. „Jesus hat Macht über den dunklen Herrscher! Jetzt wird das schwarze Licht vertrieben! Jetzt sehen die Staublinge alles wieder richtig!“, flatterte ich mit den Flügeln. „Jetzt geht es endlich los!“

„Du täuschst dich schon wieder“, schüttelte der Eisvogel den Kopf. „Die Schriftgelehrten erkannten nichts und wollten davon auch nichts wissen. Sie ärgerten sich. ‚Warum übertrittst du Gottes Gebot?‘, nörgelten sie an Jesus herum. ‚Warum heilst du am Sabbat? Einen Menschen zu heilen, ist eine Arbeit, und Gott hat verboten, am Feiertag zu arbeiten.‘

Jesus erwiderte: ‚Wenn euer Ochse am Feiertag in ein Brunnenloch fällt, dann holt ihr ihn doch auch gleich heraus. Oder nicht? Und ich soll einen Menschen nicht aus der Gewalt des dunklen Herrschers retten, nur weil es gerade Sabbat ist?‘

Die Schriftgelehrten schüttelten die Köpfe. Sie waren nicht zufrieden. Am meisten ärgerten sie sich, weil sie an der Antwort Jesu nichts aussetzen konnten.“

Was der Eisvogel mir erzählte, war so aufregend, dass ich ein wenig näher zu ihm heranrückte. „Aber Jesus hatte doch Macht über Krankheiten!“, rief ich. „Und über den dunklen Herrscher! Und außer den paar Nörglern hielten die meisten Staublinge zu Jesus. Ganz bestimmt haben sie ihn zum König gemacht! – Wann war das? Und gibt es dort in jenem Land jetzt wieder das Paradies?“

Der Eisvogel rückte ein wenig von mir ab, bis der alte Abstand zwischen uns wieder hergestellt war. „Soviel ich weiß, wollten die Kinder

Abrahams Jesus tatsächlich zu ihrem König machen – trotz der Einwände der Oberen", sagte er dann. „Sie wollten es sogar mehr als einmal."

„Und wann haben sie es tatsächlich getan?", stöhnte ich.

„Überhaupt nicht", sagte der Eisvogel.

„Nicht?", piepste ich enttäuscht. „Hat der dunkle Herrscher es tatsächlich verhindern können … Aber …" Ich war ratlos.

„Verhindern?" Der Eisvogel macht ein nachdenkliches Gesicht. „Vielleicht wollte er gerade das erreichen, dass Jesus König der Staublinge wird. Hatte er ihm nicht schon früher einmal alle Königreiche der Welt angeboten? – Nein, Jesus selbst hat es verhindert. Er wollte nicht, dass sie ihn zum König machten."

„Er *wollte* es nicht?" Ich schüttelte ungläubig den Kopf. „Weißt du ganz genau, dass er es nicht wollte?"

Der Eisvogel fuhr sich mit dem Schnabel verlegen durchs Gefieder. „Nein, wir Eisvögel wissen es nicht ganz genau", gab er dann zu. „Wir waren nicht dabei, als sie es versuchten. Die Geschichte unseres Volkes sagt darüber nichts Genaues."

Es war klar, dass die Geschichte zu Ende ging und ich von ihm nicht mehr erfahren konnte, auch wenn ich noch so sehr bettelte. „Kennst du jemand, der mehr über diese Geschichten weiß?", fragte ich matt.

Der Eisvogel spähte ins Wasser hinab. Irgendetwas dort unten hatte seine Aufmerksamkeit erregt. „Du kannst es mal bei den Mäusen versuchen, wenn du unbedingt mehr wissen willst, als einem Sperling zusteht", sagte er. „Mäuse sind klüger, als du denkst. Und im Land der Kinder Abrahams gab es jedenfalls massenhaft Mäuse – wie fast überall auf der Welt …"

Damit ließ sich der Eisvogel von seinem Ast fallen und fuhr wie ein blauer Blitz hinab ins Wasser.

Ich machte mich davon, noch bevor er wieder auftauchte. Am Ende würde er mir noch einen Fisch anbieten und ich müsste so ein kaltes Zappelding am Stück verschlingen … Darauf hatte ich im Moment wirklich keinen Appetit!

Maus Adelheid, vier Freunde auf dem Dach und Häuser im Sturm

Es ist eine alte Spatzenweisheit, dass man beim Fliegen die Augen offen halten muss und an nichts anderes denken darf als ans Fliegen. Gefährliche Feinde wie die Falken lauern nämlich nur darauf, einen kleinen Vogel zu erwischen, der mit seinen Gedanken gerade ganz woanders ist.

Trotzdem hatte ich Mühe, unseren Nistbaum sicher zu erreichen, ohne mich schon unterwegs gründlich zu wundern. Kaum angekommen, musste ich das dringend nachholen.

Was der Eisvogel mir erzählt hatte, war beunruhigend und merkwürdig. Und war es nicht auch sehr seltsam, dass ausgerechnet Mäu-

se etwas vom König der Staublinge wissen sollten? Hatte der Eisvogel sich über mich lustig gemacht oder wollte er mich einfach nur los werden?

Löwe, Elefant, Leopard, Geier, Wildhund, Rabe, Krokodil, Kaffernbüffel … Sie alle hatten mir ihre Geschichte erzählt. Irgendwie traute ich es diesen großen Tieren zu, etwas von dem mächtigen Erretter zu wissen. Aber einer kleinen Maus in ihrem Erdloch? Mäuse gibt es massenhaft, auch im Wurzelbereich unseres Nistbaums. Ich hatte mir nie die Mühe gemacht, sie auch nur näher zu betrachten.

Doch dann fielen mir die kleinen Tiere wieder ein, die mir ihre Geschichten erzählt hatten: Die Termite Tera hatte ich nicht einmal zu Gesicht bekommen, und doch kannte sie allein die Geschichte vom Turmbau zu Babel. Und der Mistkäfer war auch viel kleiner gewesen als ich selbst und hatte doch etwas gewusst vom großen Auszug der Kinder Abrahams aus Ägypten. Und zuletzt die winzige Drohne!

Vielleicht verstand eine kleine Maus tatsächlich mehr von jenem Helden, der kein König werden wollte, als die großen Tiere? Und ich selbst – nun ja, eigentlich gehöre ich ja auch eher zu den Kleinen. Allerdings bin ich ein Zweibeiner und ich kann fliegen!

Ich hörte also auf, mich zu wundern. Bei den Mäusen nachzufragen, konnte ja nicht schaden.

Zu meiner Überraschung musste ich aber feststellen, dass es gar nicht so einfach ist, mit einer Maus auch nur ein einziges Wort zu wechseln. Von meinem Lieblingsast aus konnte ich auf zahllose Mauselöcher hinunterblicken. Die kleinen Nager hatten das Gras abgeknabbert und sich schmale Straßen und Tunnel angelegt. Von Zeit zu Zeit huschte einer der braunen Flitzer dort entlang und verschwand wie der Blitz in einem der Löcher. Gelegentlich kam auch eine Maus aus ihrem Loch, um draußen ein wenig herumzuknabbern. Aber die Tiere waren sehr scheu. Sobald ich zu ihnen hinabflog und sie auch nur das Sausen meiner Flügel hörten, waren sie verschwunden.

Schließlich kam mir eine Idee. Ich flog auf den Boden hinab und tat so, als sei ich nur daran interessiert, ein paar Grassamen aufzupicken, die hier reichlich herumlagen. Ich hüpfte nur gelegentlich ein wenig weiter und vermied jede hastige Bewegung.

Mein Plan gelang: Schon bald hörte ich es rascheln und eine kleine Maus kam herangehuscht. Sie beäugte mich mit ihren schwarzen Kugelaugen misstrauisch, aber da ich mich überhaupt nicht um sie kümmerte, fasste sie Vertrauen und kam näher.

„Uff, ich kann nicht mehr!", sagte ich wie zu mir selbst. „Hier liegen noch so viele Samenkörner. Schade, dass ich satt bin!"

„Lass mir ein paar übrig!", piepste die Maus.

Eine Zeit lang pickten wir gemeinsam. „Picken" ist bei Mäusen eigentlich nicht der richtige Ausdruck, wie ich bald entdeckte. Die Maus naschte nicht wie ich die Körner direkt vom Boden, sondern nahm sie vornehm in die kleinen Vorderpfoten, setzte sich dann auf die Hinterbeine und knabberte in Windeseile, wobei sie das Korn geschickt mit den Vorderpfoten drehte. Ich vergaß zu picken und sah ihr eine Zeit lang erstaunt zu.

„Meine Flügel sind mir zwar lieber", sagte ich dann. „Aber Vorderbeine scheinen auch nicht völlig nutzlos zu sein." Ich versuchte dabei so vornehm zu sprechen, wie es uns Spatzen nur möglich ist.

Die kleine Maus war nicht sicher, ob meine Worte ein Kompliment gewesen waren oder nicht. „Wozu brauchen anständige Tiere Flügel?", erwiderte sie ein wenig frech. „Flügel taugen nicht zum Klettern, nicht zum Graben und auch nicht zum ordentlichen Essen. Nur diese gefährlichen Falken haben Flügel. Anständige Leute nicht!"

Ich hatte schon eine scharfe Erwiderung auf der Zunge, besann mich aber rechtzeitig. „Falken mag ich auch nicht!", sagte ich stattdessen. „Die fangen auch Spatzen und sind sehr gefährlich."

„Stimmt!", sagte die kleine Maus. Wir schwiegen eine Weile.

„Dein Fell hat fast dieselbe Farbe wie meine Federn", sagte ich dann. „Wie heißt du?"

Die kleine Maus putzte sich mit den beiden Vorderbeinen flink über die Schnurrbarthaare. „Ich heiße Adelheid", sagte sie. „Und du?"

„Tschilp", sagte ich. „Hast du Geschwister, Adelheid?"

„Und ob!", kicherte Adelheid mit ihrer feinen Stimme. „Wir Mäuse fühlen uns am wohlsten, wenn möglichst viele von uns zusammen sind. Unser Volk ist unzählbar groß. Mein Papa sagt immer, dass wir Mäuse die wahren Könige der Erde sind. Uns gibt es fast überall auf der Welt. Und unser Volk ist weit verzweigt. Manche von uns leben im

184

Wald oder in Wüsten, uns gibt es in den Häusern der Staublinge und auf ihren Schiffen. Andere wohnen am Ufer von Flüssen und Bächen und sogar im Wasser. Wir Mäuse sind überall. Und auch die großen Ratten zählen zu unserem Volk. – Aber die mag ich nicht. Die sind mir zu grob."

„Uns Spatzen gibt es auch überall auf der Welt", warf ich rasch dazwischen. Dass Spatzen nicht schwimmen und tauchen können wie bestimmte Mäuse, erwähnte ich nicht. Es wurmte mich. „Und Geschichten erzählt mein Vater auch. Hast du schon mal etwas gehört von den Kindern Abrahams und von Jesus, der nicht König werden wollte?", fragte ich dann auf gut Glück. Selbst wenn Adelheid nichts von diesen Geschichten wusste, musste meine Frage sie doch beeindrucken. (Zu ärgerlich, dass keiner aus der großen Sperlingssippe schwimmen kann wie die Mäuse!)

„Klar, kenn ich!", sagte Adelheid rasch. Doch dann musste sie erst einmal gründlich nachdenken. Sie kratzte sich länger als nötig mit dem Vorderbein hinter den runden Ohren.

„Ich glaube, dass mein Vater diese Geschichte hauptsächlich erzählt hat, um uns vor den Staublingen zu warnen", begann sie dann umständlich. „Jedenfalls kamen immer viele der Staublinge zusammen, wenn Jesus irgendwo war. Sie wollten ihn sehen und seine Geschichten hören. Sie trampelten dabei mehr als einmal mit ihren großen Füßen auf unseren Wohnungen herum oder zerstörten unsere Verstecke, ob im freien Feld oder auf dem flachen Hausdach."

„Vernünftige Tiere bauen ihre Nester eben oben in Bäumen, wie wir Sperlinge, und nicht unten in der Erde. Dann trampelt auch niemand drauf herum", sagte ich rasch.

„Aber wenn ein Steppenfeuer kommt, ist es aus und vorbei damit – im Gegensatz zu unseren Erdwohnungen!", erwiderte Adelheid trotzig.

„Wie war das mit den Staublingen?", überging ich ihre Bemerkung. „Haben sie eure Wohnungen mit Absicht zerstört?"

„Nein, das glaube ich nicht", sagte Adelheid. „Sie haben nur nicht aufgepasst, wo sie hintrampeln oder was sie anfassen – wie Zweibeiner eben so sind!" Sie sah mich herausfordernd an.

„Erzähl doch mal der Reihe nach", bat ich versöhnlich.

„Eigentlich sind es zwei Geschichten", begann Adelheid. „Als die Staublinge herausgefunden hatten, dass Jesus Kranke heilen kann, ließen sie ihn keinen Moment mehr in Ruhe. Tag und Nacht belagerten sie ihn. Sie brachten ihre Kranken zu ihm, damit er sie heilen sollte. Und je mehr Staublinge gesund wurden, umso mehr Kranke wurden herangeschleppt.

Aber Jesus wollte sie nicht nur heilen. Er sagte: ‚Stellt euch darauf ein, dass Gott bald die Herrschaft auf dieser Erde wieder selbst übernimmt. Ihr seht es daran, dass ich durch seine Macht eure Kranken heile. Das ist ein Anzeichen. Wenn die Früchte des Feldes reif werden, dann wisst ihr doch auch, dass bald die Zeit der Ernte kommt. Also denkt daran.'"

„Stimmt!", sagte ich. „Nach dem Regen beginnt in der Steppe alles zu blühen. Und dann wachsen saftige Früchte an den Sträuchern."

„Ich esse die Samenkörner fast noch lieber", sagte Adelheid.

„Ja, auch nicht schlecht", nickte ich. „Aber wurde Jesus nun der König der Staublinge oder nicht?", wollte ich wissen.

„Das kommt erst in der zweiten Geschichte", belehrte mich Adelheid. „Ich bin aber noch bei der ersten."

„Dann erzähl schon weiter!", bettelte ich.

„Jesus heilte also viele Kranke", begann Adelheid von neuem. „Einmal schleppten vier Männer auf einer Matratze ihren gelähmten Freund herbei. Sie wollten ihn zu Jesus bringen. Der Mann konnte nicht gehen. Seine Beine waren gelähmt.

Das Haus, in dem Jesus war, wurde aber von so vielen Neugierigen belagert, dass die vier Männer mit ihrem Freund nicht hineinkamen. Keiner wollte ihnen Platz machen. Da stiegen sie kurzerhand von außen auf das flache Dach des Hauses. Einige aus unserem Volk hatten sich dort oben unter trockenen Zweigen und allerlei Gerümpel eine gemütliche Wohnung eingerichtet. Die vier Grobiane räumten alles beiseite und gruben das Lehmdach auf. Das ging sehr schnell, obwohl der Lehm trocken und steinhart war. – Ich möchte wissen, wie sie das gemacht haben. Wir Mäuse können auch sehr gut graben. Aber im harten Lehm und ein so großes Loch!"

„Aber warum haben sie denn dort oben überhaupt herumgegraben?", wollte ich wissen. „Wahrscheinlich aus Ärger darüber, dass sie nicht aufs Dach fliegen konnten wie wir Sperlinge."

„Pah, fliegen!", piepste Adelheid schnippisch. „Wozu soll das gut sein? Aber wie gut es ist, wenn man graben kann, das zeigte sich schon bald. Durch das Loch im Dach ließen sie nämlich ihren Freund auf seiner Matratze an Stricken hinunter – genau vor die Füße Jesu."

Ich hatte wegen des Fliegens eine Erwiderung auf der Zunge, schwieg aber. Und Adelheid fuhr fort: „Jesus sah die Freunde an, die erwartungsvoll oben durchs Loch schauten. Sie vertrauten ihm. Dann sah er den Kranken auf der Matratze an. ‚Dir sind deine Sünden vergeben', sagte Jesus zu dem Kranken."

„Was hat Jesus damit gemeint?", fragte ich überrascht.

Es entstand eine Pause. Adelheid dachte scharf nach. „Mein Vater hat gesagt, ‚Sünden haben' sei so etwas, wie eine schwere Last auf den Schultern tragen, die man nicht abwerfen kann. Und ‚vergeben' heißt, dass Gott dir diese Last abnimmt. Du brauchst sie nicht länger mit dir herumschleppen."

„Aha", sagte ich. „Und was geschah dann?"

Adelheid erzählte erleichtert weiter: „Die Leute waren sehr überrascht, als Jesus sagte: ‚Dir sind deine Sünden vergeben.' Vielleicht waren sie auch enttäuscht. ‚Der Mann hat doch gelähmte Beine', dachten sie. ‚Er will gesund werden. Was hilft es ihm, dass Jesus von Schuld und von Vergebung spricht?'

Die Schriftgelehrten unter ihnen aber waren entsetzt. ‚Sünden vergeben, das kann nur Gott allein und kein Mensch', dachten sie empört. ‚Jesus setzt sich an die Stelle Gottes. Das ist ungeheuerlich und ein schweres Verbrechen!'

Jesus wusste, was sie dachten. ‚Was ist leichter?', sagte er zu ihnen. ‚Ist es leichter, zu diesem Kranken zu sagen: Dir sind deine Sünden vergeben, oder ist es leichter, ihn von seiner Krankheit zu heilen? – Ich will euch zeigen, dass ich von Gott auch die Vollmacht erhalten habe, Sünden zu vergeben …' Damit wandte er sich an den Kranken: ‚Ich sage dir: Steh auf, nimm deine Matratze und gehe nach Hause!'

Der Mann erhob sich. Er stand auf den Beinen. Dann bückte er sich, hob seine Matratze auf und rannte hinaus. Die Leute wichen zur Seite. Draußen wurde er von seinen Freunden empfangen. Sie lachten und sprangen herum und steckten alle an mit ihrer Fröhlichkeit.

Nur die Schriftgelehrten und die anderen einflussreichen Leute freuten sich nicht. ‚Es muss ein Ende haben damit!', beschlossen sie."

Wir schwiegen eine Weile.

„An dieser Geschichte kannst du lernen, wie gut es ist, wenn man Löcher graben kann", fügte Adelheid dann immer noch kampflustig hinzu. Aber ich ging nicht darauf ein. Ein anderer Gedanke war mir gekommen.

„Adelheid, du hast gesagt, die Leute wollten auch die Geschichten hören, die Jesus erzählte. Kennst du eine von Jesus? Ich höre so gern Geschichten!"

Die kleine Maus kratzte sich nachdenklich und ausgiebig. „Ich kenne natürlich auch nicht alle", gab sie zu. „Aber einmal hat er seine Freunde zusammengerufen, um ihnen etwas zu erklären", sagte sie dann. „Auch viele andere Zuhörer waren dabei. Jesus begann mit den Worten:

‚Glücklich sind, die ihre Armut vor Gott erkennen,
denn er wird ihnen das Himmelreich zum Geschenk machen.
Glücklich sind, die Leid tragen, denn Gott wird sie trösten.
Glücklich sind, die auf Gewalt verzichten,
denn ihnen wird Gott die ganze Erde anvertrauen.
Glücklich sind, die hungern und dürsten
nach Gottes Gerechtigkeit, denn der Vater im Himmel
wird ihren Durst und Hunger stillen.
Glücklich sind, die mit anderen barmherzig sind,
denn Gott wird auch mit ihnen barmherzig sein.
Glücklich sind, die ein reines Herz haben,
denn sie werden Gott schauen.
Glücklich sind, die Frieden stiften,
denn Gott wird sie seine Kinder nennen.
Glücklich sind, die verfolgt werden, weil sie Gott lieben,
denn bei ihm werden sie Zuflucht finden.

Glücklich seid ihr, wenn andere schlecht über euch reden und euch verfolgen, nur weil ihr zu mir gehört. Macht euch darüber keine Sorgen. So ist es schon den Propheten vor euch ergangen. Gott wird euch dafür belohnen.'"

Adelheid hatte diese Worte trotz ihrer Piepsstimme ziemlich feierlich vorgetragen.

Wir schwiegen eine Zeit lang.

„Verstehst du, was Jesus damit gemeint hat?", fragte ich schließlich.

„Das meiste nicht", gab Adelheid zu, was mich sehr beruhigte. „Aber trotzdem klingt es richtig und gut", sagte die kleine Maus mit fester Stimme.

Ich nickte. „Vielleicht verstehen es die Staublinge besser", vermutete ich.

„Aber ob sie auch tun, was sie verstehen?", meinte Adelheid und zog ihre Nase kraus.

„Eine Geschichte war das aber nicht", sagte ich dann. „Ich meine eine richtige, wo etwas passiert. Kennst du so eine von Jesus?"

Adelheid nickte. „Ganz am Schluss seiner langen Rede hat Jesus noch die Geschichte von den beiden Männern erzählt. Beide wollten sich ein Haus bauen."

„Eine richtiges Nest auf einem Baum?", fragte ich gespannt.

„Natürlich nicht auf einem Baum; wie vernünftige Leute bauten sie ihr Haus auf der Erde", verbesserte mich Adelheid.

„Na gut, *auf* der Erde", sagte ich trotzig. „Aber jedenfalls nicht wie ihr Mäuse *unter* der Erde!"

„Willst du die Geschichte hören oder nicht?", fragte Adelheid spitz.

Ich nickte und Adelheid fuhr fort. „Der eine Mann dachte: Der Boden hier ist ziemlich sandig. Aber ich baue mein Haus trotzdem direkt oben drauf. Dann bin ich schnell fertig und kann bald einziehen.

Er war auch wirklich viel eher fertig als der andere Mann. Der schaufelte nämlich erst den ganzen Sand zur Seite, bis er auf festen Fels stieß. Darauf baute er sein Haus.

Dann waren beide Häuser fertig. Sie sahen sehr ähnlich aus.

Doch dann kam der Regen. Er prasselte herab, der Sturm rüttelte an den Häusern und der Fluss trat über die Ufer. Das Sandhaus

189

stürzte schon bald mit Getöse ein. Aber das Haus auf dem Felsen nicht. Das stand sicher.

Zum Schluss sagte Jesus zu allen, die ihm zugehört hatten: ‚Wenn ihr nur hört, aber nicht tut, was ich euch sage, dann seid ihr wie der Mann, der sein Haus auf Sand baute. Einer ernsthaften Probe hält euer Leben nicht Stand. Wer aber tut, was ich sage, der ist wie der Mann, der sein Haus auf Felsen baut. Er wird bestehen, wenn Gott sein Leben prüft.‘"

Ich nickte. Die Geschichte gefiel mir. Zu gern hätte ich Adelheid noch einmal erklärt, welche Vorteile eine richtige Nestburg hat – besonders in der Regenzeit. Aber ich ließ es sein. Stattdessen fragte ich: „Du hast gesagt, du wüsstest *zwei* Geschichten von Jesus. Waren das die beiden? Dass die Staublinge Jesus zum König machen wollten, davon hast du aber nichts erzählt."

„Das war ja auch ganz woanders", sagte Adelheid. „Es war am Ufer des Sees Genezareth in einer sehr einsamen Gegend. Da wohnten zum Glück weit und breit keine Staublinge. Unser Volk hatte diese schöne Stelle entdeckt und dort eine unterirdische Stadt erbaut. Eines Tages …"

In diesem Moment ertönte von unserem Nistbaum her ein schriller Warnpfiff. „Gefahr!", schrie ich.

Adelheid verschwand wie der Blitz in einem der nächsten Mauselöcher.

Ich selbst duckte mich mit klopfendem Herzen ins Gras. Ein Schatten glitt über mich hinweg. Deutlich erkannte ich sichelförmige Schwingen und gelb gestreiftes Gefieder: der Falke! Im nächsten Moment huschte ich zu unserer Spatzenburg und verschwand darin.

Das war knapp. Sehr knapp!

Wie Jesus den Mäusen Brot gab
und den Sturm besiegte

Schwache Nerven haben wir Sperlinge nicht, und am nächsten Morgen hatte ich meinen Schrecken vom Vortag so gut wie vergessen. So ein Falke ist ja auch nur ein Vogel. Er kann nicht überall sein und wir waren ihm entkommen.

Zu dumm aber, dass dieser Räuber gerade in dem Moment auftauchen musste, als die Maus mir ihre zweite Geschichte erzählen wollte. Ich musste Adelheid unbedingt wieder sehen. Außerdem fand ich die kleine Maus richtig nett.

Ich putzte mich ausgiebig, bis jedes Federchen sauber glänzte und ordentlich an seinem Platz lag. Das ist sonst nicht gerade meine Art. Prompt begann mein Vater Bemerkungen zu machen, die er für witzig hielt.

„Ich wüsste zu gern, für wen Tschilp sich so sorgfältig zurechtmacht", sagte er – scheinheilig grinsend – zu meine Mutter.

Leider fiel mir keine passende Anwort ein. Mit einem „Ist mir zu blöd!" huschte ich deshalb aus dem Nest. Hinter mir hörte ich Mutter sagen: „Lass doch das Kind in Ruhe. Du musst nicht immer solche Bemerkungen machen …" Das tat mir gut.

Es war noch ziemlich früh am Tage und ich flog ein bisschen hin und her, um mich aufzuwärmen. Dabei suchte ich auch gleich nach einem passenden Geschenk für Adelheid. Ich entschied mich schließlich für ein paar trockene Früchte hoch oben im Geäst eines stachligen Strauchs, wo Mäuse nicht so leicht hinkommen.

Es kostete mich einige Mühe, das Ästchen mit den Früchten daran abzureißen. Meine sorgfältig gekämmten Federn gerieten bei dem Gezerre ein wenig in Unordnung. Aber das war nicht zu ändern.

Wenig später landete ich an der Stelle, wo Adelheid und ich uns am Tag zuvor so plötzlich trennen mussten. Keine Maus und keine Adelheid weit und breit! Diese Langschläfer! Schließlich bekam ich Hunger und pickte ein wenig an den Früchten herum, die eigentlich ein Geschenk für Adelheid sein sollten.

Endlich zeigte sich im Eingang der unterirdischen Stadt eine braune Nasenspitze. „Mach, dass du fortkommst!", zischte die dicke Maus. „Hast du nichts Besseres zu tun, als vor unserer Haustüre herumzulungern?"

„Ist Adelheid zu Hause?", fragte ich rasch mit klopfendem Herzen. „Ich habe ihr etwas mitgebracht zum Knabbern."

„Zum Knabbern? Zeig her!" Die dicke Maus wurde augenblicklich freundlicher. Sie kam aus ihrem Loch heraus. Ohne zu fragen, begann sie an meinen Früchten zu nagen.

„Die sind doch für Adelheid!", protestierte ich schwach.

Aber die dicke Maus kümmerte sich nicht darum, sondern fasste schließlich den Ast mitsamt den Früchten daran und zog ihn zu ihrem Mauseloch.

Das war mir nun aber doch zu dreist. „So geht es aber nicht!", schimpfte ich, packte den Ast am anderen Ende und zerrte ihn wieder zu mir herüber.

„Hallo, Tschilp!", sagte in diesem Moment eine zarte Stimme hinter mir. „Bist du gestern gut nach Hause gekommen? – Vielen Dank für die schönen Früchte, die du uns mitgebracht hast." Es war Adelheid.

„Oh! Guten Tag, Adelheid! Ja. Nur eine Kleinigkeit, nicht der Rede wert. Und du selbst?"

Was ich in meiner Überraschung zusammenschwätzte, war echt bescheuert! Aber Adelheid kicherte vergnügt und ansteckend.

„Du darfst es meiner dicken Tante nicht übel nehmen", sagte sie dann. „Was wir Mäuse nicht gleich auffuttern können, sammeln wir gern in unseren Vorratskammern. Und Köstlichkeiten wie diese Früchte gibt es bei uns nicht alle Tage. Für den Fall, dass wir nicht nach draußen können, weil es regnet oder ein Feind vor der Tür lauert, brauchen wir Essensvorräte. – Wir können ja leider nicht rasch fortfliegen wie ihr Sperlinge."

Ich hatte den dringenden Wunsch, Adelheid etwas Nettes zu sagen. „Aber dafür könnt ihr graben", versuchte ich sie zu trösten. „Das ist bestimmt genauso gut wie fliegen. Du warst gestern jedenfalls schneller in deinem Loch als ich in meinem Nest. – Und außerdem kannst du schwimmen. Das können wir Sperlinge nicht. Mach dir also keine Gedanken wegen des Fliegens …"

Wir sahen uns an. Adelheid hatte die Backen aufgeblasen und presste die Lippen fest aufeinander. Trotzdem stieg ein verräterisches Glucksen aus ihrem Bauch nach oben. Dann platzten wir beide los und lachten uns fast kaputt.

Lachen macht hungrig, wie wir beide anschließend feststellten. Also sammelten wir uns zwischen den Gräsern erst einmal etwas zu futtern. Dann suchten wir uns ein Plätzchen in der Morgensonne. Adelheid turnte ein wenig in den unteren Zweigen eines Gebüschs herum und ich nahm ein kleines Staubbad.

„Du hast gestern von eurer unterirdischen Stadt am See erzählt, Adelheid", sagte ich schließlich. „Wie ging die Geschichte weiter?"

Die kleine Maus kletterte näher zu mir herunter. Sie hatte auf eine solche Frage gewartet. Denn sie begann gleich zu erzählen.

„Die Gegend war wirklich sehr schön. Es wuchsen dort Blumen und zartes Gras auf sanften Hängen. Es gab aber auch Felsen und flache

Steine, unter denen wir prächtige Höhlen bauen konnten und die, von der Sonne erwärmt, auch am späten Abend noch eine gemütliche Wärme ausstrahlten. Im Tal lag der blaue See. Und weil keine Staublinge in der Nähe wohnten, hatten wir von ihnen auch nichts zu befürchten.

Eines Tages landete aber doch ein Boot unten am See. Leute stiegen aus. Einer von ihnen war Jesus. Die anderen müssen seine zwölf Freunde gewesen sein. Sie wollten in unsrer schönen Gegend ein paar Stunden für sich sein und ein wenig ausruhen. Keine Gefahr also. Wir kamen wieder aus unseren Verstecken.

Doch dann legten noch mehr Boote an, sehr viele Boote sogar – voll mit Staublingen. Und auch zu Fuß kamen sie am Seeufer entlang. Es gab ein ziemliches Gedränge.

Gegen Mittag waren es schon tausende: Männer, Frauen, Kinder, Alte, Kranke, Neugierige, Freunde von Jesus und auch seine Feinde. Sie trampelten das Gras nieder und stampften gedankenlos auf unseren Wohnungen herum. Es war schrecklich! Mit der Ruhe war es vorbei, auch für Jesus und seine Freunde."

Ich kratzte mich am Kopf. „Meinst du, die Staublinge könnten auch zu uns kommen, hierher, in die Steppe?", fragte ich besorgt.

„Wer weiß!", erwiderte Adelheid. „Aber hier gibt es Löwen und wilde Tiere, vor denen sie sich fürchten."

Ich musste an den Löwen Simba denken, wie er in der Dämmerung durch die Steppe schleicht. Zum ersten Mal fand ich sein unheimliches Brüllen sehr beruhigend.

„Wie ging es weiter?", fragte ich.

„Obwohl Jesus müde war, fing er an, zu den Menschen zu sprechen. – Es wurde spät. Die Staublinge waren den ganzen Tag unterwegs gewesen. Jetzt knurrte ihnen der Magen und sie hatten noch einen langen Heimweg vor sich.

,Wo bekommen wir Brot her für die Leute?', fragte Jesus seine Freunde.

Die zuckten nur mit den Schultern. ,Wir haben nicht genug Geld, um für all die vielen Leute Brot zu kaufen', sagten sie. ,Und hier bekommen wir sowieso weit und breit nichts.'

Einer meinte: ,Der kleine Junge da drüben hat fünf Brötchen dabei und zwei geräucherte Fische. Aber das reicht nicht einmal für eine Handvoll Leute.'"

„Sie hätten im See doch noch mehr Fische fangen können", schlug ich vor.

„Ohne Netze und ohne Angel?" Adelheid schüttelte den Kopf.

„Stimmt!", nickte ich. „Die Staublinge haben es ja nicht gelernt, wie Eisvögel zu fischen. Sie sind ziemlich unpraktische Geschöpfe, meinst du nicht, Adelheid? Für alles brauchen sie Geräte. Nichts können sie allein, nicht einmal fl … flache Gänge bauen unter der Erde."

Fast hätte ich „nicht einmal fliegen …" gesagt. Zum Glück war mir in letzter Sekunde eingefallen, dass ich Adelheid damit kränken würde. „Wie haben sie sich denn geholfen?", fragte ich rasch.

„Jesus wusste schon, was er tun würde", erzählte die kleine Maus weiter. „Er sagte zu seinen Freunden: ‚Sorgt dafür, dass sich die Leute in kleinen Gruppen lagern.'

Dann nahm er die fünf Brote und die beiden Fische, dankte dem Vater im Himmel für das Essen und ließ es austeilen. Es waren tausende von Menschen zusammen und alle aßen sich satt. Trotzdem blieben noch zwölf Körbe mit Resten übrig."

Wir schwiegen eine Weile andächtig und überwältigt.

„Klasse!", sagte ich.

„Unser Volk hat natürlich auch mitgefuttert", meinte die kleine Maus dann. „Wahrscheinlich hat Jesus bei diesem Wunder sogar hauptsächlich an uns Mäuse gedacht. Denn schließlich waren die Staublinge den ganzen Tag auf unseren Wohnungen herumgetrampelt und hatten viele Gänge zerstört, die wir in mühevoller Arbeit gegraben hatten."

„Sind die Staublinge nach dem Essen wieder nach Hause gegangen?", fragte ich.

„Nein." Adelheid schüttelte den Kopf. „Als sich die Leute satt gegessen hatten, begriffen sie plötzlich, was geschehen war. ‚Wenn Jesus nicht unser Retter ist, wer soll es sonst sein?', meinte einer. ‚Denkt doch an Mose! Er hat uns damals aus Ägypten herausgeholt. Und dann …'

‚Dann hat Mose unserm Volk in der Wüste Brot vom Himmel gegeben!', nickte ein Zweiter.

‚Wie Jesus heute!', stimmten andere zu.

‚Auf was warten wir noch?!', riefen sie.

‚Jesus soll unser Führer sein, unser Retter, unser neuer König. Wir machen ihn zu unserem König! Jetzt gleich!'"

„Weiter! Weiter!", rief ich aufgeregt.

„Jesus wollte nicht", sagte die Maus nur und schwieg.

„Er wollte nicht? – Wollte er wirklich nicht?" Ich konnte es nicht fassen.

„Er wollte wirklich nicht!", nickte die Maus. „Im Gegenteil, er wurde richtig grob. ‚Beeilt euch!', befahl er seinen zwölf Freunden. ‚Nehmt die zwölf Körbe mit Resten, lauft zum Boot und fahrt sofort ab!'

Die Freunde gehorchten nur widerwillig. Was die vielen Staublinge vorhatten, gefiel ihnen nämlich sehr gut. Sie hofften ja selbst, Jesus würde endlich einmal allen zeigen, was er wirklich konnte. ‚Und wenn Jesus erst König ist, dann werden wir Minister und Kanzler oder sonst etwas Großes.' So dachten sie."

„Und was hat Jesus gemacht, als seine Freunde fort waren?", fragte ich enttäuscht.

„Er ging auch weg, ganz allein", sagte die Maus. „Er versteckte sich vor den Menschen und wanderte weiter zu den einsamen Hügeln. Dort betete er zum Vater im Himmel."

„Weißt du das alles auch wirklich ganz genau, Adelheid?", fragte ich misstrauisch. „Stimmt es wirklich, dass Jesus fortging und dass er nicht der König der Staublinge werden wollte? – Es wurde ja schon dunkel und vielleicht wart ihr Mäuse zu sehr mit dem Einsammeln der Vorräte beschäftigt, um alles richtig mitzubekommen. Der Eisvogel wusste es auch nicht ganz genau …"

„Aber wir wissen es!", entschied Adelheid unbeirrt. „Eine Maus aus unserem Volk war nämlich auch nachher noch dabei."

„Sie war auch nachher noch bei Jesus?", fragte ich überrascht.

„Nein, nicht bei Jesus. Aber bei seinen Freunden auf dem Boot."

„Auf dem Boot? Wie ist sie denn aufs Boot gekommen?", wollte ich wissen.

„Nun, diese eine Maus wollte sich noch nicht von den schönen Resten trennen, die übrig geblieben waren. Sie passte nicht auf und wurde in einem der Körbe mit aufs Boot getragen."

Die Ungeschicklichkeit der Maus war Adelheid ein wenig peinlich, wie ich bemerkte. „Ist sie an Land zurückgeschwommen?", fragte ich.

„Nein. Das Boot war schon ziemlich weit vom Ufer entfernt, als sie ihr Missgeschick bemerkte. Und es wurde dunkel. Außerdem blies der Wind draußen auf dem See immer heftiger. Er wurde zum Sturm und die Wellen gingen hoch", erklärte Adelheid. „Du brauchst mich gar nicht so anzusehen!", sagte sie dann streng. „Auch jemand, der fliegen kann, hätte es bei dem Wetter und in der Finsternis nicht mehr bis zum Ufer geschafft!"

„Ist ja gut!", sagte ich. „Erzähl weiter!"

„Nun, die Freunde ruderten, so gut es ging, bei dem Sturm und den Wellen. Ein paar von ihnen waren Fischer und mit dem See vertraut. Aber sie hatten trotzdem Angst, auch wenn sie es nicht zugaben. ‚Wäre Jesus doch bei uns!', sagte Petrus. Aber Jesus war nicht bei ihnen. Sie waren allein und es war finster und der Sturm heulte. Sie mussten irgendwo weit draußen sein, ganz allein bei diesem schrecklichen Unwetter. ‚Wir werden alle jämmerlich ertrinken!', dachten sie."

„Weiter!", hauchte ich.

„Plötzlich sahen sie eine Gestalt. Sie ging auf dem Wasser und kam auf das Boot zu."

„Das ist gemein! Du willst mir Angst machen, nur weil ich nicht schwimmen kann!", piepste ich.

Adelheid holte tief Luft. „Die im Boot hatten auch Angst; sie schrien vor Furcht. Doch dann hörten sie eine Stimme, die sie gut kannten: ‚Ich bin es. Fürchtet euch nicht!' – Es war Jesus. Und gleich darauf waren sie an Land und genau dort, wo sie hinwollten."

In meinem Kopf wirbelten wild die Gedanken herum. „Ich glaube, ich muss mir erst noch mal etwas zu essen holen", sagte ich zu Adelheid.

„Gute Idee!", meinte Adelheid, die selber auch ein wenig mitgenommen aussah, obwohl sie die Geschichte ja schon länger kannte als ich.

Ziemlich einsilbig und in Gedanken stöberten wir zwischen den Gräsern und im Unterholz des Buschwerks herum. Ein paar saftige Raupen weckten wieder meine Lebensgeister und meine Unternehmungslust.

„Du, Adelheid", sagte ich. „Hast du eine Ahnung, warum Jesus dort am See nicht König der Staublinge werden wollte? Ich kann mir das einfach nicht erklären", sagte ich.

Adelheid hatte eine Nuss gefunden und nagte daran herum. Jetzt hielt sie nachdenklich inne. „Wir Mäuse wissen es auch nicht. Es ist rätselhaft. Eigentlich will doch jeder König werden oder sonst was Großes", sagte sie. „Aber vielleicht wollte Jesus es den Staublingen nicht so einfach machen."

„Nicht so einfach machen?", brummte ich. „Wie meinst du das?"

„Na, wie ich die Staublinge kenne, denken sie immer, alle anderen seien an ihrem Elend schuld, nur nicht sie selbst. Sie wollen sich selbst zwar nicht ändern, aber eine bessere Regierung hätten sie schon gern. Die anderen, ‚die da oben‘, sollen alles in Ordnung bringen: Die Römer aus dem Land treiben, für genug Essen sorgen – und alles möglichst bequem. Ihre eigenen Fehler erkennen Staublinge fast nie – oder sie geben es nicht zu."

Mir fiel ein, was ich von Mose erzählt bekommen hatte und der langen Wanderung der Kinder Abrahams durch die Steppe. Mose war mehr als einmal verzweifelt. Die Staublinge wollten damals alle ins verheißene Land – möglichst schnell sogar. Aber auf den Vater im Himmel hören, der ihnen dieses Land versprochen hatte, das wollten sie nicht.

„Du meinst, sie wollten Jesus nur deshalb zu ihrem König machen, damit es ihnen selbst gut ginge und sie immer genug zu essen hätten? Aber sonst sollte sich nichts ändern?", fragte ich.

„Würde mich nicht wundern, wenn es so gewesen wäre", meinte Adelheid und nagte geräuschvoll an der harten Nussschale. „Sie wollen das Paradies, weil sie es dort besser hatten, aber zum Vater im Himmel zurückkehren, das wollen sie nicht."

„Begreifen die Staublinge denn nicht, dass es so nicht geht? Sind sie zu dumm dafür?", seufzte ich.

„Dumm sind sie nicht", sagte Adelheid. „Aber sie haben sich an das dunkle Licht gewöhnt und lieben es. Die Klarheit der Sonne tut ihren Augen weh. Deshalb sehen sie manchmal die einfachsten Dinge nicht. Mit vielen komplizierten Überlegungen entfernen sie sich stattdessen immer weiter von der Wahrheit … Es sind halt Zweibeiner!"

„Du meinst Staublinge!", verbesserte ich Adelheid.

„Ja natürlich!", nickte Adelheid und lachte. „Willst du ein bisschen von meiner Nuss? Die Schale ist geknackt!"

„Ist eure Maus damals eigentlich auch an Land gegangen mit den Freunden von Jesus, nach dieser schrecklichen Fahrt?", fragte ich nach einer Weile.

„Das kannst du dir denken", nickte Adelheid. „Es war ihr ziemlich übel im Magen von dem Geschaukel auf dem See. Und außerdem wurden auch die Körbe mit den Brotresten an Land gebracht."

„Und Jesus?", fragte ich. „Was hat Jesus gemacht?"

Adelheid überlegte kurz und begann dann wieder zu erzählen. „Die Leute wunderten sich, dass Jesus zusammen mit seinen Freunden an Land kam. Sie hatten doch genau gesehen, dass die alleine mit dem Boot losgefahren waren. ‚Wie bist du hergekommen?', fragten sie neugierig."

„Geflogen!", rief ich lachend. „Ich hätte ihnen gesagt: Ich bin geflogen!"

„Quatsch!" Adelheid schnitt mir das Wort ab. „Jesus war nicht nach Witzen zu Mute. Er sagte zu den Leuten: ‚Ihr sucht mich, weil ihr Brot bekommen habt und satt geworden seid. Aber ihr werdet bald wieder Hunger haben. Ich habe eine Speise, die nicht eines Tages aufgegessen ist, sondern immer den Hunger stillt.'

Die Leute sahen sich an und nickten. ‚Wir wissen, was du damit meinst. Bald feiern wir ja wieder das Passafest. Damals führte Mose die Kinder Abrahams aus der Gefangenschaft in Ägypten. Er hat ihnen auf dem Weg durch die Wüste Brot zu essen gegeben. Jeden Morgen fiel es vom Himmel. Sie brauchten es nur aufzusammeln. Nie mussten sie hungern. – Wenn du das meinst und tatsächlich unser Retter sein willst, wie Mose es damals war, dann gib uns jeden Tag Brot zu essen.'"

„War das nicht ein bisschen frech?", meinte ich. Doch dann fiel mir ein, dass ich manchmal meine Mutter anbettle, wenn ich hungrig bin, und schwieg beschämt.

Zum Glück ging Adelheid nicht weiter auf meine Bemerkung ein, sondern erzählte weiter. „Jesus sah sie ernst an: ‚Ich selbst bin das

Brot vom Himmel', sagte er dann. ‚Und mein Vater gibt es euch. Ich bin das Brot des Lebens. Wer zu mir kommt, der wird nicht mehr hungrig sein, und wer an mich glaubt, der wird nie mehr Durst haben.'

Einige der Zuhörer wandten sich kopfschüttelnd ab. ‚Vom Himmel will er gekommen sein? So ein Unsinn! Wir kennen doch seinen Vater, den Josef. Brot bekommen wir von dem ganz bestimmt nicht. Er ist Zimmermann und nicht Bäcker. Und seine Mutter Maria kennen wir auch. – Vom Himmel gekommen! Der spinnt doch!'"

„Hat Jesus erklärt, was er genau meinte?", wollte ich wissen.

„Nein, überhaupt nicht", sagte Adelheid. „Die Leute haben sich im Gegenteil noch mehr geärgert, als er sagte: ‚Ihr wollt meinen Vater kennen und wissen, wer ich bin und woher ich komme? Ich sage euch: Gott ist mein Vater. Er hat mich in die Welt gesandt. Ihn kennt ihr nicht.

Keiner von euch kann zu mir kommen, dem mein Vater im Himmel nicht die Augen dafür öffnet, wer ich bin. Eure Vorfahren, die damals in der Wüste das Brot aßen, sind alle gestorben. Wer für immer leben will, der muss mein Fleisch essen und mein Blut trinken. Wer mein Fleisch isst und mein Blut trinkt, wird nicht sterben, sondern ich werde ihn zum ewigen Leben auferwecken.'"

Adelheid hatte nachdenkliche Falten auf der Stirn. „Wir Mäuse haben nie verstanden, was Jesus damit meinte", gab sie dann zu. „Hast du eine Ahnung, ob Staublinge sich gegenseitig aufessen, Tschilp?"

„Nicht dass ich wüsste", überlegte ich. „Der Vater im Himmel hat es ihnen sogar ausdrücklich verboten, meine ich. Nicht einmal das Blut von Tieren sollten sie essen."

Ich versuchte angestrengt, mich an das zu erinnern, was ich vom Auszug der Kinder Abrahams aus Ägypten behalten hatte. Ein Lamm sollten sie damals am Abend zuvor in jeder Familie schlachten. Das Fleisch des Tieres wurde zubereitet und gegessen. Aber das Blut nicht. Das sollten sie ja an die Haustür streichen, damit der Todesengel an diesem Haus vorüberging.

„Ich weiß es auch nicht", sagte ich zu Adelheid. „Hat Jesus sonst nichts gesagt?"

„Nicht mehr viel", meinte Adelheid. „Die Leute wollten ihm auch nicht länger zuhören. Sie gingen verärgert weg.

,Sein Fleisch sollen wir essen und sein Blut trinken!', regten sie sich auf. ,Verrückt! Unsere Schriftgelehrten und Oberen haben Recht: Er ist wahnsinnig oder von einem Teufel besessen! Man sollte ihm das Handwerk legen, bevor er mit seinem Geschwätz die Leute verrückt macht.'

Auch viele, die bisher fest davon überzeugt gewesen waren, dass Jesus der Retter ist, schüttelten die Köpfe. Sie wendeten sich enttäuscht von ihm ab und gingen nach Hause.

Jesus war bald ganz allein. Nur seine zwölf Freunde standen noch bei ihm. Sie blickten enttäuscht und unglücklich zu Boden.

,Wollt ihr auch weggehen?', fragte Jesus.

,Herr, wohin sollen wir denn gehen?', sagte Petrus lauter als nötig. ,Was du sagst, ist wahr. Wir vertrauen dir und wir wissen, dass du zu unsrer Rettung vom Vater im Himmel gekommen bist.'

,Ja', nickte Jesus. ,Euch zwölf habe ich zu mir gerufen; ihr sollt meine Freunde sein. – Und doch dient einer von euch dem dunklen Herrscher …'"

Bei den letzten Worten der kleinen Maus zuckte ich zusammen, nachdem die Worte des Petrus mich gerade ein wenig aufgemuntert hatten.

„Siehst du, Jesus kann man nichts vormachen!", rief ich rasch. „Er weiß alles! – Hat er diesen einen Verräter in einen Stein verzaubert oder fortgejagt?"

Das unbestimmte Grauen, das mich gepackt hatte, konnte ich trotzdem nicht abschütteln: Einer der Freunde Jesu – ein Diener des Bösen!

„Jesus hat ihn nicht verzaubert und auch nichts mehr dazu gesagt", meinte Adelheid. „Die Jünger vergaßen seine Bemerkung bald wieder. Sie hatten den Kopf voller Sorgen. Mit einem Schlag hatte Jesus fast alle seine Freunde verloren. Aber das war noch nicht das Schlimmste. Gelegentlich wurden sie gewarnt: ,Seid auf der Hut! König Herodes will Jesus gefangen nehmen. Und es gibt auch sonst genug einflussreiche Leute in Jerusalem, die Jesus beseitigen wollen und euch dazu. Vergesst nicht, wie es Johannes dem Täufer ergangen ist!'

Jesus und seine Freunde konnten an keinem Ort mehr lange bleiben. Das war zu gefährlich. Sie mussten rasch weiterwandern oder sich verstecken.

Doch dann geschah etwas, womit selbst die Freunde nicht gerechnet hatten. Dieses Ereignis machte Jesus so berühmt wie nie zuvor: Er erweckte nämlich einen Mann, der gestorben war und schon ein paar Tage im Grab gelegen hatte, zu neuem Leben. Der Mann hieß Lazarus."

„Ich wusste es, ich wusste es!", schrie ich begeistert. Zentnerlasten fielen mir von den Flügeln. „Erzähle, Adelheid, erzähle!"

Doch Adelheid schüttelte den Kopf. „Ich hab mir den Mund schon fast fusselig geredet", lachte sie über meine Begeisterung. „Und du hast immer noch nicht genug. Aber die Geschichte mit Lazarus kann ich wirklich nicht erzählen. Wir Mäuse haben davon auch nur gehört. Etwas Genaues wissen wir nicht."

„Dann sag mir wenigstens, von wem ihr davon gehört habt", fragte ich natürlich sofort.

„Von den Fledermäusen", meinte Adelheid.

„Fledermäuse? – Was sind denn das für Tiere?" Ich sah Adelheid ratlos an.

„Du kennst Fledermäuse nicht?", wunderte sich Adelheid. „Sobald es dämmrig wird, jagen Fledermäuse doch massenweise über der Steppe nach Insekten."

Ich war wie vor den Kopf geschlagen. Natürlich hatte ich diese dunklen Schatten schon in der Dämmerung über dem Grasland herumhuschen gesehen. Ich hatte sie immer für irgendwelche Vögel gehalten, die abends noch schnell ein bißchen Jagd machten. Sobald die kurze Dämmerung anbricht und es dunkel wird, huschen die meisten Vögel in ihre Nester oder sammeln sich auf ihren Schlafbäumen. – Das waren also Fledermäuse!

„Und es sind wirklich Mäuse – und sie können fliegen?", fragte ich matt. Jetzt gab es also tatsächlich Mäuse, die auch noch fliegen konnten!

Adelheid sah mein unglückliches Gesicht und lachte vergnügt. „Warum sollen Mäuse nicht fliegen können?", meinte sie unbarmherzig. „Mäuse können ja auch sonst alles: graben, klettern, schwimmen und – fliegen!"

Sie schwieg eine Weile und genoss ihren Triumph. Dann meinte sie: „Nun, wenn es dich beruhigt: Fledermäuse gehören nicht wirklich zu unserer Sippe. Sie werden nur so genannt, weil sie ein Fell haben und wie wir in Höhlen leben. Aber sie graben sich diese Höhlen nicht selbst, sondern leben in hohlen Bäumen oder in Felsspalten."

Ich erholte mich augenblicklich. „Das habe ich mir doch gleich gedacht!", plusterte ich mich erleichtert auf. „Aber wo finde ich diese Mausvögel? Bis es dunkel wird, kann ich nicht warten. Wenn ich nicht rechtzeitig zu Hause bin, bekomme ich Ärger."

Adelheid dachte angestrengt nach. Man sah es am Zittern ihrer Schnurrbarthaare. „Ich weiß es nicht; nein, leider keine Ahnung", sagte sie dann. „Fledermäuse gehören wie gesagt nicht zu unserer Familie. Ich kenne keine persönlich und weiß auch nicht, wo sie hier in der Gegend wohnen."

„Trotzdem vielen Dank für die vielen schönen Geschichten, Adelheid!", sagte ich artig. „Ich muss jetzt weiter."

„Ja, mach's gut, Tschilp", lachte Adelheid. „Wir sehen uns bestimmt noch mal. Viel Glück bei der Suche nach fliegenden Mäusen!"

„Die andern, die nicht fliegen können, sind auch ganz in Ordnung!", sagte ich und wurde ein bisschen rot unter den Federn.

Adelheid grinste und ich flog davon.

Lazarus in der Höhle der Fledermäuse

Es war erst gegen Mittag. Ich konnte an diesem Tag noch etwas unternehmen. Zuerst hockte ich mich aber auf meinen Lieblingsast und dachte nach. Klar, dass ich versuchen musste, bei Tageslicht diese geheimnisvollen Fledermäuse zu finden. In der Dunkelheit war es unmöglich. Sie hausen in hohlen Bäumen oder in Felshöhlen, hatte Adelheid gemeint.

Ich blickte über das weite Grasland. Alte Bäume sind selten. Die Elefanten legen die meisten Bäume noch in jungen Jahren um, weil sie an die oberen Äste mit den Blättern herankommen wollen. Andere werden von Giraffen zerzaust, die auch gern an der Rinde knabbern. Viele der Bäume verdorren und Steppenfeuer besorgen den

Rest. Gut möglich, dass es in diesen kahlen Baumruinen Astlöcher und Höhlen gab.

Drüben am Fluss war es natürlich anders. Aber dort in jedem Baumloch und Felsspalt nach Fledermäusen zu suchen, würde unendlich viel Zeit kosten.

Ich musste vorsichtig sein. Das war auch klar. In hohlen Bäumen, Astlöchern und Felsspalten wohnen nicht nur freundliche Tiere. Manche Räuber lauern im Gegenteil darauf, dass ein vorwitziger Spatz seinen Kopf in ihre Höhle steckt.

Ich beschloss, mir zuerst die Bäume im freien Grasland genauer anzusehen. Das war für den Anfang am einfachsten. Viele dieser Bäume kannte ich ohnehin so gut wie unseren eigenen Nistbaum.

Bei den ersten mir weniger gut bekannten Bäumen fand ich überhaupt keine Astlöcher; jedenfalls keine, die für eine vernünftige Behausung groß genug gewesen wären.

Meine Unternehmungslust sank. Es waren von Baum zu Baum jedes Mal weite Strecken zurückzulegen. Doch dann erspähte ich beim Anflug auf einen der wenigen Baumriesen in der Gegend ein dunkles Loch in einem knorrigen Seitentrieb. Es war groß und schwarz und musste tief ins Innere des Baumes hineinreichen.

Ich lauschte erst einmal außen an dem hohlen Ast. Nichts war aus dem Innern zu hören, weder friedliches Gepiepse von Vögeln noch verdächtige Kratzgeräusche von scharfen Krallen. Sollte ich in die Höhle hineinklettern?

Verdächtig, dass kein einziges Spinnennetz über dem dunklen Loch gespannt war, nicht ein einziger silbriger Faden! Spinnen weben über solchen Öffnungen gern ihre Fangnetze. Aber vielleicht hatte ein ebenso neugieriger Besucher wie ich die Spinnennetze vor kurzem zerrissen.

Ich wollte nicht länger warten. Meine Flügel taten mir weh vom vielen Herumfliegen und außerdem stand die Sonne schon ziemlich hoch. Es wurde heiß.

Ich nahm deshalb allen Mut zusammen, gab meinen Lauschplatz auf und landete direkt im scharf gezackten Eingang der Höhle. – Mir blieb fast das Herz stehen: Direkt hinter der schwarzen Öffnung saß

eine Eule, ein kleiner Kauz. Er war zum Glück genauso erschrocken wie ich selbst, glotzte mich mit seinen riesigen, goldgelben Augen an, ruckte mit dem Kopf und gab einen ärgerlichen Knarrlaut von sich.

Ich warf mich herum und sauste davon. Zum Glück meiden Eulen das Tageslicht und die kleinen Käuze machen auch nicht direkt Jagd auf Vögel. Aber ich hatte doch genug von den Bäumen des Graslandes und ihren dunklen Geheimnissen.

Ich flog hinüber zum Galeriewald. Dort war es schattig und vom Fluss her kam ein wenig Kühlung. Ich segelte mit möglichst wenig Flügelschlägen in guter Höhe den Flusslauf hinab und spähte dabei nach einem sicheren Platz zum Landen und Ausruhen. Ob ich dem Eisvogel einen Besuch abstatten sollte?

Der Fluss machte eine scharfe Biegung und wand sich zwischen steil aufragenden Felsklippen hindurch. Ich nahm schwungvoll die Kurve – und wäre fast mit einem Vogel zusammengeprallt, der mir entgegen kam. Er war groß, hatte sichelförmige Schwingen und gelb gestreiftes Gefieder. Der Falke!

Im Vorbeihuschen sah ich, wie der Vogel stutzte und hinter mir hastig zur Wendung ansetzte. Im nächsten Moment war ich um die Kurve. Doch der Raubvogel hatte mich erkannt – und er war offenbar hungrig! Noch bevor er die Verfolgung aufnehmen konnte, musste ich verschwunden sein. Aber wo so schnell ein Versteck finden?

Mein Herz klopfte wie wild. Ich raste auf die nächste Felswand zu. Ohne zu bremsen sauste ich dort in einen schwarzen Spalt, prallte mit irgendetwas zusammen, das von der Decke herabhing, und fiel zu Boden.

Draußen huschte ein Schatten mit sichelförmigen Schwingen vorbei. Ich war erschöpft. Mein Kopf dröhnte von dem Zusammenprall. Weiter flüchten konnte ich nicht. Entweder ich war gerettet oder verloren.

Der kühle Luftzug aus dem Innern der Höhle tat mir gut. Ich bewegte nach einer Weile vorsichtig meine Flügel und Beine. Der Kopf tat mir schrecklich weh und mein Schnabel war voller Sand, aber sonst schien alles in Ordnung zu sein.

In der Höhle herrschte dämmriges Zwielicht. Es war unheimlich hier, aber ich wagte auch nicht, ins Freie zu kriechen. Vielleicht war es am besten, hier noch eine Weile ganz still zu hocken. Wer weiß, welche Tiere diese Höhle bewohnten! Und gegen was war ich eigentlich geprallt?

Ich zog den Kopf ein und machte mich so klein wie möglich. Allmählich gewöhnten sich meine Augen an das Zwielicht. Plötzlich hörte ich ein leises Klingen – wie rasch herabfallende Wassertropfen, aber nicht gleichförmig, sondern auf- und abschwellend, in einem unruhigen Rhythmus. Das Geräusch kam von oben.

Als nächstes entdeckte ich über mir in einer dunklen Nische einen kleinen Beutel, in dem etwas zu strampeln schien und der heftig hin und her schwankte. Vielleicht war es doch besser, sofort aus der Höhle zu verschwinden!

Dann nahm ich plötzlich wahr, dass jenes helle Klingen eine Stimme war, zwar leise, aber sehr ärgerlich und gereizt.

„Kann man denn nicht einmal zur tagschlafenden Zeit seine Ruhe haben!", schimpfte die Stimme aus dem kleinen Beutel. „Kommt hier hereingeflogen und pflückt einen fast von der Decke. Hast du Töne! Mach nächstens gefälligst deine Ohren auf!"

Ich duckte mich noch tiefer und beschloss, dass ich unmöglich gemeint sein konnte. Doch es half nichts.

„Du hast wohl Stopfen in den Ohren!", schimpfte das Ding über mir und zuckte heftig.

Jetzt erkannte ich, dass es kein Beutel war, sondern ein pelziges Tier. Es hatte seine hautigen Flügel dicht an den Körper gezogen.

„Meinst du mich?", flüsterte ich und ergab mich in mein Schicksal.

„Wen den sonst!?", fauchte mich der Fellbeutel an. „Kannst du dich nicht wenigstens entschuldigen?"

Jedenfalls ist es ein erwachsenes Tier, dachte ich matt. Solche Fragen stellen nur Erwachsene.

Hoffentlich war es wenigstens satt!

„Es tut mir sehr Leid, dass ich gegen dich geflogen bin", sagte ich. „Wahrscheinlich hast du mir das Leben gerettet. Der Falke war hinter mir her und ohne dich wäre ich wahrscheinlich mit dem Kopf an einen Felsen geknallt."

„Was treibst du dich auch zur tagschlafenden Zeit im Freien herum?", schimpfte das merkwürdige Tier. Aber seine Stimme klang doch ein wenig freundlicher und ich schöpfte wieder Hoffnung. „Tagsüber bleiben brave Kinder im Bett, bis es Zeit ist aufzustehen!"

Jetzt wusste ich genau, dass es ein erwachsenes Tier war. Aber irgendetwas stimmte auch sonst nicht an dieser Antwort. „Mein Kopf tut weh!", seufzte ich.

„Kein Wunder, wenn man sich so herumlümmelt wie du – mit dem Kopf nach oben! Setz dich doch mal ordentlich hin!", schimpfte das Tier von der Decke.

„Aber …!" Mehr brachte ich sekundenlang nicht heraus. Vielleicht hatte ich bei dem Zusammenprall eine Gehirnerschütterung bekommen. Vielleicht hörte oder sah ich alles verkehrt herum. „Ich sitze doch immer so!", stammelte ich schließlich.

Dann entdeckte ich, dass die Gestalt über mir tatsächlich anders herum saß als ich. Mit den Füßen (es waren zwei, also ein Vogel! Aber ein Vogel mit Fell?) hielt es sich oben an der Decke der Höhle fest, sein Kopf hing herab und schwebte nicht allzu weit über meinem eigenen.

„Ich kann nicht anders sitzen", hauchte ich. „Nur manchmal für kurze Zeit, wenn ich einen Ast genauer untersuche. Aber dann brauche ich Platz. – Hier in der Höhle ist es dafür zu eng und zu dunkel."

„Dunkel?", fragte das Tier streng. „Was meinst du damit?"

„Na, wenn man nichts sehen kann!", piepste ich ziemlich frech. Das Tier musste selbst nicht ganz richtig im Kopf sein. Vielleicht hing es schon zu lange mit dem Kopf nach unten von der Decke herunter.

„Für Fledermäuse gibt es keine Dunkelheit!", sagte das Tier. „Wir sehen immer!"

Ich war mit einem Schlage hellwach. „Dann bist du eine Fledermaus?!", rief ich. In der Höhle gab es ein unheimliches Echo. Ich dämpfte sofort meine Stimme.

„Adelheid hat mir von euch erzählt", flüsterte ich eifrig. „Und ich habe schon den ganzen Tag nach euch gesucht. Bis der Falke kam und ich mich verstecken musste. Und genau dabei habe ich euch gefunden. Wohnen noch mehr von euch hier?"

„Allmählich scheint es dir ja wieder besser zu gehen!", kicherte die Fledermaus von der Decke. „Erst dachte ich, du kannst überhaupt nicht sprechen."

„Kann ich doch!", betonte ich. „Aber können Fledermäuse wirklich immer sehen? Auch nachts? Hast du noch schärfere Augen als Ger, der Leopard?"

„Selbstverständlich kann ich nachts sehen!", sagte die Fledermaus. „Ich brauche dazu nicht einmal meine Augen. Die sind nur fürs Grobe. In unsrer Höhle hier finden wir uns auch in schwärzester Nacht ohne Mühe zurecht, auch wenn hunderte oder tausende von uns gleichzeitig ein und aus fliegen. – Wir stoßen jedenfalls nie zusammen …"

„Tut mir Leid, wirklich!", sagte ich. „Kannst du mir beibringen, wie man in der Dunkelheit sieht?", schlug ich vor.

Die Fledermaus kicherte. „Das gäbe ein schönes Durcheinander! Nein, nein, bleib du mal bei deinen Federn und Augen und ich bei meinem Fell und meinen Ohren."

„Ohren habe ich auch!", sagte ich rasch. „Auch wenn man sie nicht von außen sieht. Beim Fliegen stören große Ohren nämlich."

„Sieh an, der Grünschnabel will auch etwas wissen!", spottete die Fledermaus gutmütig. „Gerade beim Fliegen braucht man große Ohren – und eine gute Stimme. Wir Fledermäuse stoßen nämlich Schreie aus. Pass mal auf, so …!"

Ich wartete, aber nichts war zu hören außer dem Rauschen des Flusses, das von draußen gedämpft hereindrang. „Fang an!", sagte ich.

„Ich habe schon wieder aufgehört", sagte die Fledermaus. „Du kannst meine Rufe nicht hören. Aber *ich* höre sie. Und ich höre auch das leiseste Echo, das meine Schreie hervorrufen, wenn sie zum Beispiel auf eine kleine knusprige Motte treffen. Und schwupp, schon hab ich sie gefangen."

„Du machst dich doch nicht etwa lustig über mich?", fragte ich vorsichtig.

„Ich möchte wissen, was die jungen Leute heute überhaupt noch in der Steppe lernen", klagte die Fledermaus. „Wenn sie die einfachsten Dinge nicht wissen."

Ich hielt es an der Zeit, das Thema zu wechseln. „Adelheid hat mir erzählt, dass ihr Fledermäuse eine Geschichte kennt von Lazarus, der tot war und den Jesus wieder lebendig gemacht hat", sagte ich. „Stimmt das?"

Die Fledermaus hing einen Moment bewegungslos und überrascht herab. „Anscheinend lernen sie doch mehr, als ich dachte", sagte sie dann halb zu sich selbst. „Diese Adelheid muss ein selten kluger Lehrer sein", meinte sie dann lauter. „Jedenfalls ist es klug, die Leute zu fragen, die dabei waren, und nicht irgendwelche Vermutungen anzustellen. Es stimmt: In unserem Volk gibt es eine Geschichte von Lazarus."

„Könntest du sie mir bitte vielleicht erzählen?", fragte ich höflich, wie Erwachsene es gern haben. „Ich meine, wenn es zur tagschlafenden Zeit sonst niemanden stört."

Wie alle Tiere liebte auch die Fledermaus die Geschichten aus ihrem eigenen Volk über alles. Bereitwillig ging sie auf meine Bitte ein.

„Wir Fledermäuse wohnen gern in Höhlen, wie du ja mittlerweile weißt", begann sie zu erzählen. „Damals im Land der Kinder Abrahams hatten einige der Unsrigen in der Nähe von Jerusalem eine geräumige und trockene Höhle entdeckt und bezogen. Es war eine Grabkammer der Staublinge, wie wir später herausfanden. Doch das störte niemanden. Die meisten Staublinge sind tagsüber unterwegs und bleiben nachts in ihren Höhlen; bei uns Fledermäusen ist es genau umgekehrt. Und so kamen wir uns nicht in die Quere."

„Habt ihr euch nicht gefürchtet?", fragte ich. „In einem Grab! Wenn alles dunkel ist und da liegt vielleicht ein Toter und ich soll da wohnen und schlafen …"

„Was ist schlimm daran?", meinte die Fledermaus verständnislos. „Dunkelheit gibt es für uns nicht und tote Staublinge sind die friedlichsten von allen. Vor ihnen brauchst du dich wirklich nicht zu fürchten. Nur die Staublinge selbst fürchten sich vor ihren Toten, weil sie nicht gern an ihren eigenen Tod erinnert werden."

Die Sache wurde mir zu kompliziert. „Wie ging die Geschichte weiter?", fragte ich deshalb.

„In dieser Gegend wohnte damals auch der Staubling Lazarus", erzählte die Fledermaus. „Er und seine beiden Schwestern Marta und Maria waren gute Freunde von Jesus. Eines Tages wurde Lazarus schwer krank und seine Schwestern machten sich große Sorgen um ihn. ‚Wir schicken eine Nachricht an Jesus, damit er herkommt und unseren Bruder heilt', beschlossen sie."

„Das war eine gute Idee", sagte ich. „Jesus kann das! Er hat viele Staublinge gesund gemacht …"

„Ja, ja!", nickte die Fledermaus. Sie ließ sich ungern beim Erzählen unterbrechen. „Jesus war gerade oben im Norden des Landes, am See Genezareth, als er die Nachricht bekam. Bis Jerusalem war es ein weiter Weg.

‚Wir können auf keinen Fall dort hingehen', warnten ihn seine Freunde außerdem. ‚Hier oben sind wir halbwegs sicher. Aber in Jerusalem wollen sie dich töten!'"

„König Herodes war hinter ihnen her", nickte ich. „Und auch die anderen Führer des Volkes."

„Erzählst du eigentlich die Geschichte oder ich?", fragte die Fledermaus spitz. „Also mach deine Ohren auf und red nicht so viel dazwischen!

Nach ein paar Tagen sagte Jesus zu seinen Freunden: ‚Lazarus schläft, und ich will hingehen und ihn aufwecken.'

‚Wenn er schläft, geht es ihm besser', meinten seine Freunde rasch. ‚Dann können wir unbesorgt hier bleiben. Er wird von selbst wieder gesund.'"

Ich hätte gern etwas dazu gesagt, schwieg aber.

„‚Er schläft nicht so, wie ihr meint', sagte Jesus. ‚Lazarus ist gestorben. Und ich bin froh, dass wir nicht früher aufgebrochen sind. So werdet ihr glauben. Aber jetzt lasst uns zu ihm gehen.'"

„Was hat er gemeint mit ‚So werdet ihr glauben'?", fragte ich jetzt doch.

„Warte ab, das kommt noch!", brummte die Fledermaus.

„Sie brachen also auf. Doch die Jünger hatten Angst. ‚Lasst uns mit ihm gehen', sagte einer von ihnen traurig, ‚und mit ihm zusammen sterben.'"

Ich schwieg. Aber jenes unheimliche Gefühl beschlich mich wieder, dass die Geschichte mit Jesus vielleicht nicht gut ausging. Hoffentlich

unterschätzte er nicht die Macht des dunklen Herrschers. Er ließ ihn nach meiner Meinung viel zu lange gewähren.

Die Stimme der Fledermaus riss mich aus meinen Gedanken: „Es waren viele Menschen damals unterwegs nach Jerusalem. Bald sollte ja das große Passafest gefeiert werden. Und so erreichten Jesus und seine Freunde unbemerkt den kleinen Ort bei Jerusalem, wo Lazarus und die beiden Schwestern lebten."

„Lazarus lebte also doch noch?", wollte ich wissen.

„Nein", schüttelte die Fledermaus den Kopf. „Lazarus war vier Tage zuvor gestorben. Man hatte ihn mit duftendem Öl einbalsamiert und in Tücher eingewickelt, wie das damals üblich war. So lag er in unserem Grab. Die Grabhöhle selbst wurde mit einem schweren Stein verschlossen wegen der Hunde und der wilden Tiere. Uns war das sehr recht. Wir selbst kamen durch die Ritzen ohne Mühe heraus und hinein. Wenn man nämlich so geschickt ist und so gute Ohren hat wie wir Fledermäuse …"

„Waren Marta und Maria daheim, als Jesus ankam?", unterbrach ich rasch. Von den guten Ohren der Fledermäuse hatte ich genug gehört.

„Natürlich", sagte die Fledermaus. „Wo soll man sich zur tagschlafenden Zeit auch sonst aufhalten als zu Hause? – Jesus wollte kein Aufsehen erregen. Deshalb schickte er einen der Freunde voraus. Als Marta hörte, Jesus käme, stand sie rasch auf und ging ihm entgegen."

„Sie war bestimmt sehr traurig", seufzte ich.

„Ja", brummte auch die Fledermaus gerührt. „Marta schluchzte: ‚Wenn du hier gewesen wärst, wäre mein Bruder Lazarus nicht gestorben!'

‚Dein Bruder wird von den Toten auferstehen!', sagte Jesus. Marta nickte und wischte sich die Tränen ab. ‚Einmal wird der Vater im Himmel alle Toten auferwecken. Dann wird auch Lazarus dabei sein.'

‚Nein, nicht erst dann', widersprach Jesus. ‚Ich bin die Auferstehung und das Leben. Wer mir vertraut, wird leben, auch wenn er stirbt, und wer lebt und mir vertraut, wird niemals sterben. Glaubst du das, Maria?'

Maria verstand bestimmt nicht alles, was Jesus sagte. Aber sie nickte: ‚Ich glaube, dass du der Sohn Gottes bist, der zu unsrer Rettung in die Welt gekommen ist.'

‚Geh jetzt zu deiner Schwester Maria!', sagte Jesus. ‚Sag ihr, dass sie zu mir kommen soll.'"

„Warum ist Maria denn nicht gleich mitgekommen?", wunderte ich mich.

„Im Haus waren viele Trauergäste, erklärte die Fledermaus. „Und Jesus wollte kein Aufsehen erregen. Als Maria jetzt aufstand, dachten die Leute aber: ‚Sie geht zum Grab, um dort zu weinen. Wir wollen mit ihr gehen und sie trösten, wie es sich gehört.'

Wegen der vielen Leute konnte Jesus mit Maria nicht ungestört reden. Als er sie weinen sah und all die Trauergäste, kamen auch ihm die Tränen. ‚Wo habt ihr Lazarus begraben?', fragte er.

Auf dem Weg zum Grab flüsterten einige der Trauergäste miteinander – so laut, dass Jesus es hören konnte: ‚Warum hat er ihn einfach sterben lassen? Alle möglichen Leute hat er gesund gemacht, nur ihn nicht!', zischelte einer. ‚Er wollte es nicht – oder er konnte es nicht!', gab der andere zur Antwort. Dann seufzten beide, wie es von ihnen erwartet wurde."

„Es war doch sehr weit vom See Genezareth bis nach Jerusalem!", nahm ich Jesus in Schutz. „Und außerdem war die Reise gefährlich!"

„Lass mich weitererzählen", sagte die Fledermaus.

„Sie kamen also bald darauf zu unserem Grab. Wir hörten draußen dumpfe Stimmen. ‚Rollt den Stein zur Seite!', sagte Jesus. ‚Herr, er liegt seit vier Tagen im Grab. Er riecht schon schlecht!', erwiderte die helle Stimme von Marta. Dann gab es Gemurmel, und schließlich wurde der schwere Stein zur Seite gerollt, der das Grab verschloss. Tageslicht fiel herein und wir verkrochen uns in den hinteren Winkel der Höhle. – Weiter hinten ist es nämlich sicherer", ergänzte die Fledermaus. „Jedenfalls ist man da vor gewissen Vögeln geschützt, die plötzlich hereingesaust kommen."

Ich überhörte die Anspielung. „Was hat Jesus dann gemacht?", fragte ich und die Fledermaus erzählte weiter.

„Jesus rief mit lauter Stimme in das Grab hinein: ‚Lazarus, komm heraus!'

Die Staublinge draußen hatten sich neugierig herangedrängt, doch nun fuhren sie erschrocken zurück. Lazarus erhob sich von seiner Steinbank, wo er tagelang kalt und tot gelegen hatte, und ging nach

draußen. Noch war er eingewickelt in die Leichentücher. Die Menschen wichen entsetzt zur Seite.

‚Nehmt die Tücher ab!‘, befahl Jesus.“

In der dämmrigen Höhle wurde mir selber unheimlich. Ich wäre gern nach draußen gehuscht an die frische Luft und an die Sonne. Aber dass Jesus einen Toten zum Leben auferweckte, das war unvorstellbar, unglaublich. So etwas gab es noch nie! Kein Zweifel: Jesus war der mächtige Retter, der den dunklen Herrscher besiegen würde.

„Haben die Staublinge jetzt geglaubt, dass Jesus alles kann?“, fragte ich mit heißen Ohren.

„Seine Freunde glaubten an ihn“, nickte die Fledermaus. „Aber seine Feinde nicht.

Als die Schriftgelehrten und Oberen des Volkes von der Sache hörten, saßen sie ratlos zusammen. ‚Dieser Jesus tut unglaubliche Dinge‘, sagte einer. ‚Wir kommen nicht gegen ihn an. Die Leute sind begeistert und wollen ihn zum König machen. Ihr wisst genau, was dann geschehen wird: Die Römer werden ihre Soldaten schicken und alles kurz und klein schlagen. Dann ist es aus mit uns.‘

Da erhob sich ihr oberster Priester und sagte: ‚Wunder hin oder her, dieser Jesus muss sterben. Es ist besser, dieser einzelne Mann stirbt, als dass unser ganzes Volk zu Grunde geht. Ich hoffe, ihr begreift das!‘

Dann verfassten sie einen Steckbrief: ‚Jeder, der weiß, wo Jesus sich aufhält, muss es der Polizei melden, damit er verhaftet wird. Und jeder, der zu Jesus hält, ist ein Feind unseres Volkes.‘

Sie wussten, dass ihr Plan gefährlich war. Jesus hatte viele Anhänger, mehr als je zuvor. Sie mussten ihn heimlich verhaften, damit es keinen Aufstand gab. Aber Jesus war ständig von seinen Leuten umgeben. –

Die Schriftgelehrten ahnten nicht, dass einer der besten Freunde Jesu beschlossen hatte, ihn zu verraten.“

„Ein Verräter!“, stöhnte ich. „Adelheid hat schon von ihm gesprochen. Wer war es? Wie hieß er?“

„Ein paar Tage später feierten Marta und Maria ein großes Fest“, erzählte die Fledermaus unbeirrt weiter. „Sie feierten den neuen Geburtstag von Lazarus und sie feierten Jesus, der Lazarus wieder lebendig gemacht hatte.

Viele Gäste waren eingeladen und viele kamen auch ohne Einladung. Sie alle wollten Lazarus sehen, der tot war und jetzt wieder lebte.

Während des Festes holte Maria ein Glas mit kostbarem Salböl. Sie salbte Jesus damit die Füße und trocknete sie anschließend mit ihrem Haar. So dankbar war sie und so sehr liebte sie Jesus. Im ganzen Haus verbreitete sich der Duft des teuren Öls."

„Ich meine, es riecht auch hier schon ein bisschen besser", schnupperte ich.

„Was du schon riechst und hörst!", knurrte die Fledermaus. „Einer der zwölf Freunde runzelte ärgerlich die Stirn", erzählte sie dann weiter. „,Warum hat man das teure Öl nicht verkauft und das Geld den Armen gegeben?', schimpfte der Mann. Er hieß Judas.

,Lasst Maria in Frieden!', sagte Jesus. ,Sie hat mich zu meinem Begräbnis gesalbt, ohne es zu wissen.'"

„War es denn verkehrt, was Judas vorschlug?", wollte ich wissen. „Und was hat Jesus mit seinem Begräbnis gemeint?"

Die Fledermaus wiegte den Kopf. „Wie es den Armen ging, war dem Judas in Wirklichkeit ziemlich egal", sagte sie dann. „Er ärgerte sich einfach über Maria und noch mehr über Jesus. – Judas war der eine der zwölf Freunde, der Jesus verraten wollte."

„Aber warum tut er so etwas Gemeines!", schrie ich empört.

„Niemand weiß, wie es dem dunklen Herrscher gelungen ist, Judas zu verführen", sagte die Fledermaus und seufzte. „Vielleicht wollte Judas von dem Geld für das Öl heimlich Waffen kaufen – um damit gegen die Römer zu kämpfen. Vielleicht hatte der Böse ihm eingeflüstert: ,Du musst Jesus zum Handeln zwingen, damit er endlich zeigt, dass er Gottes Sohn ist. Du musst dafür sorgen, dass Jesus sich wehren muss. Das ist deine Aufgabe, Judas. Deshalb hat Jesus dich damals zu sich gerufen. Jesus wartet sonst vielleicht zu lange. Es geht schließlich um die Rettung der ganzen Welt und um das ewige Paradies …'"

Ich schwieg. Hatte ich selbst nicht auch so ähnlich gedacht? „Und wie ging es dann weiter?", fragte ich kleinlaut.

„Ein paar Tage später zog Jesus als ein König in Jerusalem ein", berichtete die Fledermaus. „Die Menschen jubelten ihm zu und

seine Freunde schritten stolz an seiner Seite. Auch Judas war dabei. ‚Jetzt geht es also doch los!‘, dachte er und war glücklich."

„Hurra!", rief ich begeistert und erleichtert. Und dabei hatte ich mir solche Sorgen gemacht! „Man darf den Kopf nicht hängen lassen! Erzähle!", forderte ich die Fledermaus übermütig auf.

„Was ich weiß, habe ich erzählt", brummte die Fledermaus. „Und das war nicht einfach bei einem Zuhörer, der ständig dazwischenredet. Wenn du mehr wissen willst, musst du einen Esel fragen und nicht mich. Ein Esel war nämlich damals dabei bei dem Einzug in die Stadt Jerusalem.

Aber ich bezweifle, dass du in der Steppe jemals einen Esel finden wirst. Und das ist auch gut so. Man muss nicht Dinge wissen wollen, die einem nicht zustehen. – Und schon gar nicht, bevor man ordentlich fliegen kann. Und jetzt: Guten Tag! Es ist höchste Zeit zum Schlafen."

Damit rückte die Fledermaus ihre Flügel zurecht, und gleich darauf hörte ich aus der Höhe leichte Schnarchgeräusche.

Aber das war nur Tarnung. Meine Augen waren mittlerweile so gut an die Dunkelheit gewöhnt, dass ich sah, wie die Fledermaus ein wenig mit dem einen Auge blinzelte, um festzustellen, ob ich noch da war.

„Mach's gut, Fledermaus!", flüsterte ich. „Danke für die Geschichte!" Dann huschte ich hinaus ins Freie.

Dort streckte ich mich, schaute mich vorsichtig nach allen Seiten um und brauste dann davon. Die Fledermaus hatte sich getäuscht: Ich wusste genau, wo ich in der Steppe einen Esel finden würde!

Der Esel erzählt vom Einzug Jesu in Jerusalem und von seinem Tod

Schon zweimal war ich bis zu dem kleinen Dorf am Rande der Steppe geflogen. Aber noch nie kam mir der Weg dorthin so weit vor wie diesmal, obwohl ich ihn mühelos und schnell zurücklegte.

Natürlich war ich nicht so dumm, unterwegs mit meinen Gedanken ganz woanders zu sein und die üblichen Vorsichtsmaßnahmen außer Acht zu lassen. Aber dicht hinter der Vorsicht rumorte in meinem Herzen die Freude. Ich konnte es kaum abwarten. Jetzt endlich wurde alles gut. Jesus war als König in Jerusalem eingezogen. Die Fledermaus hatte es gesagt. Worauf alle seine Freunde und ich so lange gewartet hatten, jetzt geschah es: Jesus wurde König der Staublinge

und ihr mächtiger Anführer im Kampf gegen die Feinde und alles Böse.

Ich zweifelte auch nicht daran, dass der Esel Ben die Geschichte vom Einzug Jesu in Jerusalem kannte. Zuletzt hatte er mir vom König Saul erzählt. Sir Ben war der einzige Esel weit und breit. Er *musste* die Geschichte von Jesus einfach kennen.

In meiner Vorfreude wunderte es mich nicht einmal, dass ich den Esel gleich entdeckte, als ich am späten Nachmittag eines heißen Tages das Dorf erreicht hatte. Auf die Idee, Sir Ben könnte nicht mehr am Leben sein oder nicht zu Hause oder mit seinen Herren irgendwo draußen in der Steppe, war ich gar nicht gekommen.

Alles war, wie es sein musste: Der Esel stand unter genau demselben Baum im Schatten, ließ genau wie zuletzt den Kopf herabhängen und döste wie beim letzten Mal vor sich hin. Die Mückenschwärme, die ihn umkreisten, schienen ihn wenig zu stören. Gleichmütig bewegte er manchmal ein wenig den Schwanz als leise Warnung an die Mücken, dass er zuschlagen könnte, wenn er wollte. Aber er wollte offensichtlich nicht.

Ich landete mit Schwung auf seinem Rücken, sodass es eine kleine Staubwolke gab.

„Na, na!", murrte Sir Ben nun doch ein wenig fassungslos. „Nicht so stürmisch, junger Freund. Ich denke nach und möchte nicht gestört werden."

„Ich bin es: Tschilp!", rief ich keck. „Du erinnerst dich bestimmt an mich. Du hast mir von Saul erzählt, den ihr Esel zum König der Kinder Abrahams gemacht habt."

Sir Ben öffnete die halb geschlossenen Augen und hob den Kopf. „Doch nicht etwa jener gebildete Vogel, der zumindest ahnt, welche Lasten wir Esel auf dieser Welt zu tragen haben, damit sie nicht gänzlich aus den Fugen gerät?", rief Sir Ben.

Er musterte mich mit seinen großen Augen. Dann verklärte ein Lächeln sein langes Gesicht. „Tatsächlich, er ist es!", schrie er. „Du bist größer geworden!", stellte er dann sachlich fest.

Wir schwatzten eine Weile über dies und das.

Dann hielt ich es nicht mehr aus und fragte Sir Ben direkt nach

dem Einzug Jesu in Jerusalem, von dem mir die Fledermaus berichtet hatte.

Sir Ben war hoch erfreut. Seine Gesichtszüge belebten sich, der Schweif wedelte heftiger. Er hob stolz den schweren Kopf und warf sich in die Brust, so gut es ging. Ein klein wenig erinnerte er mich jetzt an einen feurigen Zebrahengst in der Steppe. Aber wirklich nur ein ganz klein wenig.

„Aber natürlich kenne ich die Geschichte", prustete er dann stolz. „Es war damals kurz vor dem Passafest der Staublinge. Das Fest war jedes Mal ein großes Ereignis für die Kinder Abrahams. Tausende von Pilgern aus aller Welt kamen zu den Feiertagen nach Jerusalem. Denn nur in Jerusalem konnte man richtig Passa feiern. Dort stand ja der Tempel und zum Passafest schlachtete jede Familie ein Lamm."

Der Esel dämpfte ein wenig die Stimme und spähte besorgt zu den Gehegen der Schaf- und Ziegenherden hinüber. Er wollte niemanden beunruhigen. Doch keiner achtete auf uns.

„Die Lämmer mussten im Tempel geschlachtet werden. So war es üblich. Und deshalb kamen so viele Pilger nach Jerusalem", erzählte Sir Ben weiter. „Die Stadt war überfüllt. In den Straßen drängten sich Leute aus aller Herren Länder. Sie alle wollten den Auszug der Kinder Abrahams aus der Sklaverei in Ägypten feiern.

‚Irgendwann werden wir auch die Römer los, die uns heute im eigenen Land wie Sklaven behandeln', flüsterte manch einer mit Zorn in der Stimme. Aber so, dass es die Römer nicht hörten. Denn die waren misstrauisch und beobachteten alles genau."

„Was war mit Jesus?", wollte ich wissen. Sir Ben erzählte genießerisch und ein wenig zu umständlich.

„Kurz vor dem Fest zog Jesus in einer feierlichen Prozession als König in Jerusalem ein", erklärte der Esel. „Jesus brauchte dazu natürlich ein würdiges Reittier. Und welches Tier hätte würdiger sein können als ein Esel!" Sir Ben platzte fast vor Stolz und musste ein Pause machen.

„Weiter!", ermunterte ich ihn vorsichtig.

„Jesus ritt also auf einem der Unsrigen in die Stadt ein", fuhr Sir Ben fort. „Vor ihm schritten seine Jünger und machten ihm Platz.

Hinter ihm folgten seine begeisterten Anhänger. Es war ein langer Zug!

‚Heil, unserem König!‘, schrie einer. Andere nahmen den Ruf auf: ‚Es lebe der Sohn Davids. Heil unserm Retter! Der Allerhöchste hat ihn uns geschickt!‘

Es war einmalig! Die Menschen in der Stadt ließen sich anstecken. Sie jubelten mit und liefen neben dem Zug her. Es wurden immer mehr. Das Gedränge war riesig.“

„Aber die vielen Fremden in der Stadt kannten Jesus doch gar nicht“, meinte ich.

Sir Ben nickte. „‚Wer ist dieser Jesus?‘, fragten sie verwundert ihre Nachbarn. ‚Ihr kennt Jesus nicht!?‘, schrien die durch den Lärm zurück. ‚Er ist unser Retter. Er kann Kranke heilen, Hungrige satt machen und er hat sogar Lazarus von den Toten auferweckt! – Heil dem Sohn Davids! Heil unserem König!‘

Das Rufen wurde ohrenbetäubend. Tausende, zehntausende säumten den Weg. Sie rissen Äste von den Bäumen und streuten sie auf den Weg. Andere zogen ihre Mäntel aus und breiteten sie aus. Wir schritten dahin wie auf einem Teppich.“

„Wir?“, fragte ich erstaunt. „Wen meinst du mit ‚wir‘?“

„Unser auserwählter Esel natürlich und Jesus oben drauf“, antwortete Sir Ben stolz.

„Seid ihr dann zum Königspalast gezogen und hat sich Jesus dort auf den Thron gesetzt?“, wollte ich wissen.

Sir Ben zögerte. „Den Königspalast hielten die Römer besetzt“, sagte er dann. „Pilatus regierte dort im Auftrag des römischen Kaisers.“

„Auch gut!“, rief ich. „Dann hat Jesus also zuerst die Römer aus dem Land gejagt.“

„Nein, nein!“ Sir Ben schüttelte seine langen Ohren. „Jesus zog nicht zum Königspalast, sondern zum Tempel. Dort stieg er von seinem Reittier, nahm einen Strick und jagte alle Geldwechsler und Tierhändler hinaus. – In einer Halle des Tempels konnten die Staublinge nämlich Tiere kaufen und sie im Tempel opfern.“

Ich war begeistert. „Dann hat Jesus zuerst uns Tiere befreit! Das habt ihr gut gemacht. – Weiter, Sir Ben! Erzähl weiter!“

Doch die Stimme des Esels klang merkwürdig matt, als er sagte: „Was weiter geschah, war nicht mehr so gut!"

„Nun mach schon!", rief ich ungeduldig. „Erzähle, auch wenn ihr Esel nicht Minister bei Jesus geworden seid oder sonst etwas Großes!"

„Unsinn!", schnaufte Sir Ben. „Darum ging es überhaupt nicht. Nur – Jesus hat weiter gar nichts unternommen. Er sprach zu den Leuten, wie immer.

Es wurde Abend und die Leute kehrten in ihre Häuser zurück. Der Tag war vorbei, und Jesus hatte die Macht nicht an sich genommen. Wir waren alle enttäuscht damals. Am meisten die zwölf Freunde Jesu. Der Tag hatte so gut begonnen, und jetzt …! Nichts. Wie immer – nichts!

In dieser Nacht beschloss Judas, die Sache selbst in die Hand zu nehmen."

„Aber …", flüsterte ich und brach ab.

Sir Ben erzählte mit trauriger Stimme: „Später saß Jesus dann mit seinen zwölf Freunden beim Abendessen. Auch Judas war dabei.

,Liebe Kinder', sagte Jesus plötzlich zu ihnen. ,Ich gehe fort. Und diesmal könnt ihr nicht mit mir gehen. Seid nicht traurig darüber. Es ist gut, dass ich fortgehe. Aber ich komme wieder. Und dann werde ich immer bei euch bleiben.'

,Warum kann ich diesmal nicht mit dir gehen?', fragte Petrus verwundert. ,Ich bin bereit, mein Leben für dich zu lassen.'

,Du willst dein Leben für mich lassen, Petrus?', fragte Jesus. ,Noch ehe der Hahn morgen früh kräht, wirst du behaupten, mich nicht zu kennen. – Einer von euch wird mich an meine Feinde verraten, und ihr werdet mich alle verlassen. Aber ich bin nicht allein; der Vater im Himmel ist bei mir.'

Die Freunde sahen sich entsetzt an. Dann wandte sich Jesus an Judas und sagte zu ihm: ,Was du tun willst, das tue bald!'

Keiner der anderen verstand, was Jesus damit meinte. Vielleicht soll Judas etwas kaufen oder besorgen, dachten sie. Keiner wunderte sich auch darüber, dass Judas aufstand und in die Nacht hinausging. Doch Judas sollte nichts besorgen und auch nichts einkaufen. Er schlich zu den Feinden. ,Gebt mir Geld und ich sorge dafür, dass ihr Jesus zu fassen bekommt!', sagte er.

Mittlerweile hatte das Abendessen begonnen. Die Freunde Jesu waren müde, enttäuscht und traurig. Sie verstanden nichts und wagten nicht zu fragen.

Da nahm Jesus das Brot, dankte dem Vater im Himmel dafür und teilte es unter seine Freunde aus. ‚Nehmt und esst‘, sagte er. ‚Das ist mein Leib, der für euch gegeben wird.‘

Die Jünger sahen sich erschrocken an. Was meinte Jesus mit diesen Worten?"

Sir Ben erzählte weiter. „Beim Essen ging es nicht so fröhlich zu wie sonst. Auch Jesus schien bedrückt und traurig zu sein. Nach dem Essen reichte er wie üblich einen Becher Wein herum. Dann sagte er plötzlich: ‚Trinkt alle daraus. Das ist mein Blut, das vergossen wird für die Vergebung eurer Sünden. Mein Blut besiegelt den neuen Bund, den Gott mit den Menschen schließt.‘

Jesus sah in die ratlosen und traurigen Gesichter seiner Freunde. ‚Seid nicht erschrocken und fürchtet euch nicht‘, sagte er. ‚Vertraut Gott und vertraut mir. Ich gehe jetzt zu meinem Vater im Himmel zurück. Aber ich lasse euch nicht allein. Wer mich liebt, zu dem werde ich kommen und mit mir der Vater im Himmel. Wir werden bei ihm wohnen, und er wird nie mehr allein sein. – Wie der Vater im Himmel mich in die Welt gesandt hat, so sende ich euch in die Welt. Die Welt wird euch hassen, wie sie mich gehasst hat. Aber habt keine Angst, ich habe die Welt besiegt. Ich komme bald wieder zu euch. Dann wird sich eure Traurigkeit in Freude verwandeln. – Und nun lasst uns gehen. Es ist Zeit.‘"

„Verstehst du das alles?", brachte ich nach einer Weile mit Mühe heraus. Meine Fröhlichkeit war wie weggeblasen. Fast hätte ich laut losgeheult.

„Nein, ich verstehe es nicht", schüttelte Sir Ben den Kopf. „Der Tag hatte so gut begonnen. Ich frage mich, ob wir Esel einen Fehler gemacht haben, dass alles so endete."

„Wie endete es denn?", stieß ich heiser hervor.

„Nach dem Abendessen verließ Jesus mit seinen Freunden Jerusalem. Sie wollten wie schon früher draußen vor der Stadt im Freien übernachten. Es war ja warm. Auch Judas kannte diesen Ort.

Die Freunde hatten sich gerade in ihre Mäntel gehüllt, um zu schlafen. Sie hörten Jesus in der Nähe beten. Aber sie waren zu müde und zu traurig, um länger wach zu bleiben. Plötzlich wurden sie aus dem Schlaf gerissen. Waffen klirrten. Soldaten mit Fackeln kamen heranmarschiert. Judas führte sie an. Er ging auf Jesus zu und gab ihm einen Kuss. Dieses Zeichen hatte er mit den Feinden vereinbart. Sofort wurde Jesus gepackt und gefesselt.

Das war zu viel. Petrus zog ein Schwert unter seinem Mantel hervor und hieb auf die Soldaten ein. Er verwundete einen von ihnen am Kopf."

Eine schwache Hoffnung keimte in mir auf. Vielleicht gelang es doch noch in letzter Sekunde …

Aber der Esel erzählte schon weiter. „‚Weg mit dem Schwert!‘, befahl Jesus dem Petrus. ‚Wenn ich wollte, könnte ich meinen Vater im Himmel um Hilfe bitten. Aber ich will es nicht. Ich will, dass in Erfüllung geht, was Gott den Menschen versprochen hat.‘

Da rannten alle seine Freunde davon. Sie flohen in die Dunkelheit.

Doch Petrus und ein anderer der Freunde blieben nach ein paar Schritten stehen. Sie kehrten um. Sie wollten Jesus nicht im Stich lassen. Vorsichtig schlichen sie hinter den Soldaten her. Der Fackelschein zeigte ihnen den Weg.

Die Feinde schleppten Jesus in ein großes Gerichtsgebäude. Dort sollte er verhört werden. Die Soldaten mussten draußen im Hof warten. Es war kalt und sie hatten Feuer angezündet, um sich zu wärmen.

Petrus schlich sich in den Hof hinein. Eine Frau an der Tür bemerkte ihn und sagte: ‚He, du bist doch auch ein Freund von diesem Jesus!‘

‚Red kein dummes Zeug!‘, antwortete Petrus rasch.

Doch die Frau lachte nur: ‚Der da!‘, rief sie, ‚gehört auch zu Jesus!‘ Ein paar Leute drehten sich nach Petrus um.

‚Ich kenne den Mann nicht einmal!‘, behauptete Petrus voller Angst.

‚Und ob du dazugehörst!‘, sagte ein Soldat drohend zu Petrus. ‚Ich habe dich doch bei ihm gesehen, als wir ihn draußen vor der Stadt schnappten!‘

Da schrie Petrus voller Furcht: ‚Verflucht will ich sein, wenn ich den Mann kenne!'

Im selben Moment krähte irgendwo in der Stadt ein Hahn. Da dachte Petrus an die Worte Jesu. Er rannte aus dem Hof in die Nacht hinaus und weinte."

Enttäuschung, Trauer und Wut kämpften in mir. Doch ich brachte keinen Ton heraus. Mit dumpfer Stimme erzählte der Esel weiter: „Mittlerweile hatten sie im Gerichtssaal eilig das Todesurteil über Jesus verhängt. So hatten sie es ja schon lange vorher beschlossen. Noch bevor die Leute in Jerusalem richtig wussten, was geschah, sollte es vollstreckt sein.

Sie schleppten Jesus deshalb früh am Morgen zu Pilatus, dem römischen Statthalter. Er musste das Urteil bestätigen. Das war Gesetz bei den Römern.

‚Er hat behauptet, der König der Juden zu sein', beschuldigten die Feinde dort Jesus. ‚Er hat Aufständische um sich gesammelt zum bewaffneten Kampf gegen die Römer. Darauf steht die Todesstrafe. Hier, das Urteil. Es ist alles fertig. Du brauchst nur noch zu unterschreiben.'

Pilatus wusste genau, dass Jesus unschuldig war. Er hätte ihn gern frei gelassen. Aber die Feinde schrien: ‚Wenn du Jesus frei lässt, bist du selbst ein Feind des römischen Kaisers. Wer einen Aufrührer frei lässt, ist ein Feind des Kaisers!'

Pilatus bekam es mit der Angst zu tun. Vor dem Palast des Pilatus war eine gewaltige Menschenmenge zusammengelaufen. Pilatus machte einen letzten Versuch, Jesus zu retten. Er ließ Jesus auspeitschen. Dann flochten die römischen Soldaten eine Krone aus Dornen und pressten sie Jesus auf den Kopf. Sie warfen ihm einen alten Soldatenmantel über die blutigen Schultern, schlugen und bespuckten ihn. Anschließend wurde Jesus wieder hinausgeführt.

‚Es ist üblich, dass der römische Kaiser aus lauter Großzügigkeit euch zu eurem Passafest einen Gefangenen freilässt!', rief Pilatus in die Menschenmenge. ‚Wen soll ich euch freigeben: euren König Jesus hier – oder den Mörder Barabbas?'"

„Wer war dieser Barabbas?", hauchte ich mit einem kleinen Fünkchen Hoffnung im Herzen.

„Barabbas hatte gegen die Römer gekämpft und dabei einen Mord begangen", erklärte der Esel.

„‚Gib uns Barabbas frei!', schrie eine Stimme aus der Menge. Der Ruf pflanzte sich fort und wurde immer lauter. ‚Barabbas hat wenigstens gegen die Römer gekämpft!', riefen die Leute. ‚Aber Jesus war zu feige dazu …' Sie schrien, so laut sie konnten: ‚Gib uns Barabbas! Gib uns Barabbas!'

‚Aber was soll ich denn mit eurem Jesus machen?', fragte Pilatus ratlos.

‚Kreuzige ihn! Ans Kreuz mit ihm! Kreuzige ihn!', schrien die Zuschauer wie verrückt."

„Was ist das, ‚kreuzigen'?", fragte ich ängstlich.

„So wurden bei den Römern Schwerverbrecher hingerichtet", sagte der Esel knapp. „Sie nagelten die Verurteilten an ein Holzkreuz, wo sie jämmerlich starben. – Und so geschah es auch mit Jesus."

Dem Esel fiel es schwer weiterzusprechen. „Draußen vor der Stadt geschah es. In einem alten Steinbruch, den sie ‚Schädel' nannten. Zwei Verbrecher wurden gleich mit gekreuzigt. Keiner der Freunde war bei Jesus. Nur ein paar Frauen. Und natürlich die Soldaten, die ihn bewachten … Einige neugierige Gaffer spotteten: ‚Na, Gottessohn! Komm runter von deinem Kreuz, dann glauben wir an dich. – Du hast doch anderen geholfen, Jesus. Warum hilfst du dir nicht selbst?'

Dann gingen auch die letzten Zuschauer. Es gab für sie jetzt wichtigere Dinge zu erledigen. Das große Passafest hatte begonnen. Im Tempel wurden die Passalämmer für das Fest geopfert.

Vom Tempel her klang verzerrt der Klang des Widderhorns herüber bis zur Hinrichtungsstätte. Der Ruf verkündete allen Kindern Abrahams laut, dass Gott wie damals in Ägypten das Blut eines unschuldigen Lammes ansieht und sein Volk befreit.

Es war mittlerweile später Nachmittag. Drückende Schwüle lag über der Stadt. Die Stunde des Abendgebets im Tempel war gekommen. Laut sprachen dort die Nachkommen Abrahams im Tempel ein

feierliches Gebet: ‚Meine Zuflucht nehme ich, Herr, zu dir …‘ So begann es.

Jesus am Kreuz schien zu lauschen. ‚Vater, in deine Hände gebe ich meinen Geist …‘, betete er laut mit. Dann starb er.“

Wir schwiegen beide wie gelähmt.

„Jesus wurde noch am selben Tag vom Kreuz herabgenommen“, sagte der Esel nach einer Weile. „Ein Schriftgelehrter, der heimlich zu Jesus gehalten hatte, sorgte dafür, dass Jesus nicht irgendwo wie ein Hund verscharrt wurde. Er ließ den Toten in Tücher einhüllen und in sein eigenes Familiengrab bringen. Nach dem Fest wollten sie die eigentliche Bestattung vornehmen … So endet die Geschichte.“

Der Esel hatte müde den Kopf gesenkt und schwieg.

Ich saß eine Weile wie betäubt. Dann flog ich wortlos davon; ein paar Meter nur bis zum nächsten Baum. Dort hockte ich mich auf einen Ast.

Nun war es also doch geschehen, was ich immer heimlich befürchtet hatte: Das Paradies war verloren. Für immer! Keiner außer Jesus hätte diesen Kampf gewinnen können. Aber er hatte ihn verloren. Es gab keine Hoffnung mehr.

Es wurde dunkel über der Steppe. Ich zog den Kopf ein und blieb hocken, wo ich war. Meine Verwandten wollte ich jetzt nicht sehen und auch sonst niemanden. Hier auf dem Ast wollte ich bleiben. Und wenn irgendein Raubtier mich in der Nacht finden sollte – was lag daran?!

Die Amsel singt vom neuen Morgen

Über mir glitzerte der Sternenhimmel in unendlicher Weite. Aus der Steppe klang das hustende Brüllen eines Löwen herüber und das Kichern von Hyänen. Ein Zweig knackte in der Nähe. Die Nacht war voll unheimlicher Geräusche.

Gelegentlich nickte ich für kurze Zeit ein. Es war bitterkalt. Wie gern wäre ich jetzt in unserem gemütlichen Nest gewesen und hätte mich an meine Mutter gekuschelt! Mir war zum Heulen zu Mute und die Nacht nahm kein Ende.

Ein Gedanke ängstigte mich: Vielleicht blieb es für immer dunkel, nun, nachdem das schwarze Licht gesiegt hatte. Einen Moment lang wünschte ich, eine Fledermaus zu sein, die auch im Dunkeln sehen kann. Aber ich bin nur ein Spatz. Wenn es nicht mehr hell wurde, konnte ich nicht mehr nach Hause finden und musste sterben.

Irgendwann veränderte sich der schwarze Nachthimmel aber doch. Die Sterne schienen blasser. Färbte sich der Horizont dort im Osten ein wenig grau? Ich konnte die Umrisse des Baumes erkennen, auf dem ich saß. Aber bestimmt hatten sich meine Augen nur an die Dunkelheit gewöhnt.

Plötzlich wurde ich durch das Sausen von Flügeln aufgeschreckt. Über mir, auf dem höchsten Ast des Baumes, landete ein schwarzer Vogel. Nein, der Falke war es nicht. Es musste eine Amsel sein.

Der Vogel flötete vorsichtig ein paar Töne, so als würde er noch üben. Dann schlug er eine melodische Tonfolge an, die so schön war, so traurig und fröhlich zugleich, dass ich es nicht mehr aushielt.

Ich schüttelte kurz mein nachtfeuchtes Gefieder. Dann flog ich zu dem schwarzen Vogel hinauf und stürzte mich auf ihn. „Halt bloß den Schnabel!", schrie ich ihn an. „Hör sofort auf zu singen!"

Der schwarze Vogel – es war tatsächlich eine Amsel – hüpfte erschrocken zur Seite, als ich auf ihn zustürmte. Dann erkannte er, dass ich viel kleiner war als er selbst und fing an zu lachen.

Das hatte mir gerade noch gefehlt. Jetzt wurde ich richtig wütend: „Ich reiß dir alle Federn aus, wenn du nicht sofort mit dem Singen aufhörst!", kreischte ich. „Weißt du denn nicht, was passiert ist?" Dann musste ich plötzlich losheulen. Ich konnte nichts dagegen machen.

Die Amsel kam ein wenig näher. „Was ist los?", fragte sie mit warmer Stimme. „Sieht ganz so aus, als hättest du Kummer."

Ihre Worte taten mir gut. Ich rückte an den großen Vogel heran und schluchzte. „Es ist, weil Jesus tot ist", stammelte ich. „Sie haben ihn getötet. Es wird bestimmt nie mehr hell auf der Erde …"

Die Amsel saß ganz ruhig da und hörte mir zu. Nach einer Weile sagte sie: „Woher weißt du das alles?"

„Der Esel hat es mir erzählt", schniefte ich und putzte meinen Schnabel.

Die Amsel nickte. „Der Esel hat sicher Recht", sagte sie. „Aber er kennt den Schluss der Geschichte nicht."

„Welchen Schluss denn, wenn Jesus doch tot ist?", fragte ich kleinlaut.

„Nun, wir Amseln sind Frühaufsteher", begann der schwarze Vogel. „Und wir wissen, dass die Kreuzigung nicht das Ende der Geschichte ist."

Das klang ganz danach, als wollte die Amsel etwas erzählen. Mir wurde ein wenig wärmer.

„Am Morgen nach dem Passafest – sehr früh – ging Maria zum Grab Jesu", begann der schwarze Vogel tatsächlich. „Sie wollte seinen Leichnam mit duftendem Salböl einreiben, wie es damals bei den Staublingen üblich war. Mehr konnte sie nicht für Jesus tun. Sie war sehr traurig."

„War diese Maria die Schwester von Lazarus?", fragte ich.

„Nein, es war eine andere Frau. Sie hieß aber auch Maria und sie hatte Jesus genauso lieb gehabt", erzählte die Amsel.

„Als Maria zum Grab kam, erschrak sie: Der große Stein, mit dem die Freunde das Grab verschlossen hatten, war zur Seite gerollt und das Grab war leer.

Maria machte sofort kehrt und holte die Freunde Jesu. Kopfschüttelnd untersuchten die das Grab. Der Leichnam war tatsächlich weg, daran bestand kein Zweifel. Aber wer hatte das getan und warum? Welche Gemeinheit mochte dahinter stecken? Die Freunde gingen besorgt nach Hause.

„Und was hat Maria gemacht?", wollte ich wissen.

„Nun, sie blieb noch beim Grab und weinte. Sie war so traurig wie du – vielleicht sogar noch ein bisschen mehr", sagte die Amsel. „Als Maria sich umdrehte, stand ein Mann vor ihr, den sie nicht hatte kommen hören. ‚Warum weinst du?', fragte er freundlich. ‚Suchst du jemand?'

Das ist bestimmt der Gärtner, der hier für Ordnung sorgt, dachte Maria. Sie deutete zum Grab. ‚Wenn du Jesus an einen anderen Ort gebracht hast, dann sage es mir, damit ich ihn holen kann', bat sie.

‚Maria!', anwortete der Mann mit seiner freundlichen Stimme. Mehr sagte er nicht.

Doch Maria fuhr herum. Diese Stimme kannte sie besser als jede andere! Sie wischte sich hastig die Tränen aus den Augen. Dann begann ihr Herz wild zu klopfen: Jesus stand vor ihr – lebendig!"

„Aber warum hat der Esel dann erzählt, dass Jesus am Kreuz starb?", fragte ich verwundert und ein bisschen misstrauisch.

„Er hat Recht: Jesus starb am Kreuz!", sagte die Amsel. „Aber der Vater im Himmel hat ihn von den Toten auferweckt. –

Maria rannte natürlich gleich zu den Freunden und erzählte ihnen alles. Aber die glaubten ihr kein Wort. Sie hatten aus Angst, selbst auch gefangen genommen und gekreuzigt zu werden, die Tür fest verriegelt. Plötzlich trat Jesus mitten unter sie.

‚Ich bin es wirklich', sagte er. ‚Seht hier, die Wunden von der Kreuzigung. – Ich habe euch doch gesagt, dass ich nur für kurze Zeit weggehe. Der Vater im Himmel hat mir nun alle Macht gegeben im Himmel und auf der Erde. Ich werde zu ihm gehen. Aber ihr sollt allen Menschen auf der ganzen Welt sagen, dass die Macht des Bösen ein Ende hat. Und denkt daran: Ich bin immer bei euch, auch wenn ihr mich nicht seht.'"

„Aber wie und wann hat Jesus den dunklen Herrscher denn besiegt?", fragte ich verwundert. „Die Feinde haben Jesus doch getötet."

Die Amsel wiegte den Kopf. „So ganz genau weiß ich es nicht!", sagte sie dann. „Ich bin schließlich nur ein Vogel. Weil sich die Staublinge damals im Paradies auf die Seite des Bösen gestellt hatten, waren sie dem Bösen verfallen, denke ich. Aber der dunkle Herrscher wusste offenbar nur, dass Jesus gekommen war, um die Menschen aus seiner Gewalt zu befreien. ‚Wenn Jesus tot ist, dann kann mir keiner mehr gefährlich werden', dachte er vielleicht. Sein Plan gelang, Jesus wurde gekreuzigt. Er kannte aber nicht die Verheißung, die älter ist als die Welt. Wenn ein Unschuldiger für die Schuldigen stirbt, so sind sie frei."

„Konnte deshalb in Ägypten damals ein unschuldiges Passalamm die Kinder Abrahams vor dem Tod retten?", fragte ich.

Die Amsel nickte. „Ja. Das war das Zeichen. Wir hatten die ganze Zeit vor Augen, was geschehen würde. Aber wir haben es trotzdem nicht erkannt. Und auch der dunkle Herrscher nicht. Mit bösem

Willen hat er daran gearbeitet, dass in Erfüllung geht, was der Vater im Himmel seit urdenklichen Zeiten zur Rettung der ganzen Welt beschlossen hat. Und so hat er seine Macht für immer verloren."

In meinem Kopf wirbelte es. „Aber das Paradies – ist doch noch gar nicht da", sagte ich dann. „Ich meine, es hat sich doch gar nichts geändert."

„Es hat sich alles geändert!", sagte die Amsel und flötete einen kleinen Jauchzer. „Der Böse führt sich zwar immer noch auf, als sei er der Herr der Welt. Aber das tut er nur, um den Leuten Angst zu machen. Er kann drohen, so viel er will: In Wirklichkeit ist jetzt Jesus der Herr der Welt. Und zwar für immer.

Jesus hat seine Freunde losgeschickt, allen Staublingen zu sagen, dass sie frei sind und sich nicht mehr fürchten müssen. Ihre Schuld ist gesühnt. Gott nimmt sie wieder als seine Freunde an. Und als seine Freunde sollen sie dafür beten und arbeiten, dass schon jetzt überall auf der Welt Gottes Wille geschieht. So beginnt das neue Paradies."

„Aber es wäre bestimmt besser, Jesus wäre richtig bei ihnen, sichtbar meine ich", gab ich zu bedenken. „Sonst vergessen die Staublinge das wieder. Sie sind nämlich sehr vergesslich in solchen Sachen."

„Ja, das wäre mir auch lieber", sagte die Amsel. „Aber dann könnte er immer nur an einem einzigen Ort auf der Welt bei seinen Freunden sein. Aber er will bei allen seinen Freunden bleiben. So wie der Vater im Himmel überall auf der Welt bei allen seinen Sperlingen ist."

Die letzte Bemerkung war nett von der Amsel, auch wenn sie dabei ein wenig schmunzelte.

„Und wann kommt das Paradies zu uns in die Steppe?", fragte ich jetzt eifrig.

„Wenn die Zeit gekommen ist, wird der Vater im Himmel einen ganz neuen Himmel schaffen und eine ganz neue Erde", sagte die Amsel. „Dann wird er wieder bei seinen Geschöpfen wohnen wie damals im Paradies. Und nichts Böses wird jemals wieder hineingelangen. Es wird keine finstere Nacht mehr geben, denn Jesus selbst wird unsere Sonne sein. Und Gott wird abwischen alle Tränen von unseren Augen, und kein Leid, kein Kriegsgeschrei, keinen Klageruf wird es mehr geben. Alles Böse wird dann vergangen sein."

„Wie lange dauert es noch, bis es so weit ist?", fragte ich ungeduldig.

Die Amsel lachte. „Ich weiß es nicht. Aber wir Amseln singen gern spät am Abend und früh am morgen. Abends singen wir, weil es vielleicht zum letzten Mal finster wird auf der Welt, bevor der ewige Morgen anbricht. Und morgens singen wir, weil dies vielleicht der Tag ist, dem keine Nacht mehr folgt, sondern Gottes neue Welt."

Wir schwiegen. Im Osten war der graue Streifen einem klaren Blau gewichen, durchsichtig wie Kristall. Im Schein der aufgehenden Sonne verlöschten die Sterne. Der schwarze Nachthimmel wurde zusammengerollt wie ein dunkles Tuch. Dann berührten uns die ersten Strahlen der Morgensonne. Die Amsel holte tief Luft und dann sangen wir.

Ich hätte es gern so schön gekonnt wie die Amsel. Aber sie sagte nachher, es sei ganz prächtig gewesen und gemeinsam habe es viel besser geklungen als ihr eigener Gesang sonst. Und das musste stimmen, denn Amseln sind wunderbare Tiere – wie eigentlich das meiste wunderbar ist auf dieser Welt, wenn man es mit den richtigen Augen betrachtet.

Ein Nachwort für ausgewachsene Staublinge

Die Menschenkenntnis, die mein Freund Tschilp beim Erzählen seiner Geschichten an den Tag legte, hat mich oft in Erstaunen versetzt. Trotzdem kenne ich die Staublinge und ihre vertrackten Gedankengänge noch ein wenig besser als er. Deshalb möchte ich meinen Freund vor einigen vielleicht ungerechtfertigten Vorwürfen in Schutz nehmen.

Vielleicht halten manche Staublinge die Geschichten, die Tschilp von den Tieren gehört und weitererzählt hat, allesamt für unsinnig und erlogen.

Auf diesen Vorwurf einzugehen, macht wenig Sinn. Wer eine solche Meinung hat, wird das Buch wohl kaum zu Ende lesen, also auch keine mögliche Entgegnung an dieser Stelle.

Es könnte aber sein, dass gewisse Staublinge sich doch die Mühe machen, die Geschichten zu lesen. Aber sie halten die Vorstellung, dass Tiere Geschichten erzählen, für ganz unsinnig und kindisch.

Diesen Staublingen ist schwer beizukommen. Die meisten von ihnen leben schon sehr lange in ihrer Welt aus Neonröhren, Betonhäusern, Computern, Heizungsanlagen und künstlichen Geräuschen. Sie sind oft hastig und nervös, haben keine Zeit und meinen, ihre künstliche Welt sei die wirkliche Welt und die Schöpfung draußen eher eine Randerscheinung.

Ich weiß nicht, ob ich ihnen den Vorschlag machen darf, ihre künstliche Welt einmal auszuknipsen, aus ihrer Wohnhöhle wenigstens für ein paar Stunden auszubrechen und das Rauschen der Autobahnen hinter sich zu lassen.

Wenn sie Augen, Ohren, Nasen und Herzen noch öffnen können für das Rascheln eines trockenen Blattes, für das Brausen des Windes, das Knarren eines Baumes nachts im Wald, den Ruf einer Eule, den Geruch von Harz, den kalten Hauch des Nebels oder

das leise Klingen einer Quelle, dann werden sie nach kurzer Zeit vielleicht stillschweigend einsehen, wie voreilig ihr Einwand war.

Andere, eher fachkundige Staublinge werden bei Tschilps Geschichten womöglich missbilligend mit Papier rascheln und sagen: Schön und gut, aber was gehen Schuld und Erlösung des Menschen die Tiere an? Macht daraus kein Märchen! Schließlich sind wir Menschen das Ebenbild Gottes und nicht die Tiere in der Steppe. Was verstehen unvernünftige Kreaturen von Theologie!

Könnte es aber sein, dass wir Staublinge gelegentlich unsere Berufung – das, was wir sein sollten – mit dem verwechseln, was wir tatsächlich sind?

Die alten Herrscher des Orients ließen überall in ihrem Reich Statuen und Ebenbilder ihrer selbst aufrichten, damit jedermann wusste, nach wessen Recht und Gesetz in diesem Land regiert wurde. So sollte der Mensch als Gottes Ebenbild überall an Gottes gute Herrschaft erinnern. Das war seine Bestimmung. Doch was wir Menschen tatsächlich repräsentieren, daran wäre Tschilp manchmal fast verzweifelt.

Der berühmte Paulus wusste jedenfalls davon zu erzählen, dass sich auch die Schöpfung nach Erlösung sehnt und die Kreatur durch die Schuld des Menschen der Vergänglichkeit unterworfen ist.

Berechtigt mag hingegen der Einwand sein, dass Tschilp die Dinge unvollständig oder manchmal sogar unrichtig dargestellt hat. Solche Mängel sind nicht nur ein Problem von Sperlingen.

Wer die Schwierigkeiten der Übersetzung in eine andere Sprache kennt, wird bedenken, dass Tschilp ein Vogel ist. Was die Tiere ihm erzählt haben, geschah aber meist in der allgemeinen Tiersprache, also nicht in seiner ihm vertrauten Muttersprache.

Die meisten Ungenauigkeiten sind aber wohl meiner eigenen Unkenntnis oder Unfähigkeit zuzuschreiben. Bis heute habe ich zugegebenermaßen große Mühe, die Syntax der Vogelsprache zu begreifen. Viele Wörter waren mir zudem gänzlich unbekannt oder ich fand dafür keine bessere Entsprechung im Deutschen als eben die gewählte. Für alle diese Fehler übernehme ich die Verantwortung und bitte meine Leser um Nachsicht.

Ich hoffe sehr, dass besonders die noch nicht ganz ausgewachsenen Staublinge sich an all diesen Dingen nicht weiter stören. Ihnen wünsche ich das nötige bange und fröhliche Herzklopfen, wenn sie mit Tschilp unterwegs sind, um das Geheimnis der Staublinge zu erforschen. Das Beste daran ist aber vielleicht, dass die Geschichte mit dem Lied der Amsel nicht zu Ende geht. Im Gegenteil: An dieser Stelle beginnt eigentlich erst das Abenteuer.

Rudolf Horn

Inhalt

Susanne Schröder /
Ingrid und Dieter Schubert

R. Brockhaus / Rex

Mein Buch von Gott

88 Seiten, gebunden, vierfarbig
illustriert, R. Brockhaus Verlag,
Bestell-Nr. 224 656

„Katechismus" ist ein schreckliches
Wort. Das finden jedenfalls die meisten
Erwachsenen. Es erinnert sie an stures
Auswendiglernen, an die Beantwortung
von Fragen, die kein Mensch gestellt hat.

Was Christen glauben – also das, was ein Katechismus erklären
soll –, wird in diesem Buch so vermittelt, dass niemandem das
schreckliche Wort einfällt und dass doch alle zentralen Themen zur
Sprache kommen: Wo ist Gott? Woher wissen wir überhaupt etwas
über ihn? Ist Glaube nur Einbildung? Was ist nach dem Tod? Was
bedeutet die Taufe?

Aber auch um weniger „Hochtheologisches" geht es hier, um die
Bewahrung der Natur, um Angst vor schlechten Noten, um Streit in
der Familie, um das Zusammenleben mit Ausländern und um das,
was man besitzt und was den Status in der Klasse ausmacht.

Jakob heißt der Junge, den Kinder zwischen acht und zwölf Jahren
in diesem Buch durch ein ganzes Jahr begleiten. Denn Jakob
schreibt Tagebuch (obwohl sein Bruder ihn damit ganz schön auf-
zieht), notiert sich einfach in unregelmäßigen Abständen, was er
erlebt, worüber er nachdenkt. Eigentlich hat alles mit Gott zu tun,
stellt Jakob fest.

Die großzügige Textgestaltung und die durchgängige vierfarbige
Illustrationen von Ingrid und Dieter Schubert laden zum Selber-
lesen und Betrachten ein. So wird diese Buch für jedes Kind „mein
Buch von Gott" und eine ideale Ergänzung zur Kinderbibel.

Eckart zur Nieden /
Ingrid und Dieter Schubert

Die Kinderbibel

416 Seiten, gebunden, Altes und
Neues Testament in einem Band,
R. Brockhaus Verlag,
Bestell-Nr. 224 676

Eine Kinderbibel, wie Eltern und Kinder
sie sich wünschen! Eckart zur Nieden
erzählt so, dass die Welt der Bibel den Kindern plastisch vor Augen
steht. Wunderschöne Illustrationen unterstreichen die Textaussage
und setzen zusätzliche Akzente. Eine gute Geschenkidee für Eltern,
Großeltern, Paten und alle, die sich wünschen, dass die Bibel zum
Lieblingsbuch ihrer Kinder wird.

Die FAZ schreibt über die Kinderbibel:

„(Eckart zur Nieden) erzählt die alten Geschichten, ohne dass ihre
Bildkraft verloren geht, so einfach, dass sechs Jahre alte Kinder sie
schon verstehen … Ingrid und Dieter Schubert haben schon viele
Kinderbücher illustriert. Ihre Bilder haben im Gegensatz zu vielen
anderen in Bibeln nichts Feierliches, sind Kindern vertraut."

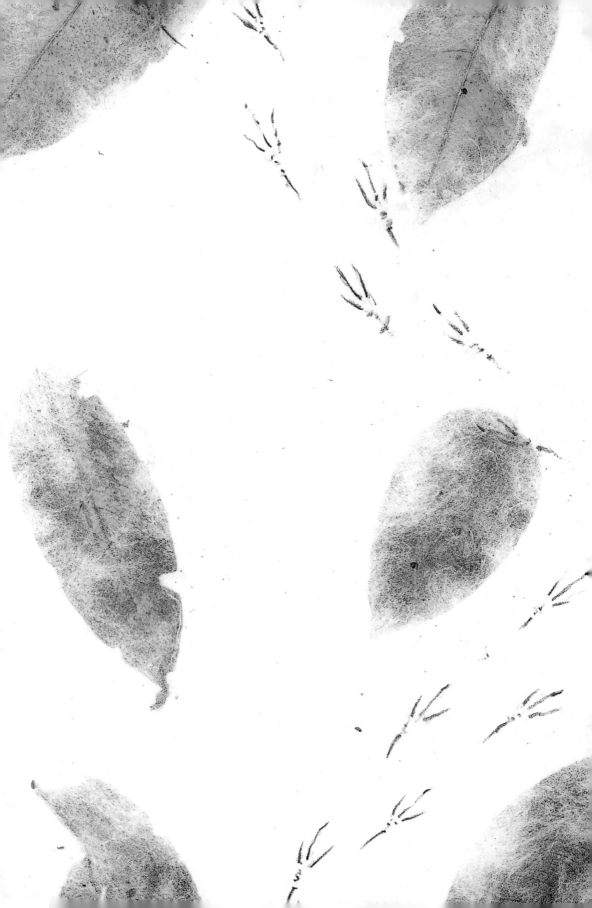